폴 투르니에 심리학과 기독교

말씀과만남의 정신

도서출판 말씀과만남은 그리스도인들과 세상 모든 사람들이
하나님의 말씀과 만나 그 생각이 새로워지고 그 삶이 풍성해지도록 돕고 있습니다.

The Malsseum & Mannam Publishing House is helping Christians and men in the world to meet
with God's Word so that they may have their spirits renewed and have an abundant life.

폴 투르니에 심리학과 기독교

한동윤 편저

1판 1쇄 / 2006. 3. 10
발행처 / 말씀과만남
발행인 / 최 헌 근
등록번호 / 제20-444호
등록일자 / 1991. 6. 19

138-220 서울특별시 송파구 잠실동 339-3
Tel : (031) 594-6327, Fax : (031) 594-6328
전자우편 : mmpress@hanmail.net

ISBN 89-7508-070-6

정가 : 12,000원

잘못된 책은 바꾸어 드립니다

폴 투르니에 심리학과 기독교

(The Psychology and Christianity by Paul Tournier)

한동윤 편저

말씀과만남

다양한 문화와 21세기 다원화된 목회 현장에서 어떻게 하면 하나님께 영광을 돌리며 인격적인 목회를 할 수 있을까 하는 것이 우리 모든 신학생과 목회자들의 고민이고 바람이다. 과학의 발달로 모든 학문과 과학, 의학, 심리학, 신학 등은 세분화하고 있지만 이것을 기독교적인 관점에서 통합하는 노력이 보이지 않는다. 이에 우리는 현대 심리학과 기독교를 통합하려고 끊임없이 애쓰며 '인격 의학'(medicine of the whole person)을 주창한 폴 투르니에(Paul Tournier, 1899-1986) 박사의 저서들을 연구해보려 한다. 그럼으로써 복음으로 가득 찬 그분의 삶과 인격을 배워 성도들을 깊이 이해하려 한다.

오늘날 우리는 다른 어느 때보다 세대간의 갈등, 지역간의 갈등, 민족간의 갈등, 빈부 차에 의한 갈등, 그리고 이성간의 갈등으로 수많은 가정이 붕괴되는 현실에 직면하고 있다. 그렇기에 우리는 복음 안에서 남성성과 여성성을 조화시키고 자아 성찰의 시간을 가져야 한다. 그리고 우리 내면에 있는 생명력의 원천, 무의식과 끊임없이 대화하며 조화, 안정, 인내, 부드러움, 평화, 돌봄의 인격을 회복해 나가야 할 것이다.

지난 3년 동안 서울 장로회신학대 학생들과 폴 투르니에 독서 모임을 통해 나누었던 이야기를 엮어 보았다. 해박한 폴 투르니에 박사의 귀한 말씀을 통해 주님이 원하시는 온전한 인격을 갖추어 목회 현장에서 향기로운 삶을 구현하며 양떼를 푸른 초장과 잔잔한 물가로 인도하고자 하는 벗들과 함께 이 책을 나누려 한다. 그리고 이 책이 나오기까지 폴 투르니에 독서 모임에 참가한 정은주, 이효진, 김기환, 박명옥, 라용주, 정방옥, 이순자, 김연지 전도사님들과 출판에 수고해 주신 말씀과만남사 임직원들께 감사를 드린다.

편저자 한 동 윤

차례 c o n t e n t s

I 삶의 계절

The Seasons of life

"내게 있어서 신체적 손실은 모든 정신적 유익이 됐다. 고뇌라는 학교야말로 인생의 학교가 아니겠는가?"

Ⅰ. 삶의 계절 : 요약하면, 인간의 생애는 멈추지 않고 발전하는 도상에 있다는 것과, 인생에는 누구나 반드시 거쳐야 하는 여러 시기가 있는데 그 시기마다 하나님의 계획이 정해져 있다. 유년 시대, 이것은 인생의 봄이다. 오늘날 부모들의 결점은 자녀들을 한 인격으로 대우하지 못한다는 것이다. 어린이들은 각각 개성을 가진 존재로 그들은 부모의 소유물이 아니며 하나님의 선물이라는 것이다. 유년 시대는 인생의 준비 기간이다. 어린이가 가지고 있는 것들 즉, 다른 사람과의 인격적인 접촉, 깊이 사귀는 능력, 모험심, 감동하는 힘, 창조적인 공상력 같은 것은 앞날의 성공의 열쇠가 된다. 어린이를 존경하는 것은 어린이의 놀이를 존중하는 것이고, 그들 놀이의 의미에 경의를 표하는 것이다.

청년 시대란 젊은 사람이 자기 자신의 실존을 충분히 자각해야 할 시기를 말한다. 청년기는 선과 악을 통합할 수 있는 시기이다. 이 통합의 길을 걸을 경우 젊은이들은 항상 자기 안에서 새롭게 선을 발견함과 동시에 자신 안의 결점과 악을 인정할 수 있다. 통합의 길을 걸을 때, 우리는 인생의 여름에서 가을로 옮겨 가는 것을 발견하게 된다. 성장하는 데 중요한 역할을 하는 네 가지 요소가 있다. 사랑, 고뇌, 동화, 순응이다. 인생의 여름 법칙이란 열매를 맺는 것이다. 성숙한 인간의 인생에 하나님이 기대하고 있는 것은 인간이 가정과 직업 속에서 풍성한 열매를 맺는 것이다(요 15:8). 인생의 여름법칙은 행동이요, 결실을 맺는 것이다. 적절한 행동을 하기 위해서는 행동에 먼저 앞서서 숙고하는 시간이 있어야 하며, 이 일이야말로 내가 할 일이라는 영감을 받아서 확신 있는 선택을 해야 한다.

중년에 들어선 사람들에게 중요한 것은 내가 현재 어떠한 인간이냐는 데 있는 것이지, 아직도 무엇을 할 수 있다거나 많은 것을 소유하는데 목적을 두어서는 안 된다. 인생의 가을인 노년은 가치를 재검토하는 시기인데 잠정적인 가치에서 영속적인 가치로 옮겨가는 전진적인 이행기이다. 노인들에게 중요한 것은 그 분들의 과거를 경멸하는 것이 아니라 그 분들의 과거에서 교훈을 찾아내 드리는 것이다. 노년기란 자기 인생을 반성하고 무엇이 가치 있었던 가를 찾아보는 시기이다. "주여, 주께서 이제는 주의 말씀대로 이 종을 평안히 놓아 주시옵니다. 내 눈이 주의 구원을 보았기 때문에(눅 2:29-30)"라고 고백하는 경건한 시몬처럼, 하나님과 그의 은혜 그리고 구원을 아는 것, 이것이 인생의 의미이다.

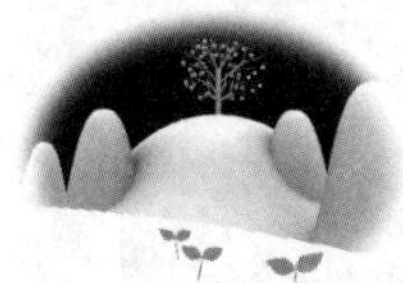

　인간을 연구할 때 끝없이 흥미 있게도 하고 그 만큼 어렵게도 하는 것은 인간이 자연의 세계와 초자연의 세계라는 두 개의 세계에 동시에 속해 있기 때문이다. 나는 '동시에' 라는 말을 강조한다. 그 이유는 자연과 초자연 사이를 구별하는 것은 인공적이며 추상적인 것에 불과하다는 것을 강조하고 싶기 때문이다. 사람의 삶에는 자연적인 삶이 따로 있고 초자연적인 삶이 따로 있는 것이 아니다. 단 하나 현실의 삶이 있을 뿐이다.

　이제부터 인간을 연구하는 데 있어서 추상적인 개념 즉 마음과 육체라든가 자연과 초자연 같은 것이 아닌 인간의 참 모습, 구체적이고 개별적인 삶에 대하여 흥미를 돌려보자. 말하자면 한 사람 한 사람의 역사의 생성에 대한 것말이다. 하나님의 계획이 실현되는 것은 인간의 역사에서 되는 것인데 이것이야말로 '삶의 계절' 이라는 표제가 보여 주려는 것이다. 여기서 우리들은 움직이고 자라고 있는 한 인간을 보게 된다. 자기의 운명을 걸머진 인간을 출생에서 죽음에 이르기까지의 전 과정 안에서 보려는 것이다. 인생에서 되어지는 일들이 의미를 갖는 것은 이러한 추이와 운동 때문이다.

성경에서도 일반적인 의미에서가 아닌 구체적인 개개인으로서의 인간을 보여 준다. 중요한 것은 어떤 특정한 사람이 어떤 특정한 순간에 체험했다는 것이다. 우리는 그 사람이 인생의 한복판에 서 있다는 것을 본다. 그 사람의 태도를 결정하는 요소가 되는 몇 개의 힘이 서로 갈등하는 것과 고뇌에 휘말리고 있는 인간을 본다. 그리고 모든 만남 속에서 가장 개인적인 만남인 다른 사람과의 만남을 계속하는 인간, 하나님과의 만남을 체험하고 있는 인간을 본다. 하나님은 세계 역사와 개인의 운명에 대하여 말씀하시고 행동하시고 대답하시는 살아 계신 하나님이시며 역사 안에서 일하고 계시는 하나님이시다.

성서의 입장이나 현대 심리학의 입장이나 인간을 추상적·비개인적으로 보지 않고, 구체적·개인적으로 보는 것은 어쩌면 당연하다. 인간은 항상 '어떤 구체적인 상태' 즉 환경이나 이웃 그리고 하나님과의 특정한 관계 안에서 끊임없이 발전·변화하고 있기에 이 발전은 네 계절을 포함하고 있다. 네 계절이란 그 계절마다 각각 고유한 특정과 독자적인 법칙을 나타내는 시기적인 구별로써 사춘기, 갱년기 그리고 죽음에 접근하는 위기적인 시기가 네 계절의 변화의 특징이다.

1. 봄

내가 이 작은 책자를 저술하는 까닭은 인간의 생애는 그치지 않고 발전하는 도상에 있다는 것과 인생에는 누구나 반드시 거쳐야만 하는 여러 시기가 있는데 그 시기마다 하나님의 계획이 정해져 있다는 것을 알리고 싶었기 때문이다. 인생에 대한 전체적인 개관이나 하나로 통일·조화된 신비함을 잃어버릴 위험이 있기 때문에 나는 이 작은 저술에서 이 잃어버리기 쉬운 전체적인 개관과 인생의 통일사. 그리고 경이 같은 것을 취급하고 싶다. 이것은 내가 이해하고 있는 인간 과학의 참 뜻을 부각시켜 보려는 것이다. 인간 과학의 참 뜻은 하나님이 인간에 대해서 가지고 계신 의도를 탐구하는 노력이다. 하나님에 대해 우리가 생각하는 견해를 규명하는 것이 아니라 우리에 대해 하나님이 가지신 생각을 구명(究明)하는 것이 인간 과학의 의미이다.

유년시대, 이것은 분명 인생의 봄이다. 이때는 연한 눈이 싹트고 햇볕을 향해 꽃피기 시작하는 시기요 이 세상에 발을 내딛는 공포를 불러일으키는 시기이기도 하다. 나는 한 사람 한 사람의 어린이에게서 서로 다른 것을 볼 때마다 깊은 경탄을 금치 못한다. 꽤 많은 부모들이 그들의 자녀들에게서 서로 다른 점을 인정해 주고 있고, 풍요함을 지니고 있다는 점을 이해하려고 애쓰고는 있지만 그래도 다수의 부모들은 그 애가 어떤 사람이 될 것인가에 대해서 제멋대로 미래상을 그리고 있다. 간단히 말하면 오늘날 부모들의 결점은 자녀들을 한 인격으로 대우하지 못한다는 것이다. 어린이들은 각각 개성을 가진 존재로 그들은 양친의 소유물이 아니며 하나님의 것이라는 것, 그리고 어린이들에게는 각각 다른 독자적인 인생을 살아갈 계획이 내장되어 있기에 그 계획은 미리 확정된 것이 아니라 한 걸음 한 걸음 앞으로 나아가는 동안에 발견된다는 것을 부모들은 모르고 있다.

어린이와 어른 사이에서 볼 수 있는 또 하나의 큰 오해는 어린이와 어른은 완전히 다른 사고법을 가지고 있다는 것이다. 어린이의 사고 방식은 마술적이지만 어른의 사고 방식은 객관적이고 과학적이다. 이 봉오리의 시대는 공상의 시대이며 시심의 시대이다. 그렇기 때문에 시인의 언어로 우리는 어린이들과 대화해야만 한다. 왜냐하면 어린이들은 시인의 말로 인생을 이해하며 시와 공상과 신비를 끝없이 욕구하고 있기 때문이다. 그러나 오늘의 어른들은 시적 상상력을 자기 마음으로부터 추방했기 때문에 이 신화극에서 자기의 역할을 연출할 만한 힘을 가지고 있지 못하다. 어쨌든 어린이는 이 위대한 신화극을 연출함으로써 양친을 상대로 인격적인 접촉을 쌓아 올려서 한 인격이 되는 것이다.

유년시대는 인생의 준비 기간이다. 어린이가 가지고 있는 것들 즉, 다른 사람과의 인격적인 접촉, 깊이 사귀는 능력, 모험심, 감동하는 힘, 창조적인 공상력 같은 것은 어른들이 중요하게 여기는 지식이나 기술만큼 인생의 성공의 열쇠가 된다.

어린이에게 있어서 그의 부모나 다른 가족들과의 관계는 인생

최초의 인간 관계이므로 이 관계를 통해 어린이는 전생애에 걸쳐 다른 사람과 교제하는 태도를 결정짓게 된다. 어린이가 대하는 이 첫 경험이 신뢰냐 불신이냐 사랑이냐 공포냐 하는 것이 성장한 후에 다른 사람을 대하는 반응의 원인이 될 것이다. 많은 부모들은 하나 하나의 어린이들과 접촉하는 것이 큰 일이라고 고백한다. 그러나 그들과 같이 노는 것 그 자체가 아주 중요하다. 같이 노는 중에서 어린이들은 장래의 직업에 대한 청사진을 그리고, 어렸을 때 놀 줄 아는 것을 배운 사람은 어른이 되어 일하는 것을 분별할 줄 아는 사람이 된다.

어린이를 존경하는 것은 어린이의 놀이를 존중하는 것이고 그들 놀이의 의미에 경의를 표하는 것이다. 어린이는 어른들이 경의를 표시하는 정도에 따라 자기의 인격을 의식하고 자기가 인간으로서 존경받음을 자각하면서 자기 자신을 존경하게 된다. 어린이를 존경한다는 것은 어린이의 비밀이라든가, 어린이들의 우정 그리고 그의 개성적인 경향 같은 것에 경의를 표하는 것이다. 어린이를 존중한다는 것은 어린이의 나이를 소중하게 여긴다는 말이기도 하다. 이 어린이의 나이를 소중하게 여긴다는 것은 우리가 머리로 생각하는 것처럼 그렇게 단순하지 않다. 우리들은 두 가지 정반대의 과오를 범하기 쉽다. 하나는 어린이를 어른 다루듯 하는 일인데 그것은 말을 삼가지 않고 마구 던짐으로 그 나이에 맞지 않는 무거운 짐을 어린이에게 지우는 일이다. 다른 하나는 어린이를 언제나 지나치게 애 취급을 하는 일이다. 우리들은 누구나 이 두 가지 잘못을 범할 가능성을 지니고 있다.

우리들은 지나치게 어린이를 잘 다듬으려는 데서 자주 큰 불행을 경험한다. 이러한 인간은 일생 동안 억압받고 밀리고 주도권을 잡지 못하고 공상 속에서 지낸다. 이런 인간은 명령에 구속받는 엄격한 훈련의 노예이다. 이와는 반대로 만일 서투른 훈계도 받지 못한 채 성장해 버린다면 그것 또한 큰 불행이다. 이런 인간은 방종의 포로가 되어 자기 자신의 들뜬 기분에 휩쓸려 버리는 제멋대로의 노예가 된다. 이런 인간에게는 자기 억제력이 부족하다. 앞에서 말한 사람들이 지나치게 엄격한 교조적 훈련에서 해방되지 못하는 노예라고 한다면 후자는 무질서의 노예들이다. 인간의 참 자유는 어떤 경우에도 그 상황에 따라 적절한 태도를 가질 수 있다는 데 있다. 참 자유는 아주 드물게 경험하기 때문에 이 자유를 몸에 배도록 어린이들을 준비시키려면 양친 스스로가 내적인 자유를 경험해야 하는 것은 당연한 일이다.

어린이의 도덕은 청년의 도덕이나 어른의 도덕과 같을 수는 없다. 어린이의 도덕은 자율적일 수 없다. 어린이의 도덕은 규율에 의한 도덕일 수밖에 없다. 어린이에게는 규율이 필요하다. 선악을 분명하게 구별할 수 있는 일정한 규율이 없다면 길을 잘못 갈 것이다.

어린이의 마음을 건강하게 만드느냐 아니면 노이로제에 쫓기게 하느냐 하는 것은 결코 교육 원리가 확립되느냐 안 되느냐에 있는 것이 아니라 ― 과오를 범하지 않는 가정이란 하나도 없기 때문에

— 무엇보다 먼저 애정으로 애들을 다루느냐가 문제가 된다. 예를 들면 양친이나 교육자가 아이들의 인격을 존중하느냐 못하느냐 하는 것이 중요하다. 내 생각에 가장 위험스러운 것은 양친이 자기 애들을 요람 때부터 하나의 인격으로 보는 태도를 익히지 못하고 있는 바로 그것이다. 한 인격으로 본다는 것은 저 혼자만의 성격, 개성, 둘도 없는 독창성, 개인적인 운명을 이미 지니고 있는 존재로 본다는 것이다.

2. 아이가 성장하여 어른으로

앞에서 말한 어린이를 인격으로 보아야 한다는 생각은 청년시대에 들어서면 더욱 중요하다. 청년시대란 젊은 사람이 자기 자신의 실존을 충분히 자각해야 할 시기이다. 다시 말해 어린이는 양친의 것이 아니라, 자기 자신이 되는 권리가 있으며 동시에 의무도 있다는 자각을 분명히 갖는 때이다. 출생이라는 제1의 위기에서 출발한 봄은, 인생의 최초의 전환점이 되는 제2의 위기 즉 어린 시절에서 성년기로 가는 과도기가 오면 끝이 난다.

인생의 각 연대마다 그 연대 특유의 욕구와 충동이 있는데 그것이 완전히 불타 버리지 않는 한 성장하는 다음 단계에 속하는 욕구와 충동이 나타나지 않는다는 것이다. 어느 시기에는 정상적이었던 행동이 나이가 든 시기에는 언짢게 보이는데, 이토록 어른이 되어도 어린이의 특징이 남아 있는 상태를 '유치잔존'이라고 한다. 도덕적 관점에서 볼 때 어린이의 특징은 이미 살펴본 대로 양친에의 의존과 양친에게서 분명하게 배운 규율에의 욕구이다.

유치잔존에서 깨끗이 자유로운 사람은 하나도 없다. 그래서 프로이트의 이상은 '성인이 되는 것'이라고 말했는지도 모른다. 그러나 이것은 자연주의적인 이상이라고 하겠다. 프로이트보다 훨씬 전에 사도 바울은 이렇게 말했다. "내가 어렸을 때에는 말하는 것이 어린아이와 같고 깨닫는 것이 어린아이와 같고 생각하는 것이 어린아이와 같다가 장성한 사람이 되어서는 어린아이의 일을 버렸다"(고전 13:11). 여기서 바울은 삶의 네 계절이라는 하나님의 계획, 즉 인생에서는 성장의 법칙이 있다는 것을 주장했다. 그가 이렇게 말한 것은 인생의 궁극 목표를 예감했기 때문이다. 인간의 궁극 목표, 즉 완성을 향해서 한 걸음 전진하는 성숙, 거기서 '사랑'과 '아는 것' 사이에 아무런 틈도 없는, 처 죽음의 피안의 세계를 예감시키려 하기 때문이다.

인간의 완전한 발전과 개화라는 문제에 관해서 좀더 다양하고 섬세하게 분석해 준 것이 C. G. 융(1875~1961, 현대 스위스의 심리학자, 정신병 학자)의 '통합'이라는 개념이다.

이 세상에는 선과 악이 나눌 수 없도록 혼합되어 있어서 아무리 바른 사람이라도 과오가 없을 수는 없다. 그리고 누구나 자신의 내부에 선과 악이 함께 존재한다. 자기 안에는 결점이라고는 조금도 없다고 뽐내지만 현실적으로는 자기 안에도 많은 결점들이 존재한다는 것을 인정할 날이 오고야 만다. 또 자기의 '어두운' 부분까지도 포함한 자기 전체를 받아들임으로써 자기가 인간으로서 완전히 발전하고 개화 될 수 있다고 깨달을 날이 오고야 말 것이다.

청년이 취할 태도는 둘 중의 하나인데 체념의 길을 택할 것인가 반대로 통합의 길로 갈 것인가 하는 것이다. 이 통합의 길을 걸을 경우 젊은이들은 항상 자기 안에서 새롭게 선을 발견함과 동시에 결코 진보하거나 향상하지 못하는 비참한 사실도 발견하게 될 것이다. 즉 추한 현실의 생을 계속하는 모습을 보게 된다. 융의 이 통합 관념으로 우리들은 어린이가 어른으로 성장하는 첫째 단계의 좁은 틀에서 한 걸음 내딛는 것을 보게 된다. 여기서 우리는 인생의 여름에서 가을로 옮겨가는 것을 발견하게 된다.

이제부터는 성장하는 데 중요한 역할을 하는 네 가지 요소에 대해서 생각해 보려고 한다.

첫째는 사랑이다. 애정이 결여되면 어린이의 신체 성장이 저해되고 나이가 들어서는 참 성인으로서 성숙하는 데 방해가 된다. 프로이트 학파 사람들이 지적한 '고독을 두려워하는 노이로제'의 증상은 어느 정도 세계 전인간에게서 발견된다. 근대 사람의 특징이요 또 현대문학에서 아주 잘 다루고 있는 이 세상의 비극적인 고독에 대한 유일하고도 유효한 해답은 개인을 대상으로 부어 주시는 하나님의 사랑이다.

성장 요인에서 두 번째가 되는 것은 '고뇌'이다. 슈잔느 후쉐(프랑스의 신체 불구자와 병자를 위해서 진료 연맹을 만든 사람)는 16세 이후부터는 전생애를 질병과 고뇌와 궁핍 속에서 살면서 인간애의 경이적 작품을 창작해 낸 여자이지만 자기의 생애를 짤막하게 이렇게 표현했다. "내게 있어서 신체적 손실은 모든 정신적 유익이 됐다. 고뇌라는 학교야말로 인생의 학교가 아니겠는가?"

그러나 우리 의사들은 고뇌가 인간의 성장·발달을 심하게 방해한다는 것도 잘 알고 있다. 고뇌가 자주 인간을 하나님께 가까이 가게도 하지만, 극복할 수 없는 고독으로 느끼게 할 때도 있다. 키르케고르(Kierkegoard, 1813~1855)는 이렇게 썼다. "나의 생애는 하나의 큰 고뇌였다. 다른 사람은 누구도 이 고뇌를 알 수도 없고 이해해 줄 수도 없다." 이처럼 고뇌는 그 자체로 결코 가치 있는 것이 못된다. 그 때문에 슈잔느 후쉐도 고뇌 그 자체에 대해서가 아니라 '고뇌라는 학교'에 대해서 말했다. 즉 고뇌를 어떻게 체험하느냐는 태도를 문제삼고 있는 것이다.

세 번째 성장의 요소로서 나는 '동화(同化)'를 말하고 싶다.

인간은 연속적인 동화 작용으로 성장해 가지만 하나하나의 동화가 인간을 너무나 좁게 한정해 버리는 단계가 되기도 한다. 그러나 여기에 무한히 동화 할 수 있는 단 하나의 대상이 있다. 사도 바울이 "이제 내가 사는 것은 내가 아닙니다. 그리스도께서 내 안에서 사시는 것입니다."(갈 2:20)라고 말한 것처럼 예수 그리스도와의 동화야말로 가장 중요한 것이다.

끝으로 네 번째 성장 요인으로 나는 '순응'에 대해서 언급하고

싶다. 괴테(Goethe, Johann Wolfgang von, 1749~1832)는 "사
는 것은 순응하는 것"이라고 말했다.

3. 여름

 충실한 삶은 인생의 준비 시기이며 봉오리 계절인 어린이때부터
이미 시작되는 것이다. 그러나 그것이 완성되는 것은 결실의 계절
인 여름이다. 충실한 인생이란 우리가 날마다 일어나는 여러 문제
를 해결하고 난 다음에 비로소 시작되는 것이 아니라 용감하게 과
제와 대결하는 자세 속에 이미 존재하고 있는 것이다.

 인생의 충실은 때로 고난을 이기고 넘어섰을 때 느끼는 기쁨 속
에서 찾기도 하지만 그것보다는 비록 고난은 해결되지 못했어도 그
고난을 겸허하게 받아들이고 끈기 있게 견디는 자세에서 더 많이
찾게 된다. 왜 그러냐 하면 인생은 승리만으로 이뤄진 것이 아니라
많은 싸움과 얽혀진 인연 속에서 착실하게 일하는 일감으로 이루어
졌기 때문이다. 자기의 삶을 충실하게 한다는 것은 고난이나 문제
거리를 쉬운 방법으로 해치우려는 것이 아니라는 것만은 확실하다.
왜냐하면 인생은 항상 운동이요 정지는 죽음을 의미하기 때문이다.

 인생의 여름 법칙이란 열매를 맺는 것이다. 성숙한 인간의 인생
에 하나님이 기대하고 있는 것은 인간이 풍성한 열매를 맺는 것이

다(요 15:8). 성경에서 보는 이 열매맺는 나무의 이미지는 인생의 발전을 상징한다. 그렇다면 인생의 여름의 법칙은 무엇인가? 그것은 '행동'이다. 가정의 기초를 굳힌 직업에 대해서도, 가정과 직업 양쪽을 계속 발전해 가는 것이다. 인생의 여름 법칙은 행동일 뿐만 아니라 또한 결실을 맺는 것이다. 그런데 어떤 열매를 맺어야 할까? 행동이라는 것을 쉬지 않는 활동과 혼동해서는 안 된다. 적절한 행동을 하기 위해서는 먼저 앞서서 숙고하는 시간이 있어야 하고, 이 일이야말로 내가 할 일이라는 영감을 받고 확신 있는 선택을 해야 한다. 충실하다는 데는 반드시 하나의 선택이 따르게 된다. 즉 우리들이 그때그때의 사정에 맡겨서 향방 없는 생각으로 계획을 꾸미는 것이 아니라 어떤 일정한 가치 기준과 개인적인 계획이 머릿속에 짜여져 있어서 그것을 실현하는 것이 인생을 충실하게 하는 데 필요하다.

충분히 성숙했는가 못했는가 하는 것은 그 과실의 질이 좋고 나쁜 것으로 결정한다. 그 때문에 행동의 시기에 있는 여름의 계절은 활동하는 것으로만 될 뿐 아니라 마음을 통일해서 내성하는 시간까지도 포함해야 한다. 그리고 계절이 짙어감에 따라 명상의 시간은 점점 넓은 공간을 차지하게 된다. 왜 그럴까? 그것은 명상함으로써 하나님의 계획, 즉 개인의 가치 기준이나 결단을 탐색하기 때문이다. 하나님의 계획을 알았을 때 행동은 초조하거나 산만하지 않고 안정되고 참된 의미의 활동을 할 수 있기 때문이다.

우리는 실현할 수 있는 것보다는 훨씬 많은 것을 단념해 버리지 않으면 안된다. 만족과 함께 환멸이 있고, 성공과 함께 실패가 당연한 것처럼 찾아든다. 그리고 언젠가 우리는 실패한 것이 어쩌면 성공한 것보다는 풍성한 열매가 될지도 모른다는 것을 이해하게 될 것이다. 왜 그럴까? 실패는 우리에게 가치를 재검토하도록 강요하기 때문이다. 그리고 이 재검토야말로 노년기의 법칙이기 때문이다.

4. 가을

노년은 가치를 재검토하는 시기인데 잠정적인 가치에서 영속적인 가치들로 옮겨가는 좀 어렵기는 하지만 점진적인 이행기이다. 나이가 중첩하는 데 따라 시간은 점점 소모되는 자본처럼 보여진다. 중년에 들어선 사람들에게 중요한 것은 내가 현재 어떠한 인간이냐는 데 있는 것이지, 아직도 무엇을 할 수 있다거나 자기가 운반할 수 없을 정도로 산처럼 쌓인 소유에 있는 것이 아니다.

인생은 나이와 함께 변해 가는 것이기에 우리가 지금 하고 있거나 이제부터라도 할 수 있는 일이 점점 의미를 잃게 되어 앞으로는 주로 내면 생활에 치중을 해서 행복과 불행을 결정해야 한다는 것을 이해하고 용인하는 사람들은 가장 행복한 사람들이다. 노인들에게 중요한 것은 그분들의 과거를 경멸하는 것이 아니라 그분들의 과거에서 교훈을 찾아내는 것이다. 즉 과거가 점점 후퇴해도 그 의미는 변함이 없고 그 가치는 더 커져 간다는 교훈을 찾아내는 것이다. 노년기란 인간이 행동하는 불꽃 속에서 할 수 없었던 것보다 더 천천히 틈을 내서 자기 인생을 반성하고 무엇이 가치가 있었던가를 찾아보는 시기이다.

5. 인생의 의미

한 사람 인생의 역사는 하나의 운명을 의미한다. 우리들은 운동을 포착하는 감각이나 인생의 통일을 포착하는 감각을 재발견해서 모든 과거사와 미래사가 서로 연관되어 있다는 것을 찾아냄으로 독특한 인간적인 것을 재발견하게 된다.

개개의 다른 사건들이 연결되어서 비로소 하나의 의미가 생겨나며 그 순간순간의 연쇄가 인간을 이 단계에서 저 단계로 변화시키고 그 사람됨의 완성으로 이끌어 간다. 인생의 도중에서 일어나는 한 사건 한 사건이 포개져서 한 사람의 운명이 성취되는 것이다. 우리들은 정성들여 정리한 우표 수집책처럼 사건의 무한한 퇴적 속에 인생 본래의 가치가 있는 것이 아니고, 결정적인 두세 시간 속에서 결단한 방향이야말로 인생의 가치가 있다는 것을 알게 된다. 누구의 인생이나 어느 순간보다 더 중요한 순간, 즉 애착을 느끼지 않을 수 없는 순간이 있다. 그 까닭은 그 순간에 태도를 결정하고 결정적인 선택을 했기 때문이요 그 순간 이후 자기의 의무라고 느낀 어떤 헌신적인 노력을 했기 때문이다.

그런데 이러한 인생의 전기(傳記)는 극히 드물게 보는 일이다. 전기는 자주 우리들이 느끼지 못하는 중에 서서히 일어나고 있는데, 오랜 위기 중에서 천천히 익어가거나 아니면 전광 석화처럼 나타나기도 한다. 이것은 무의식 중에 준비되던 것이 돌발적으로 분명히 의식되는 것이다. 이 전기의 중요한 특징을 포착해 보면 반드시 어떤 만남에서 이루어졌다는 것을 알게 된다. 그것은 어떤 관념과 만날 경우도 있고 어떤 인간과 만날 경우도 있다. 약혼자와의 만남, 친구와의 만남, 한 권의 책과의 만남도 있다.

성경은 여러 부류의 인간 운명의 연속임에 틀림없다. 이들의 운명은 이제 위에서 말한 진정한 만남에서 온 결정적 순간과 특히 마음에 남은 깊은 인상을 주는 순간을 경험한 것으로 우리에게 알려준다. 그리고 성경은 우리들에게 끊임없이 만남으로 이끌어 주고, 그때마다 하나님은 조금씩 자신을 인간에게 계시해 주는 분이라는 것을 암시한다. 우리가 느끼든 못 느끼든 간에 이러한 만남의 배후에는 항상 하나님과의 만남이 있다. 그것은 마치 이 한 만남을 통해서 하나님이 다가오는 것과 같다.

노년기의 법칙은 너무 세밀한 데까지 파고 들어간 종교적 연구나, 하나님은 어떤 분이냐는 문제를 깊이 따져 들어가는 것이라고는 추호도 생각하지 않는다. 이러한 추구는 철학적 또는 신학적인 논쟁의 씨가 되는 것인데 이런 논쟁은 오히려 행동의 시대인 장년기의 일이다.

그렇지만 이 하나님과의 인격적인 만남이라는 것은 어느 연령에서 체험하건 그 만남이 인간 존재의 큰 사건이 됨에는 틀림이 없다. 비록 그때가 아직 인생의 의미를 알 것만 같은 빛이 던져져 있는 때라 하더라도 그 만남은 유일하고도 결정적인 사건이다. 이 만남은 항상 결정적 체험이 된다.

하나님과 그의 은혜 그리고 구원을 아는 것, 이것이 인생의 의미이다. 칼뱅(Jean calvin, 1509~1564)은 그의 교리 문답 첫머리에서 "무엇이 인생의 목적이냐?"고 질문을 던지면서 "하나님을 아는 것이다 – 어디에 인생의 행복이 있는가 – 이것도 하나님을 아는 데 있다."라고 말했다.

이제야 인생을 네 계절로 나눈 구별어 퇴색해진 것이 분명하다. 우리들은 이제 전인생을 한눈으로 보게 됐으며, 그것도 부활을 포함해서 전인생을 보게 되었다. 우리들은 어린 시절에 순종을 배움으로 하나님을 알게 될 수도 있고, 장년시대의 활동하던 한복판에서 하나님을 알기도 하며, 노년의 명상적인 휴식 속에서 하나님을 알기도 한다. 하나님은 나의 출생 전부터 나를 알고 계셨지만 나는 죽음의 겨울 저편에서 얼굴과 얼굴을 마주 대하듯이 하나님을 알게 될 것이다. 그래서 우리는 우리의 주제의 범위를 벗어나지 않고 죽음이 접근하는 때를 가을에서 겨울로 옮길 수 있다. 우리 의사들에겐 인간이 출생하는 시간에 세상에서 그를 받아들이는 최초의 사람이 되는 특권이 주어진다. 또한 인간이 마지막 숨을 거둘 때 죽음의 창구까지 진실하게 따라 다니는 특권을 가지고 있다. 이때 우리는 이 모든 도정에는 한 가지 의미가 있고, 이 길은 이미 우리에게 알려진 그러나 숨겨진 충실로 이끌려 간다는 것을 알고 있다.

Ⅱ 모험으로 사는 인생

The Adventure of Living

"성경은 모험의 책이며 세계와 인간의 모험일 뿐
만 아니라 하나님이 관련을 맺으시며 부르시며 일을
시키시는 모든 사람의 개인적인 모험이기도 하다."

Ⅱ. 모험으로 사는 인생 : 요약하면, 진리를 위해, 정의를 위해, 타당한 대의를 위해 싸우고 있다는 확신이 없이는 어느 것도 모험이 될 수 없다. 결혼하지 않은 사람이 그의 생을 거대한 모험에 바치는 것은 성(性)에 대한 최고의 대체물이 된다. 모험의 본능은 인간의 가장 위대한 승리의 산실인 동시에 최악의 재난의 산실이기도 하다. 하나님은 자기 백성을 이집트에서 구해 내어 끔직한 사막에 던져 놓음으로써 새로운 모험으로 내모셨으며, 이들은 수많은 난관과 위험의 대가를 치르고 나서야 신을 재발견할 수 있게 되었다. 인간은 동물처럼 자기 보존의 본능을 지니고 있는 것과 함께 모험의 본능, 즉 창조적인 활동을 통해 자신을 인격적으로 표출하고 , 자신을 새로운 일에 바치고자 하고, 독창적인 무엇을 발명하고자 하는 욕구를 지닌다.

하나님의 형상대로 사람을 창조하신 하나님은 하나님에게 있는 모험의 정신을 인간에게 심어 놓으셨기 때문에, 인간은 전적으로 모험에 몸을 바칠 때 자신의 신성함을 느끼며 감정의 고양을 경험한다. 성경은 모험의 책이며, 세계와 인간의 모험일 뿐만 아니라 하나님이 관련을 맺고 불러서 일을 시키시는 모든 사람의 개인적인 모험이기도 하다. 모험은 독창적이다. 과학의 새로운 발견은 하나님의 독창적인 발명의 단면, 하나님의 기발한 해결책을 드러내는 것이다. 과학자는 세계와 그 모든 구성 분자, 모든 천체, 물체의 모든 물리적 화학적 반응 그리고 모든 살아있는 유기체가 가능함으로써 발생하는 기술적인 문제 하나하나에 대한 하나님의 기발한 해결책을 발견하는 것이다.

질병은 세상적인 경쟁에서 뒤 처지게 만들지만, 다른 한편으로는 한적한 곳을 찾을 수 있는 기회와 유익한 자기 성찰의 기회, 그리고 하나님을 만나는 기회가 될 수도 있다. 우리 모두는 동시에 두 삶을 산다. 하나는 우리 가면의 가시적이고 외형적인 삶이고, 다른 하나는 우리 인격의 깊게 숨겨진 삶이다. 이 두 삶은 나눌 수 없을 만큼 연계되어 있지만, 분명히 다르면서 어느 정도 일치하는 면을 지니고 있다. 우리의 가면은 사회와 묶여 있고, 우리의 인격은 하나님과 연결되어 있다.

모든 인생은 모험이며, 모든 모험에는 그 나름의 어려움이 있다. 인생의 길이란 언제나 실패들로 점철되어 있다. 인생에서의 성공이란 그 실패만큼이나 위험하다는 사실이 문제를 더 복잡하게 만든다. 하나님이 우리 모두를 사랑하신다는 것과 우리 모두가 인생에서 성취감과 보람을 찾기 원하신다는 것 그리고 우리의 환경과 좌절과 고통이 어떠하건 간에 우리를 향한 목적, 즉 우리의 현재 삶에서 완전한 충족(그것이 어떤 것이건)을 찾기 원하심을 아는 것이야말로 우리 모두에게 도움이 된다. 어떤 다른 삶을 꿈꾸는 것이 아니라 현실적인 삶을 하나님 아래서 살아갈 때, 우리의 인간적 운명, 곧 하나님이 지휘하시는 위대한 모험을 성취할 수 있다.

"우리가 알거니와 하나님을 사랑하는 자 곧 그 뜻대로 부르심을 입은 자들에게는 모든 것이 합력하여 선을 이루느니라"고 바울은 확증한다(롬 8:28). '모든 것' 즉 우리의 실패 속에서와 같이 성공 속에서도 하나님은 말씀하신다. 그 분은 치유를 통해서 그리고 병을 통해서 말씀하신다. 중요한 것은 그 분의 말씀을 듣는 것, 우리 자신이 인도받도록 하는 것, 그 분이 우리를 부르신 대로 모든 위험 부담을 감수하고 그 모험에 과감하게 직면하는 것이다. "인생은 하나님이 지휘하시는 모험이다."

(1) 인간 특유의 본능

모험을 향한 위대한 충동은 특별히 인간에게만 있는 것이며 영원히 지속될 수 없는 것으로서 조직화되는 것을 피하기 위해서는 계속해서 새로워져야만 한다. 이 모험을 향한 충동은 하나의 본능이다. 이 충동에는 본능의 특성인 보편성과 억누를 수 없는 힘이 있고 또 이를 만족시키면 특별한 기쁨이 생긴다. 이는 절대로 인간의 본성에서 사라지지 않으며 문명과 그 기술적 진보의 원천으로 일컬어지는 자기 보존의 본능만큼이나 중요하다. 모험에 깊이 빠져 있는 사람과 만나게 되면 우리자신도 모험이라는 마력에 사로잡히게 된다. 역사상의 위대한 모험으로 알렉산더 대왕과 프랑스 혁명과 간디의 모험 이런 것은 사상 활동이라는 관점에서 보면 이상주의자요 경제적 욕구라는 관점에서 보면 현실주의자가 된다. 모험에 뛰어들면 곧바로 잠재된 본능을 충족시킨 만족감으로 커다란 흥분과 활력, 생동감을 느끼게 되어 자신의 몸을 바치는 대의 명분이 훌륭한 것이라고 생각하게 된다.

모험의 마력은 과학 연구의 배후에 있는 가장 큰 동기이다. 대담한 가설 등 과학의 추진력은 인간 자체에 있는 강력한 본능에서 나오기 때문이다.

(2) 가상 모험과 실제 모험

우리 현실의 삶은 모험에 대한 욕구를 충분히 채워 주지 못할 때가 많다. 상상력은 지루하고 단조로운 생활이 유쾌함을 상상함으로써 활기차도록 만들 수 있다.

동일시는 정상적인 현상이며 강력한 사회적 힘이고 모험의 본능에 대한 귀중한 분출구이다. 국가라는 유대도 동일시를 촉진한다.

인간의 노동의 참된 의미는 모험에 대한 욕구를 실현하는 것이다. 부모에게 반항하고 다른 것을 찾아가는 젊은이들은 자신만의 개인적인 모험을 하고 싶어하는 갈망이 있으며, 그것은 남과 같은 내가 아닌 바로 나 자신 즉 한 인간이 되고자 하는 것이다.

종교 문제에서 신자의 기쁨은 불신자는 알지 못하는 신령한 진리를 자신이 포용하고 있다고 느끼는 것이며, 선택받은 소수의 무리 가운데 하나가 된다는 것은 굉장한 모험이 된다. 어느 교회, 어느 종교에 속하든지 세상의 모든 개종자에게는 항상 어떤 공통적인 정신이 있다. 영적 생활에서 혁명과 비슷한 체험을 했다는 바로 그 사실 때문에 혁명적인 정신을 지니고 있으며 또 변함 없이 지닐 것이다. 모든 개종자들은 의례적인 종교에서 모험적인 종교로 개종한 것이다.

(3) 좋은 일 궂은 일

무신론으로 돌아서는 것은 신앙을 받아들이는 것과 같은 동일한 심리적 특성을 드러낸다. 모든 정치적인 신조를 열의 있게 믿는 그 순간 일종의 충만감을 경험하면서 자신의 대의 명분이 정당하다고 확신하게 된다. 특히 마르크스주의는 체제 전복의 과학적 방법을 소유하고 있다고 주장한다.

동종(同種)요법이나 정신 분석, 인격의학, 기술, 우주 정복, 반전주의자 모두 자기의 이상을 옹호하며 자기의 모험이야말로 바로 이런 이상에 대한 헌신이며 다른 사람을 끌어들이고 전향시키기 위한 분투이다.

진리를 위해, 정의를 위해, 타당한 대의를 위해 싸우고 있다는 확신이 없이는 어느 것도 모험이 될 수 없다. 좋든 나쁘든 모든 집단적 운동에 활력을 불어넣어 주는 일종의 맹목적인 힘이 있다. 나는 자신의 노력을 바칠 만한 목표에 전심으로 자신을 바칠 수 있는 자는 복 있는 자라고 말하고 싶다.

결혼하지 않은 사람이 그의 생을 거대한 모험에 바치는 것은 성에 대한 최고의 대체물이 된다.

　　모험의 본능은 인간의 가장 위대한 승리의 산실인 동시에 최악의 재난의 산실이기도 하다. 전쟁과 혁명에서 이 본능의 역할은 쉽게 드러난다. 모든 모험에는 쇠퇴의 시기가 온다. 모험이 소멸한다는 이 법칙 뒤에는 이유가 있다. 모험의 상승과 역동적인 단계에서는 거의 반발을 일으키지 않는다. 모험이 세력을 모을 바로 그때 저항이 일어난다.

(4) 뛰어들기

　　모험은 언제나 자체로 소진되고 있기 때문에 모험의 갱신, 모험의 정기적인 회복은 중요한 문제이다. 교회는 새로운 선지자들(제롬, 프란체스코, 루터, 이그나티우스, 웨슬리 등)이 끊임없이 출현하였기에 계속되는 것이다. 기성교회는 나중에 가서야 자기가 박해한 바로 그들에 의하여 구원받았다는 것을 깨닫게 된다. 모든 시대가 모험이고 모든 삶이 모험이다. 개별성이 있으며 다른 모험과 섞일 수 없다. 우리 인생의 결정적인 순간이란 우리가 선택을 하는 그 순간이 아니던가. 진정한 모험은 극히 개인적인 성격을 지니고 있고 아주 개인적인 결단을 요구한다. 같은 모험에 몸담고 있는 사람들 간에 아주 특별한 유대가 형성된다(옛 전우, 동창회, 사냥꾼과 사냥개, 기수와 말, 스승과 제자, 범죄자와 판사, 의사와 환자).

(5) 일의 의미

모험의 정신은 반드시 전염되듯이 확산된다. 다른 작가의 책을 읽으며 또 다른 모험에 뛰어들게 된다. 다른 작가 앙리 프레데릭 아미엘(Henri Frederic Amiel)의 영향을 받아 이 책을 쓰기 시작한 나는 아마추어 작가이다.

인간은 자기의 일이 너무 조직화되어 모험의 유혹이 없어지면 고통을 느낀다. 주말은 충족되지 못한 본능에 대한 반가운 배출구이다. 모험이 생활의 중심이 되지 못하고 주변에서만 추구될 때 사회 전체나 국가의 활력, 경제적 발전, 건강 상태 등 모든 것이 일과 모험의 전반적인 분리로부터 타격을 입는다.

일의 조직화라는 측면을 유익하게 개혁하려면 개인의 중요성이라는 개념에서 출발하는 것이 좋을 것이다. 하나님은 자기 백성을 애굽에서 구해 내어 끔찍한 사막에 던져 놓음으로써 새로운 모험으로 내모셨으며 이들은 수많은 난관과 위험의 대가를 치르고 나서야 자신을 재발견할 수 있게 되었다. 일의 의미를 발견하는 것이 절대적으로 중요하며 그것은 창조적인 모험이다.

(6) 헌신

인격적인 존재, 인간은 동물처럼 자기 보존의 본능을 지니고 있는 것에 더하여 모험의 본능, 즉 창조적인 활동을 통해 자신을 인격적으로 표출하고 싶어하며, 자신을 새로운 일에 바치고자 하고,

독창적인 무엇을 발명하고자 하는 욕구도 지니고 있다. 영적인 존재인 인간은 사물과 세계와 삶의 의미를 알고자 하며 자신의 노동의 의미를 이해하여 전체 속에서, 세계의 운명 속에서 개인적이고 창조적인 공헌을 통해 자신이 감당하는 역할을 알고자 한다. 창조적인 일은 원래 인간의 일이고 언제나 모험이다.

학문은 놀라운 모험이다. 내적으로 모험의 정신을 유지하고, 계속 일깨우는 것이 중요하며 지식이 자라 가는 동시에 모험도 자라 가야만 한다. 전문적 지식과 학문, 반복과 틀에 박힌 일상은 모험의 정신을 계속 억누르는 경향이 있다.

인격의학은 모험이다. 인격의학의 특성은 환자와 인격적인 관계를 맺으면서 의사 자신이 인격적인 헌신을 하는 것이다. 즉 환자의 인격과 그의 질병에 대한 인격적인 의미에 관심을 기울인다는 것을 뜻한다.

진정한 사람은 상호적이며 사랑은 오직 모험으로 매순간 새로워지는 모험이 될 수 있을 뿐이다. 결혼은 모험을 계속 새롭게 하는 아주 훌륭한 도구로써 진실함은 부부의 인격적인 성장을 촉진시킬 뿐 아니라 부부간의 연합을 아주 풍성하게 해준다.

(7) 하나님의 모험

하나님의 형상대로 사람을 창조하신 하나님은 하나님에게 있는 모험의 정신을 인간에게 심어 놓으셨기 때문에 인간은 전적으로 모험에 몸을 바칠 때 자신의 신성함을 느끼며 감정의 고양을 경험한다. 하나님은 추상적인 것에서 구체적인 것으로 넘어갈 때 항상 따르게 마련인 위험을 아셨다. 하나님은 인간을 모험의 정신을 부여받은 존재로, 즉 모험을 사랑한 나머지 하나님을 대적하고 창조의 완전한 질서를 뒤엎는 데까지 휩쓸려 갈 수 있는 그런 존재로 만드셨다. 하나님은 자연에 대한 자신의 주권을 인간에게 나누어 주심으로써 기술의 진보, 과학, 모험, 노동이라는 커다란 모험에 인간을 내보내셨다.

선지자는 겉으로 보기에 의미 없어 보이는 역사의 과정에서 하나님의 사역과 목적을 감지해 낼 수 있는 사람이다. 하나님이 불꽃 같은 말씀으로 선지자들에게 말씀하시고 자기 백성을 맡기시는 것을 보라.

하나님은 실제로 몸소 강림하셨다. 예수님의 탄생과 복음의 모험, 이것은 낙심과 고난이라는 가장 큰 위험을 동반한 최고의 모험이었다. 하나님은 예수 그리스도를 다시 살리셨으며 성령을 보내심으로 제자들을 굳건히 하셨다. 교회를 선택하셨고 세례와 성만찬을 맡기셨으며 복음을 땅 끝까지 전하는 위대한 모험으로 교회를 내보내셨다.

성경은 모험의 책이며 세계와 인간의 모험일 뿐만 아니라 하나님이 관련을 맺으시며 부르시며 일을 시키시는 모든 사람의 개인적인 모험이기도 하다. 성경에서 우리는 우리 안에 있는 모험의 불길을 다시 당기는 깊은 감동을 재발견한다. 성경은 우리의 모든 수

고와 활동, 선택과 자기 헌신의 의미가 무엇인지 가르쳐 준다.

2. 위험

(1) 모험의 특징

성경에 비추어 봄으로써 모험의 정의를 기술하면 다음과 같다.

1) 모험은 자신을 드러내는 것, 즉 자기 표현의 한 형태이다.

하나님은 창조 행위를 통해, 하시는 일을 통해 자신을 표현하신다. 창조의 위계 질서를 따라 이러한 자기 표현의 기능을 모든 피조물에게 주셨다. 모든 인간에게는 자신을 표현하고 자기 인격을 외부 세계에 드러내고 싶어하는 그것도 가장 개인적인 방법으로 표현하고 싶어하는 강렬한 욕구가 있다. 인간에게서만 발견되는 '인간의 질병'은 언제나 자기 성취의 실패와 연관되어 있다(1961년 인격의학 국제 회의에서 함부르크의 아투르 호레스(Arthur Jores) 교수의 발표). 반대로 자기 성취는 커다란 치유 가치를 지닌다.

2) 모험은 혁신을 일으키고 무엇인가를 발명케 한다.

모험은 독창적이다. 과학의 새로운 발견은 하나님의 독창적인 발명의 단면, 하나님의 기발한 해결책을 발견하는 것이다. 이분의 행위에는 언제나 새롭고 예기치 않았던 그 무엇이 있다. 우리가 삶을 하나님께 맡기면 그분은 우리의 삶에도 예기치 않은 일이 일어나게 하신다.

3) 모험은 단 하나의 최종 목표를 추구하는 가운데 통일성(응집력)을 가진다.

통일성과 목적성은 창조의 모험에 분명히 나타나 있는데 구원과 그에 따르는 부수적인 역사의 모험에 계속적으로 나타난다. 우주의 전개는 하나의 신적인 모험이다. 일단 모험을 강행했으면 각종 장애에도 불구하고 자신의 모험을 배반하거나 상실하지 않기 위하여 계속 자신을 재다짐해야 한다. 카뮈(Camus, Albert, 1913~1960)가 두려워했던 것처럼 모든 것은 의미 없이 돌고 도는 부조리한 것이 되든지 아니면 모든 것이 의미를 지니게 된다.

4) 이 목표는 사랑이다.

목표를 제안하는 것도 사랑이며 그 모험의 과정 과정을 유지시켜 주는 것도 사랑이다. 하나님이 인간을 자신의 형상대로 창조하심으로 인간에게 주셨던 모험의 본능은 실상 '사랑의 본능'이라고 믿는다. 그것은 자신을 주고 자신을 헌신하며 가치 있는 목표를 추구하고 그 목표를 달성하기 위해 모든 희생을 감수하는 사랑의 본능이다.

5) 모험은 위험 부담을 감수해야만 한다.

우리가 실패할 위험을 감수하지 않고 어떤 모험에 참여할 수 없음은 자명하다. 모험의 기쁨은 성공의 기쁨을 기대하는 것이다. 성공이 언제나 하나님의 선대하심의 증거로 나타나고 있는 전쟁에 대한 기대에서의 모든 승리, 특별히 예기치 못한 승리는 신적인 개입으로 돌려진다. 패배는 하나님이 호의를 거두는 증표이다.

많은 사람들이 그들이 겪은 과거의 불행과 부정에 대해 생각하고 말하는 것을 즐기는 것은 그들이 원하는 대로 승리하지 못한 데 대한 핑계를 찾고 자신이 일정한 장애 아래서 노력해 왔음을 분명히 하려는 것이다.

종교인들 가운데는 세상적인 입신 출세주의자들을 비판하는 이들이 있다. 이들은 입신 출세주의자들이 추구하고 있는 부와 지위와 쾌락과 명예 같은 것을 멸시한다. 그러나 그들은 저급한 쾌락을 멸시함으로써 최상의 축복을 성취하기를 희망하는 그리고 실제 생활에서 겪은 실패에 대하여 어떤 보상을 찾고 있는 하늘 나라의 입신 출세주의자들이다.

질병은 한편으로 세상적인 경쟁에서 뒤처지게 만들지만, 다른 한편으로는 한적한 곳을 찾을 수 있는 기회와 유익한 자기 성찰의 기회, 그리고 하나님을 만나는 기회가 될 수도 있다. 죽음은 커다란 실패이다. 그러나 새 생명으로 옮겨가는 데 필요한 새로운 친구이기도 하다. 부활의 관점에서 보면 죽음은 더 이상 실패가 아니다. 죽음은 오히려 실패로부터 우리를 구원해 주는 것이다. 노년의 점진적인 쇠약함, 그것에 수반되는 박탈과 고립은 의미가 있다. 참으로 의식적이고 명쾌하고 차분하게 수용된 죽음은 귀한 것이며 이러한 죽음은 매우 인상적이다.

(3) 실패 심리학

실패 노이로제는 사람으로 하여금 자신이 마음에 두고 열심을 내고 있는 공부나 직업, 결혼과 같은 일의 실패를 유도하는 방향으로 행동하게 만든다. 일단 실수를 향한 경주가 시작되면 어쩔 수 없이 비극적인 악순환의 고리가 시작된다. 성공하려는 불안이 결국 성공하지 못하게 하는 것이다. 완전에 대한 야망의 악순환은 자신을 회복시켜 보려는 열망에 빠져 평범한 삶을 증오하고 부분적인 성공에서도 아무런 기쁨을 누리지 못한다.

열등감에 빠진 사람은 다른 사람의 가치를 과대 평가하고 그들의 고충과 어려움과 실패를 인식하지 못한다. 조직적인 자기 멸시의 지경에 이르기까지 자신의 가치를 과소 평가한다. 자신을 공평하게 판단하는 사람은 거의 없다. 그에게 자신감이 결여되어 있다면 그것은 그가 자신의 약점을 알고 이를 과장하기 때문이며 감정의 악순환에서 야기되는 '무력화시키는 효과'를 경험했기 때문이다. 도움을 줄 수 있는 것은 그가 이해 받고 있다는 느낌이다.

사람이 진실하다면 자기 자신에 대하여 항상 실망하고 스스로를 구원할 수 없다는 것을 안다. 하나님에 대한 신뢰가 우리 자신에 대한 불신에도 불구하고 우리를 앞으로 전진하게 하고 우리를 자극해 결연한 모험으로 몰아간다. 모험적인 삶은 두려움이 없는 삶이 아니라 오히려 각종 두려움을 충분히 인지하는 가운데 영위되는 삶이다. 모험적인 삶은 두려움에도 불구하고 앞으로 나아가는 삶이다.

(4) 역설들

우리의 모험적인 충동을 방해하는 가장 큰 장애는 일반적으로 우리 안에 있다. 합리화와 비관주의는 아주 흔한 은폐기제(cover mechanism)가 된다. 은폐기제의 중요성은 사람의 마음 속에 도사리고 있는 엄청난 두려움을 어느 정도 가늠하게 해준다. 두려움은 변역할 수 없는 법칙에 매여 있는데 그것은 '두려움이 두려움의 대상을 창출한다' 는 것이다.

우리 가면의 가시적이고 외형적인 삶과 우리 인격에 깊이 숨겨진 삶은 나눌 수 없을 만큼 연계되어 있다. 가면은 사회와 연결되어 있고 우리의 인격은 하나님과 연결되어 있다. 우리의 사회적 자아와 인격의 운명은 언제나 상호 융화되어 있다. 인격의 성공적인 발달은 가면적 자아의 발달 안에 나타날 뿐이고, 가면적 자아의 실패는 언제나 인격의 결함을 나타낸다. 그러므로 성공과 실패의 개념 속에는 끊이지 않는 모호함이 있다.

사회의 기준은 언제나 겉으로 나타나는 모양의 질서를 따른다.

권력, 재산, 지식, 위신, 명성과 같은 외적인 모습을 중시한다. 즉 사회가 성공을 진리의 잣대로 바라본다는 것이다. 만일 당신이 성공하면 당신은 옳은 것이고 실패하면 틀린 것이다. 사회는 실패하는 사람에게 엄청나게 잔인하다.

사회의 임의적 판단으로부터 자유로워서 양심의 판단과 하나님의 판단에만 의존하는 사람은 거의 없다. 사회의 권위는 사회 구성원들이 그 명령에 순복한다는 데 있다. 이것이 사회적 순응을 강화해 주는 것이다. 이것은 모든 사람 위에 군림하고 이를 거부하는 사람을 상해한다. 또한 하나님 대신 무엇이 선하고 악한지, 무엇이 성공이고 무엇이 실패인지를 제시한다고 주장하는 도덕의 원천이다.

모든 사람은 자신에게 실망하고 자신의 실패에 실망하고 있다. 그래서 그들은 다른 사람의 성공을 감당하기 어려운 것이다. 우리는 다른 사람의 성공이 나에게 이익이 될 때 그에게 박수를 보낸다. 그리고 우리의 박수는 그들의 영광에 우리도 동참할 수 있도록 우리를 그들의 진영에 집어넣을 심산에서 나온 것이다. 이것은 말썽 많은 비판 정신과 경쟁 의식의 원천이자 특히 학자들, 예술가들, 작가들, 정치가들, 성직자들 그리고 의사들과 같이 고상한 직업을 가진 자들 사이에 깔려 있는 시기 질투의 원천이기도 하다.

(5) 독신과 결혼

독신녀는 자신의 고통을 감추어야 한다. 독신의 기쁨과 슬픔을 홀로 겪어야 한다는 것과 이것들을 함께 나눌 남편이 없는 데서 오는 외로움의 문제로 여성들의 필요에 정면으로 배치되는 것이다. 남자보다 여자가 더욱 '인격과 인격적인 유대'에 대한 감각을 지니고 있다. 여성이 결혼 외에 가장 큰 만족을 얻을 수 있는 곳은 그녀가 도와 줄 만한 가치가 있다고 여기는 남자를 도와서 그가 일에 최선을 다할 수 있도록 친밀하게 협력할 기회를 주는 직업이다. 그러나 그녀는 마음에 가득한 감정이 드러나지 않도록 세심한 주의를 기울여야 한다. 여성됨의 자연스럽고 신적인 목적이 결혼으로 성취된다면 이 성취를 박탈당한 여성은 어느 날 갑작스럽게 금욕적인 해답이나 혹은 종교적인 신앙과 하나님의 뜻에 따른 자기 포기의 길을 택함으로써 자신의 박탈을 용납할 것이다. "나는 내 인생을 망쳐 버렸다."는 실패에 대한 감정이 독신 여성의 고통을 훨씬 더 심화시키는 그런 실패감을 갖는 것은 너무나 부당하다. 독신녀들은 사람들이 그녀가 어떤 콤플렉스 때문에 결혼하지 못한 것으로 의심한다고 느낀다. 그러나 바로 자신이 자기를 독신녀로 만들었다는 것을 알게 되면서 상처를 받는다. 자신을 평가 절하하지 않고는 받아들일 수 없는 청혼을 그들 스스로가 아주 자유롭게 거절했기 때문이다. 그러나 그것은 건강의 표시이다.

진정한 문제는 어떤 사람이 결혼을 한다면 그 결혼을 성공적으로 만드는 것, 결혼을 하지 않는다면 독신생활을 성공적인 것으로 만드는 것이다. 마드렌느 랑베르뜨(Mlle. Madeleine Rambert)는 "종국에 가서 가장 중요한 것은 결혼이나 독신이 아니라 자아를 실현하는 것이다."라고 표현하였다.

자신의 시련 중에도 이미 인내와 끈기의 정신을 가지고 있는 사람은 타인에 대한 동정심이 가득한 반면 자신의 어려움으로 인해 반항적인 기질로 변한 사람은 타인의 문제를 이해하지 못하며 타인으로부터 위안을 얻지도 못함을 우리는 흔히 본다. 격렬한 반항의 단계는 진정한 수용의 전제 조건일 수도 있다. 모든 좌절은 반항을 자연스럽게 야기시키며 이 반항은 오직 겉으로 표현되었을 때만 제거할 수 있다. 이는 본능적으로 자신을 위협하는 모든 것으로부터 자신을 방어하기 때문이다. 내면에 있는 반항(거절)을 억누르면서 시련을 받아들이려고 하는 사람은 결국 그 시련을 '마지못해 받아들이는' 커다란 위험을 겪게 된다.

확신을 가지고 살지 않는 한 우리는 성취감을 발견할 수 없다. 그리고 인생을 확신을 가지고 산다는 것은 곧 모험의 정신을 가지고 모험을 하면서 산다는 것이다.

성공적인 결혼을 위해서는 반드시 결혼을 모험으로 — 모든 풍성함과 어려움을 포함하는, 그러면서도 또 한 사람과 함께 하는 매일매일의 모험으로 — 간주해야 한다. 또 미혼생활의 성공의 열쇠도 또 다른 모험 — 미혼 상태의 모든 위험과 고난, 모든 특권을 지닌 모험 — 으로 간주해야 한다.

요즘 결혼에 관한 갈등과 이혼이 심각한 것은 상당 부분이 사회적 암시에 의한 것이라고 보는 데 전염성이 있다. 이혼의 가능성을 염두에 두고 있으면 이것이 부부 사이의 다툼을 더 악화시키며 이해와 화해를 위한 상호 노력의 기반을 허물어뜨린다. 결혼의 어려움에 맞서는 대신 이혼을 탈출구로 삼아 그로부터 도피하는 것은 항상 일종의 실패일 따름이다.

죽기를 구했던 엘리야에게는 빛나는 한 모험이 지나가고 새로운 모험이 시작되고 있었다. 모험이 다시 시작되는 것은 하나님과의 접촉에서이다. 그 지점에서 우리를 붙잡고 있던 너무나 인간적이고 너무나 유치한 '성공 혹은 실패'라는 딜레마가 풀리게 된다. 그리하여 우리는 우리의 실패를 받아들일 수 있게 되고, 성공이라는 금빛 나는 우리(cage)로부터 자유로워진다. 하나님의 임재하에서만 우리의 성공이 쓸모 없음을 측량하게 되고 우리의 삶이 성공적이었음을 주장하는 것보다 더 큰 재앙이 없다는 것을 알게 되기 때문이다.

"다행스럽게도 우리는 우리 인생을 망쳐버렸습니다. 그렇지 않았다면 우리는 가망이 없었을 겁니다. 자기 인생을 망치지 않았다고 생각하는 사람은 불행한 사람입니다." (사라노 박사의 친구가 한 말)

(6) 실패의 교훈

우리는 신앙의 승리를 말하고 있다. 그러나 얼마나 눈물로 대가를 치러야 하는지에 대해 충분히 말하지 않는다. 가장 훌륭한 종교적 체험을 한 후에도 좀처럼 가시지 않는 어려움과 의심, 엘리야가 동굴 속에서 흘린 눈물, 겟세마네에서 하나님 앞에서 겪어야 했던 예수님의 피눈물 … 내 생에서 가장 아름다운 날들은 바로 눈물로 얼룩진 날들이었다. 나는 유일한 안전이 하나님의 긍휼과 자비 안에 있음을 안다. 그러나 나는 날마다 내 안에서 죄를 찾아내도록 그리고 더욱 죄의 권세를 깨닫도록 내몰린다. 신앙이 인생을 쉽게 해주지는 않는다.

변화되는 것은 문제가 아니라 우리 자신이다. 이전에 우리가 거부했던 것이 이제는 삶의 위대한 비밀 중의 하나로 또 삶의 신비한 법칙으로 보인다. 동시에 우리가 발견한 진리는 우리에게만 혹은 믿는 이에게만 맞는 것이 아니라 보편적인 가치를 지닌다는 것을 깨닫게 된다. 그것은 우리 자신을 이해하고 모든 사람을 이해하며 인생을 이해하도록 돕는다.

우리는 사람의 가치가 성공에 의해서라기보다는 부당한 실패를 견디는 방법에 의해 더 잘 측정할 수 있음을 안다. 우리는 무한정한 성공보다 사람에게 더 위험한 것이 없다는 것을 알게 된다. 이제 문제는 더 이상 어떤 사람이 실패하느냐 성공하느냐가 아니라 하나님의 목적을 성취하느냐 성취하지 못하느냐 하는 것이며 그가 하는 모험이 하나님과 더불어 하는 것이냐 하나님께 맞서는 것이냐가 된다.

십자가가 최고의 실패인 동시에 최고의 승리인 것은 그것이 하나님의 구원의 목적을 성취했기 때문이다. 무엇이 성공이며 무엇이 실패인가? 성경의 대답은 '하나님의 뜻이 무엇인가? 당신은 그분에게 순종하고 있는가?' 이다.

갈등을 겪을 때마다 우리는 끝까지 버텨야 할지, 포기하고 굴복해야 할지를 몰라 번민한다. "고통은 우리에게 병든 부분이 있으며 그에 대한 대책을 세우라는 하나님의 섭리적인 경고 신호"(사라노 박사의 말)이다.

성경적 관점의 무한한 가치는 그것이 삶의 무수한 사건들을 대하는 우리의 태도를 근본적으로 변하게 한다는 데 있다. 우리에게 성공인가 실패인가 하는 것이 문제가 아니라 그것들이 하나님의 목적 안에서 무엇을 뜻하는가 하는 것이 문제가 된다.

(7) 안전 추구 본능

사람에게 독특한 것은 모험을 하고 싶어하는 본능이 있다는 것이며 성경에서 인간이 하나님을 닮았다고 말한 점이 그러한 본능 속에서 표현되는 것으로 보인다. 그러나 사람 속에는 모험의 본능과 정착의 본능 사이의 갈등이 있다. 사람은 정착 본능을 억누를 때에만 모험의 본능을 따를 수 있으며, 모험의 본능을 억눌러야만 정착의 본능을 만족시킬 수 있다. 사람의 행동은 복합적이며 문제 투성이이고 번민이 가득한데 이는 모든 억압을 불안으로 느끼며 색다른 것 혹은 진부한 것을 향한 본능의 두 경향 중 어느 하나를 억눌러야 하기 때문이다. 곧 사람이 자연의 세계와 영의 세계에 똑같은 정도로 속해 있다 보니 영원히 그 사이에 끼어 괴로워하는 것이다. 우리는 두 열망을 동시에 이룰 수는 없으며 오직 한쪽을 먼저 실행한 다음 다른 것을 할 수 있을 뿐이다. 우리는 결코 본능적인 충동과 도덕적인 충동을 동시에 만족시킬 수 없다. 억압이 없는 인생이란 있을 수 없다. '통합'은 결코 최종적이고 안정된 상태가 아니다. 그것은 항상 미완성인 모험이고 끊임없는 접근일 뿐이다. 오직 우리의 상반되는 경향 간의 부단한 갈등을 의식하고 우리가 이런 긴장 속에 살아야만 함을 받아들일 때만 더욱 조화로운 인격의 통합에 도달할 수 있다.

출생이 하나의 모험이면 죽음 또한 모험이다. 젊음이 하나의 모험이면 노년 또한 다른 모험이다. 어떤 일에 충직한 것과 그것에서 물러나는 것이 모두 모험이다. 하나님은 창조적인 모험을 인격적인 것으로 만드시며 또한 과거에 충직함도 인격적인 것으로 만드신다.

3. 선택

(1) 가치 있는 모험

"뭔가 가치 있는 일을 하고 싶습니다"(같은 직장의 한 젊은이가 폴 투르니에의 진료실에 와서 한 말). 분명히 '가치 있음'이라는 것은 그 것을 받아들이는 사람에게 객관적인 가치를 지니는, 그 자체로 의미 있는 가치로서 나타나야 하며 자신과는 별개로 의심할 바 없이 확실하여 그것에 대한 자기의 헌신을 정당화할 수 있는 것이어야 하며 자기가 임의로 만들어 낸 목표가 아니어야 한다. 불가지론자는 아무것도 믿지 않는다고 주장하는 가운데 실제로는 늘 자기들이 믿고 있는 가치를 때로는 아주 고귀하게 섬기고 있다. 불신자는 하나님을 모른다고 말한다. 그러나 무엇이 가치 있는 것인가를 심각하게 생각할 때마다 이들은 자기도 모르는 사이에 하나님을 찾고 있다. "내게 정말 부족한 것은 '내가 무엇을 해야 할지'가 마음속에서 분명하지 않다는 것이다. 문제는 '나' 자신을 이해하고 하나님이 정말 '내가' 무엇을 하기를 바라시는가를 아는 것이며, '내'가 진리인 진리를 찾고 '내가 생명을 걸 수 있는 사상'을 찾는 일이다"(키에르케고르의 말).

어떤 대의이건 진정으로 그것에 헌신하려면 그 대의가 자신을 꽉 사로잡고 있다고 당사자가 느껴야지 그 반대가 되어서는 안 된다. 즉 그 대의가 그 사람에게 가치 있는 일로서 뚜렷이 각인되어야 하는 것이다. 아무리 사소한 일이라도 세상의 의미와 부합되고 세계의 전 역사에 작은 구성 요소로 제자리를 차지하게 되면 그것은 의미를 갖게 된다. 각각의 작은 모험은 그것이 세상이라는 거대한 모험 안에 자리잡고 있는 한에서만 가치 있다는 것이다.

"나의 작은 개인적인 모험이 하나님의 거대한 모험과 조화를 이루고 있는가? 나는 내 작은 모험을 통해 하나님의 커다란 모험의 일부분을 체험하고 있는가?"

(2) 하나님의 인도

인간과 동물의 행동에서 기초적인 차이점은 "인간은 주어진 자극에 대해 반응을 늦출 능력이 있다."라고 동물학자 아돌프 포르트만 교수는 말했다. 오직 인간만이 자유롭게 행동할 수 있다. 인간은 창조주에게 순종할 수도 있고 안 할 수도 있다. 하나님의 음성을 듣거나 마음에 떠오르는 어떤 생각에서 하나님의 영감을 분별할 수 있으면서도 여전히 인간의 항구적인 불확실한 상태를 깨달아 겸손한 신중함을 유지하는 사람이야말로 참으로 복 있는 사람이다. 하나님은 우리가 그 명령에 대해 확신이 없을 때면 계속해서 명령을 반복해 주신다. 잘못을 범하게 될 그 모든 가능성에도 불구하고 하나님의 인도를 진지하게 추구하는 것은 여전히 우리에 대한 하나님의 목적에 맞추어 우리의 삶이라는 모험을 해나가는 가장 확실한 방법이다. 내 생각으로는 우리가 하나님의 뜻을 분명히 '알아야만 한다' 는 생각을 버리고 단계마다 길을 보여 달라고 요구하는 대신 하나님이 우리를 인도하시도록 눈 딱 감고 자신을 내어 드려야만 이 어려움에서 벗어날 수 있지 않을까 한다. 종교의 의미는 우리 자신을 하나님께 묶고 하나님께 전적으로 의탁하는 것이며 하나님의 인도를 이해하지 못한다 할지라도 우리를 인도해 주십사 하고 아뢰는 것이다.

산다는 것은 선택하는 것이며 인간은 어느 목표를 택하고 그 선택에 대해 용감하게 책임을 짊어지는 한에서만 인간이다. 모험이 뜻대로 진행되지 않는 가운데 우리는 화만 내고 있다. 그러나 그것은 하나님의 개입일 수 있다(발람과 나귀 이야기). 우리는 보이지는 않지만 천사에 둘러싸여 있다. 하나님의 인도를 받는 모험을 추구하는 것은 우리의 눈을 열어서 사건 속에서 하나님의 경고를 보게 해 달라고 간구하는 것이다. 그것은 화를 내는 것이 아니라 자신을 내어 줌으로써 하나님이 보내신 천사의 인도를 받아 멈추다가 앞으로 전진하거나 왼쪽이나 오른쪽으로 방향을 바꾸는 것이다. 이러한 천사는 하나님이 인간의 역사에 꾸준하고 은밀하게 개입하셔서 하나님이 주신 모험을 행하는 이들을 인도하신다는 것을 상징한다.

(3) 위임

하나님은 우리가 확신을 갖지 못하고 분명히 인식하지 못하더라도 심지어 실패나 실수를 통해서도 우리를 인도하신다. 우리 삶의 방향키를 진심으로 하나님의 손에 맡기고, 우리가 혼자서 삶의 방향을 정할 능력이 없음을 고백하고 하나님이 방향을 인도해 주시기를 간구하는 것이다.

"… 나(폴 투르니에 자신이 아내를 증인 삼고 하나님께 기도한 내용)는 나를 포기하는 짧은 기도를 드렸다. … 나는 하나님이 내 기도를 들으셨고 내 기도가 진심인 것으로 받아 주셨으며 내 기도에 응답해 주셨다는 것을 신앙 안에서 분명히 믿을 수 있다. 내 스스로를 포기함으로써 훨씬 더 인격적인 태도를 지니게 되었다는 것이다. 그분은 살아 계시고 움직이고 활동하는 인격으로서 모험에 관여하시며 모험 속에서 나와 관계를 맺으신다. 따라서 '가치 있는' 것은 이제 하나의 개념이라기보다 하나의 인격으로 나타난다."

"내가 할 일은 백지의 하단에 서명하는 일이라는 걸 이제 깨달았소. 하나님이 뭐라고 쓰시든 그대로 할거요. 하나님이 내 인생이 계속되는 동안 이 백지 계약서에 뭐라고 쓰실는지 모르지만 어쨌든 난 오늘 서명을 마쳤소이다"(폴 투르니에의 소중한 지인, 그가 회심한 후에 한 말).

우리가 자신을 포기하면 할수록 하나님의 뜻을 발견하는데 더욱 어려움을 겪게 된다. 하나님을 더 잘 알기 위해 성경을 공부해야 하고, 기도하는 가운데 그분의 음성을 듣기 위해 귀를 기울여야 하고, 하나님과 교통함을 막는 죄를 따져 보는 노력을 더욱더 엄격하게 기울여야 하기 때문이다. 그러나 이런 일을 행하는 그 모든 환경이 바로 모험이라는 새로운 환경이 된다.

신앙의 모험으로 흥미 진진하여 어렵고 힘들지만 시적인 정취와 새로운 발견과 신선하고 놀랍게 진행되는 사건이 넘쳐나는 모험이다. 이것은 하나님과 함께하는 매일의 모험이며, 매순간에 해당되어 모든 생각과 감정과 행동에 영향을 끼치는 모험이다. 불확실함과 회의, 망설임은 그대로 남아 있지만 이제 우리는 이를 하나님에게 가져가 하나님의 뜻과 계획을 보여 달라고 할 수 있다. 근본적으로 바뀌는 것은 바로 삶에 대한 근본적인 태도이다. 삶에 대한 태도는 언제나 하나님에 대한 태도를 반영한다. 하나님에게 긍정의 대답을 하는 것은 인생과 인생의 모든 문제와 난관에 긍정의 대답을 하는 것이며, 긍정의 대답이라는 것은 거부하는 태도가 아니라 모험을 받아들이는 태도이다. 그런 모험에 우리는 전 존재를 건다. 이성이나 지성, 지식, 판단력뿐만 아니라 감정, 기호, 욕망, 본능, 의식적 무의식적인 열망도 버릴 필요가 없으며 다만 이것을 모두 하나님의 손에 맡겨 하나님이 이를 지시하고 자극하고 배양하고 개발하고 사용하시도록 하면 된다.

하나님은 우리로 한 가지 모험을 끝맺게 하시면서 반드시 새로운 모험을 열어 주신다. 우리가 하나님에게 우리 삶을 양도한다면 불만족스러운 삶, 겉보기에 시시해 보이는 삶이라도 언제든 다시 한번 거대한 모험이 될 수가 있다. 그 차이는 어떤 정신으로 삶을 살아가느냐 하는 것이다. 변화된 삶을 사는 사람은 모든 일을 전과는 다른 빛, 즉 모험의 빛에 비추어서 본다.

모험과 안정이라는 문제 역시 해답은 하나님의 인도에 자신을 내어드리는 데에 있다. 그 대가는 비쌀 때가 많다. 과거의 모험에서 획득하여 보관해 둔 보화를 내어놓기란 어려운 법이며 그 보화의 노예가 되었을 때는 더욱 그렇다. 지나간 모험을 겪는 과정에서 쌓인 비탄과 반항심, 원한과 분개 역시 내어놓아야 한다. 변화되지 못할 삶, 상처투성이에서 벗어나지 못할 삶이란 없다.

우리는 하나님 앞에 무릎을 꿇고 잠잠해야 한다. 그리고 우리의 보화를 다 내어놓아야 한다는 것을 받아들여야 한다. 일단 발걸음을 내딛기만 하면 그것은 모험에서 가장 간단하고 확실한 부분인 것처럼 느껴진다.

거룩함은 예수 그리스도께 깊이 뿌리 박혀서 그분이 뜻하시는 곳으로 우리를 인도하는 것이라는 의미에서 모험 중의 모험으로 드러난다. 자신을 하나님에게 내어드린 생활이 모험인 또 다른 이유는 항상 주의 깊게 하나님의 음성을 듣고 하나님이 보낸 천사를 청종하려고 하기 때문이다.

(4) 분별의 근본

대부분의 그리스도인들에게 모험의 정신이 부족한 것은 영적인 생활을 '현실의 생활'과 대립되는 것으로 보기 때문인데 이들의 신앙은 뜻대로 되지 않는 삶에서 도망치며 현실의 삶의 문제를 직면하고 해결하려는 노력을 포기하고 추상의 세계에 빠져 있는 것이다. 이들은 이런 직무 태만을 그리스도인의 자기 부인으로 오해한다. 현실에 등을 돌리는 것이 하나님을 더욱 신실하게 섬기는 것이라고 믿기 때문이다. 그러나 신앙은 우리로 세상에 관심을 가질 것을 요구한다. 세상이 두 가지가 아닌 한 가지라는 것, 세상에서 손을 떼는 것이 아니라 세상에 참여해야 한다는 것, 세상을 비웃는 것이 아니라 세상에 관심을 갖는 것이 성경 전체가 가르치는 바이다.

두 세계 사이의 화해는 신앙의 현실에 눈뜨지 못했던 사람에게는 모든 것에 의미를 부여해 주는 삶의 또 다른 중요한 측면을 발견하는 것을 뜻한다. 그러나 신앙을 가진 사람에게는 블룸하르트

(Blumhart)가 말한 바와 같이 일종의 두 번째 회심이자 현실로의 복귀이며, 형언할 수 없는 추상의 영역에서 세속적이고도 평범한 생활이라는 실제적인 모험으로 하강하는 것이며, 신앙과 관련이 없다고 생각하던 모든 과학이나 기술, 경제, 예술, 정치 등에 새로이 관심을 회복하는 것이다. 그러므로 필요한 것은 대립이 아닌 종합이다.

하나님 한 분만이 사물(직업)에 가치를 부여하신다는 것을 진정으로 안다면 우리는 직업에 대한 편견을 버리고 더 이상 어떤 직업을 다른 직업보다 더 가치 있는 것으로 여기지 않게 될 것이다. 우리의 직업을 하나님이 우리에게 맡기신 임무로 보고 그런 정신으로 일에 임하며 하나님의 인도를 받도록 자신을 내어드리는 것이야말로 가치 있는 일이다. 사명을 받았다는 것은 모든 일을 사명의 정신으로 하며 이를 하나님과 함께하는 모험으로 본다는 것을 의미한다.

"우리가 사명을 감당하는 것이라면 아무리 저급하거나 초라한 일이라 할지라도 하나님 앞에서 빛나지 않거나 귀중하지 않은 일은 있을 수 없다 … 어떤 곳에 있건 자신의 처지가 하나님이 자기에게 맡겨 주신 장소라고 생각해야 한다"(칼뱅의 말).

(5) 묵상의 필요성

내 경험으로는 묵상한 바를 글로 쓰는 것이 영적인 세계와 세속적인 세계를 이어 주는 데 큰 도움이 된다. 우리가 묵상을 하는데 시간을 들인다는 그 사실이 하나님께 귀 기울이고자 하는 우리의 굳은 뜻과 하나님의 인도에 우리가 얼마나 큰 가치를 부여하는가를 나타내 주는 표시이다.

묵상은 하나님 앞에서 입을 다무는 데서 이루어진다. 이런 침묵은 무엇보다도 경배요, 영적인 친교요, 영혼의 고향이요, 합치이다. 글로 적으며 하는 묵상은 기도나 경배의 자리를 차지하는 것이 아니라 영적인 생활의 풍부함을 세속적인 생활로 통합하는 데 실제적인 도움을 주는 역할을 한다.

이성과 상식이 신앙에 대립되는 것은 이들이 하나님의 주권 밖에 있는 자율적인 것이 되려고 하기 때문이다. 이성과 상식은 묵상 가운데 하나님에게 바쳐질 때 귀중한 것이 된다.

묵상은 실로 우리가 종교라는 다른 세계로 탈출하지 않도록 막아 준다. 묵상은 우리로 이 세상에 단단히 발을 붙이게 해 준다. 묵상은 이 세상에서 우리의 사명을 깨닫게 해주는 것이요 이 세상에서 하나님의 모험을 수행해 나가는 데 하나님이 우리가 무엇을 하기를 바라시는가를 깨닫게 해주는 것이다. 묵상은 중보의 성실성을 배우는 일종의 학교이다. 신실성을 배우는 학교이며, 적절한 자신감을 배우는 학교이다. 묵상은 인격을 일깨우고 성숙하게 하는 강력한 도구가 된다. 인격은 자아 그 이상이며 영적인 실체로서 개인적인 신념을 지녀야 하며, 하나님과 인생과 사건과 다른 사람에 대한 태도를 결정해야 하며 자기의 직업, 이 세상에서 자기가 하도록 받은 사명을 분별해야 한다.

"사명이 인간을 만든다." 사명이 무엇인가를 알기 위해서는 하나님과의 친밀한 대화를 통해 우선 한 인간이 될 필요가 있다. 이것이 바로 묵상이다. 묵상은 인격의 형성보다도 더 깊이 있는 것이다. 묵상은 하나님과 더욱 가까운 친밀함에 이르는 길이다.

(6) 일의 모험

우리는 생각을 해야 한다. 참신하고 유익한 생각을 구해야 하며 무엇보다 인간이 가장 충만한 인간이 될 수 있는 위치, 즉 하나님 앞으로 나아가야 한다.

묵상에는 가치 있는 모험이 있다. 우리 시대의 문제에 대한 대답을 찾으려는 모험, 하나님의 영감을 받아 대답을 찾으려는 모험이 있는 것이다. 시간은 매 시각 새로워지는 하나님의 선물이다. 시간은 하나님에게 속한 것이며 우리는 이를 하나님의 뜻에 따라 사용해야 한다. 이것은 실로 작은 문제가 아니며 많은 묵상이 따라야 한다. 우리는 끊임없이 하나님에게 되돌아가 우리의 계획을 하나님의 인도에 비추어 다시 점검해 보아야 한다. 실로 가치 있는 모험을 하는 한 가지 비결은 시간을 가장 잘 사용 할 수 있는 법에 대해 묵상하는 것이다. 나는 이렇게 우리의 모든 활동과 생각과 감정을 통해서 하나님의 모험에 들어가고자 애쓰는 것이 바로 삶의 의미라고 믿는다. 하나님이 우리에게 삶을 주셨다면 바로 그런 이유,

즉 우리의 삶이 하나님의 계획에 부합되어 그것을 실현하는 데 보
탬이 되게 하기 위해서이다. 그래서 이런 끊임없는 협력을 통해 우
리는 하나님과 더욱 가까운 친밀한 관계를 맺을 수 있게 될 것이
다. 아주 사소한 일까지도 여기에 포함되며 이에 대해 우리는 묵상
을 계속함으로써 하나님의 구체적인 인도를 구할 수 있다.

(7) 삶의 의미

　묵상을 많이 할수록 중요한 문제에 대해 더 많이 알게 되며 또
이들 문제를 과학적인 연구를 통해서 해결하고자 더 많은 노력을
하게 된다. 삶은 매일 하나님으로부터 우리에게 흘러내려오는 수
액이다. 우리의 일과 행동, 감정과 생각, 이것은 그 수액이 우리 안
에서 영글도록 하는 열매인 것이다. 우리는 살아갈 용기를 바로 하
나님으로부터 얻는다. 나이가 들어가면서 점점 포부를 포기하고
더 활동에서 물러나며 노년의 법칙에 따라 '활동' 의 이치에서 '존
재' 의 이치로 이행해 가는 것 역시 하나의 커다란 모험이다. 이것
은 새롭고 신나고 멋진 일이 또 한번 펼쳐지는 것이다. 이것은 집
단에서 개체로, 확산에서 집중으로, 비본질적인 것에서 영원한 것
으로 전환해 가는 것이다. 사람은 그제서야 인생을 살면서 성공을
거두는 것과 인생을 성공적으로 사는 것이 서로 다른 것이라는 점
을 깨닫게 된다. 인간이 평생토록 애써 이루어야 할 과업은 자신의
인생이다. 따라서 노년에도 여전히 미래를 바라볼 수 있다. 죽음까

지도 바라볼 수 있다. 인생에 여러 단계라는 다양성이 있지만 여기에 통일성을 부여해 주는 인생의 전체적인 의미는 하나님께 대한 순종이다.

모험 가운데 가장 위대한 모험은 행동이 아닌 자신의 개발이다. 이 모험은 물론 행동이 필요한 단계에서는 행동을 취하기도 하지만 이것은 내적인 발달이며 하나님과의 만남이며 하나님을 점점 더 크게 의지하면서 인간과 세상으로부터 점진적으로 독립성을 확보해 나가는 것이기도 하다.

행동의 모험의 진정한 가치는 우리의 행위에 있지 않고 그 행동을 하나님과 함께하는 것에 있고, 하나님의 창조적인 모험에 들어가며, 하나님에 대한 친근한 지식이야말로 최고의 모험이 된다. 휴식은 모험이 멈춘다는 말이 아니다. 그것은 모험이 충만함에 이르렀다는 말이다. 이것은 '하나님의 안식에 들어가는' 것을 말한다. 이것은 예수님이 주시는 안식이요(마 11:28), 하나님, 삶, 자기 자신과 화해하게 하는 안식이요 모든 내적인 갈등을 해소하는 안식이다. 모험은 계속되지만 그것은 다른 장단으로 계속되며 무엇보다도 하나님으로 가득 채운 모험이 된다. 여전히 위험은 남아 있고 미지의 세계와 죽음이 남아 있으므로 우리에게 약속된 부활은 새로운 출발이며 새로운 모험으로 도약하는 것이다. 인격적인 부활이며 인격적인 모험이며 하나님과 다른 사람과의 인격적인 사귐이며 인격적인 생명이다.

Ⅲ 기독교 심리학

The Christian Psychology of Paul Tournia

"세상에는 서로 대조되는 두 가지 복음이 있는데 그 첫 번째는 심리학의 복음으로서 우리 자신을 발견하여 인생을 최대한으로 충만하게 살라고 강권한다. 그 두 번째는 종교의 복음으로서 안정된 자리를 떠나고 이기적인 야심을 멀리하며 남을 섬기는 일에 헌신하라고 우리를 부른다."

Ⅲ. 기독교 심리학 : 요약하면, 인간 발달과정에 중요한 네 가지 요인이 있다. 첫 번째는 '사랑'이다. 폴 투르니에 자신은 '하나님의 사랑의 위대함에 사로잡힌바 되기까지' 버림받은 기분과 불안정감을 떨쳐 버릴 수 없었다고 고백했다. 두 번째의 요인은 '고통'으로써 이는 사람을 도와 훌륭하게 성숙하도록 도울 수도 있지만 정상적인 발달을 방해하는 장애물이 될 수도 있다. 세 번째 요인은 '동일시'다. 이것은 자신이 존경하는 인물의 특성을 마치 자신의 것인양 답습하려고 하는 성향이다. 네 번째 요인은 우리가 인생 여정에서 만나는 장애를 극복하려고 시도하는 가운데 '적응'이 필요하다.

융(Jung)과 마찬가지로 투르니에는 노년의 삶은 자신과 자신의 가치관과 문화에 대한 이해와 믿음을 개발하는 데 있다고 믿는다. 노인은 하나님에 대한 지식을 늘려야 하며, 우리 모두가 죽음 후에 대면하게 될 그분에 대한 순종을 더 해야 한다. 투르니에는 인간이 두 부분으로 구성되어 있다고 전제한다. 그 첫째는 '가면적 인격'(Personage)이라고 불리는 것으로, 우리의 인격 중에 우리가 세상에 보여주는 부분이다. 둘째 부분은 바로 '인격'(Person)이다. 인격은 가면적 인격 뒤에 위장되어 숨어 있는 은밀하고 진실된 모습이다.

투르니에는 관찰이 가능한 인간 행동의 원인에 대해 다섯 가지의 견해를 가지고 있다. 첫 번째로 '본능과 내적 경향성' 두 번째로 '무의식의 힘,' 세 번째로

'의식적인 선택', 네 번째로 '사회적 경향', 다섯 번째로 동기 부여의 '두 개의 움직임'(심리학의 복음과 종교의 복음)을 말하고 있다. 예수 그리스도께 전적으로 헌신하는 삶은 몇 가지 방식으로 설명할 수 있다. 첫째, 기독교를 체험하면 '인지적 인격'이 회복된다. 둘째, 그리스도께 자신을 헌신한다는 것은 개인적인 신념을 개발하고 옳고 틀린 것에 대해 좀 더 분명한 견해를 개발하는 것을 의미한다. 마지막으로 기독교는 사람을 불화와 대인 관계상의 갈등으로부터 자유롭게 한다.

투르니에의 생각에는, 현대 사회의 진짜 문제는 다른 사람을 비인간화하여 인격을 하나의 물건으로 취급하는 성향이다. 현대인들에 의해 널리 받아들여지고 있는 네 가지 기본적인 잘못된 태도는 첫 번째는 '의회의 정신', 두 번째 정신은 '독립의 정신', 세 번째 정신은 '소유의 정신', 마지막으로 '정당한 요구의 정신'을 지적했다. 그는 오로지 개인들이 그리스도의 능력으로 변화하는 만큼 세상은 변화될

수 있다고 믿었다. 그가 말하는 '친교의 정신'은 사람들이 인격으로서 서로 용서하고 사랑하는 태도이다.

투르니에는 종교가 이중적인 성격을 지닌다는 사실을 인식해야 한다고 역설한다. '불건전한 종교'의 경우 두려움을 느끼게 하고 사람을 질식시키며 문제를 회피하게 해 비현실적 세계로 도피하게 하는 심리적인 재앙을 초래한다. 이와 반대로 '은혜의 종교'는 인간을 자유롭게 하고 죄의식의 속박에서 벗어나게 하며, 신경증이 있는 사람에게는 심리적 안정을 가져다주어 안정된 인격을 창조한다.

투르니에가 제안하는 인생에서 성공하는 방법은, 움직일 때마다 염려하지 않는 것 아니면 모든 염려를 바람에 날려버리는 것이다. 인생은 건강, 재산, 돈, 쾌락, 자기 달성을 찾아 계속해서 헤매는 것이 아니다 고 주장하였다. 중요한 것은 하나님의 음성에 귀를 기울이고, 그 분께 우리 자신을 인도하시도록 하여 어떤 어려움에도 불구하고 우리를 부르시는 모험에 직면하여 대처하는 것이다 고 말하였다.

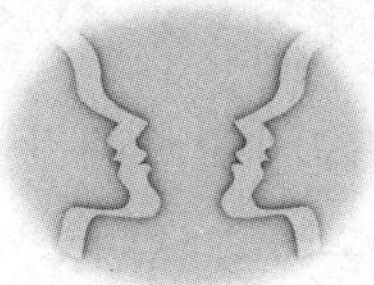

1. 폴 투르니에

The Christian Psychology of Paul Tournia

폴 투르니에(Paul Tournier, 1899-1986)는 스위스의 내과 의사로서 기술적인 의학만이 존재하던 시기에 의사와 환자가 인격적으로 만나야 한다는 '인격의학'을 주창했으며, 심리학을 기독교와 통합시키는 데 크게 공헌했다. 삶을 위한 실제적인 지침들은 그의 저서와 강연을 통해 세계 각지의 사람들을 변화시켰다.

2. 폴 투르니에의 생애와 업적

존 칼빈이 30여 년 간 정기적으로 설교를 했던 성 베드로 교회에 폴 투르니에의 아버지 루이 투르니에가 목사가 되었다. 이 젊은 목사는 시인이었으며, 당시 대부분의 설교자들처럼 심오한 사상가이

Ⅲ. 기독교 심리학 67

기도 했다. 그는 삼십대 중반에 18세 위인 여인과 결혼을 했다. 그는 줄곧 심리적으로 괴로움을 겪었는데 20여 년 동안 행복한 결혼 생활을 하다가 아내와 사별하게 되면서 더욱 격한 심리적 갈등을 겪었다. 62세가 되던 해에 루이 투르니에는 당시 28세인 엘리자베스 오르몽과 재혼했다. 1899년 5월 12일에 외아들인 폴 투르니에가 태어났다. 3개월 후 폴 투르니에의 아버지는 죽고, 그의 어머니 역시 유방암으로 투병하다가 폴 투르니에가 여섯 살 되던 해 숨을 거두었다. 어머니의 죽음은 그를 애정적이며 지적이고 종교적인 분위기의 가정에서 분리시켜 세상적인 사업가인 외삼촌 가정으로 인도했다. 사랑을 받을 수 없고 받기를 두려워했던 어린 폴 투르니에는 점점 더 내성적으로 변했다. 그의 10대 시절은 외로웠고 불안 정했다. 이 때 그 어린 소년은 생애 처음으로 자신의 말에 귀 기울이고 그를 진지하게 대해 주며 그의 생각을 존중해 주는 쥴르 뒤부아 선생님을 만나게 되었다. 그 후로 그는 자신감을 발견하고, 대중 앞에서 열정적으로 연설을 하는 청년으로 변해갔다. 폴 투르니에의 지적인 모습 이면에는 여전히 외로운 젊은이의 모습이 있었지만, 후에 폴 투르니에가 자신의 첫 번째 심리 치료사라고 회상했던 뒤부아 선생님과의 만남은 그를 성숙하게 하는 계기가 되었다.

폴 투르니에는 그리스도의 능력으로 개개인을 변화시킴으로써 세계의 변화를 추구하는 옥스퍼드 그룹 운동 모임에 참여하게 되는데 회원들은 매일 일정 시간을 묵상하고 생활의 매우 사소하고 구체적인 부분에 이르기까지 하나님의 인도하심을 간구했다. 참석

자들은 가정에서 모임을 가질 때 각자의 죄를 개인적으로 고백했
으며 절대적인 정직과 순결과 사랑 그리고 비이기적인 자세를 개
발하기 위해 서로를 도우려고 노력했다.

폴 투르니에는 새로운 종류의 의학 즉 '인격의학'을 개발했다.
곧 개인의 인간적인 문제와 하나님과의 관계는 그의 신체적인 질
병과 치료에 영향을 미친다는 사실을 인정하는 의학이었다. 같은
교회 주일학교 교사로 만나 결혼했던 아내 넬리가 죽은 후 그는 35
세 연하의 피아니스트 코린 오라마와 86세가 되던 1984년 봄에 결
혼한다. 1986년 10월 7일 폴 투르니에는 주님 앞으로 갔다.

3. 폴 투르니에의 심리학

인간 행동에 대한 편견과 신앙이 곧 폴 투르니에의 심리학을 형
성하고 있다.

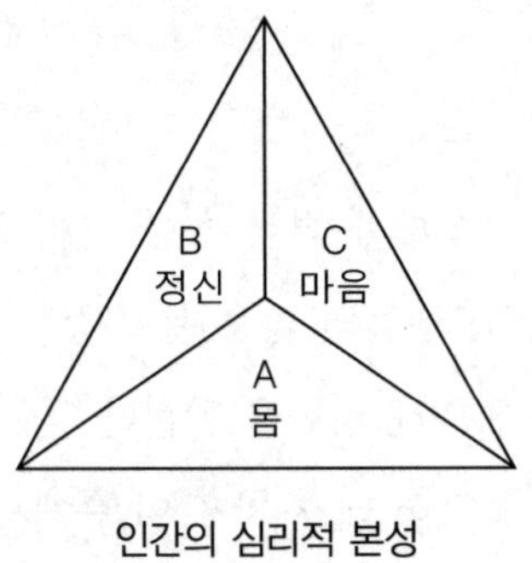

인간의 심리적 본성

A는 몸, B는 정신, C는 마음을 나타내며 세 개의 삼각형 각 부분은 다른 삼각형과 변이 맞닿으며 영향을 미친다. 예를 들어, 몸이 아프면 정신과 마음에 영향을 미치게 된다. 마음이 흐트러지면 몸과 정신에 영향을 준다. 이와 마찬가지로 정신도 몸과 마음에 영향을 주게 되어 있다.

그림의 피라미드의 밑바탕은 앞 그림에서 보이는 대로 인간의 자연적인 모습이다. 피라미드의 윗 부분 또는 꼭대기는 초자연적인 것이다. 인간은 몸과 정신과 마음이 위에 있는 영(spirit)에 순응할 때 비로소 건강할 수 있다.

폴 투르니에는 인간이 자연 세계와 초자연 세계에 동시에 속해 있다는 사실을 강조한다. 그러므로 정서적으로 문제를 가진 사람을 이해하고 돕기 원한다면 지적으로 연구되는 자연 세계와, 의사와 환자 사이의 교제에 의해서 파악될 수 있는 초자연적 부분을 둘 다 고려해야 한다. 폴 투르니에는 이를 의사와 환자 사이의 '영적 교제'라고 불렀다.

(1) 인성 발달

인간은 내재적인 기질과 유전적 성향 그리고 명백히 본능을 지닌 존재로 태어나지만, 행동의 많은 부분은 그가 일생을 살아가면서 경험하는 사건들에 의해 영향을 받는다.

인간 발달 과정에 중요한 네 가지 요인을 제시한다.

첫 번째는 '사랑'이다. 폴 투르니에 자신은 '하나님의 사랑의 위대함에 사로잡힌 바 되기까지' 버림받은 기분과 불안정감을 떨쳐 버릴 수 없었다. 두 번째 요인은 '고통'으로서 이는 사람을 도와 훌륭하게 성숙하도록 도울 수도 있지만 정상적인 발달을 방해하는 장애물이 될 수도 있다. 세 번째 요인은 '동일시'다. 이것은 자신이 존경하는 인물의 특성을 마치 자신의 것인 양 답습하려고 하는 성향이다. 네 번째 요인은 우리가 인생 여정에서 만나는 장애를 극복하려고 시도하는 가운데 '적응'이 필요하다.

폴 투르니에는 인생 여정을 어린 시절, 성인기, 노년기로 구분한다. 어린 시절 중요한 것은 어린아이가 부모와 어떤 관계를 맺느냐이다. 폴 투르니에는 부모가 자녀 양육 방법에 대해 일치를 이루고 어린아이가 용납되고 그 말이 경청되며 사랑받고 훈계를 받는 안정된 가정의 가치를 강조하고 있다. 좋은 가정 환경의 가치를 강조하는 것이 정상적인 아동기와 정상적인 성인기가 비례한다는 것을 의미하지는 않는다. 왜냐하면 폴 투르니에처럼 어려운 아동기를 보냈지만 안정되고 행복하며 생산적인 삶을 살아가는 사람들도 있기 때문이다.

성인기의 대표적 특성은 활동성이다. 폴 투르니에가 말하는 활동성은 '스스로 통제하는 활동성'(Self-directing activity)으로서 이는 정기적인 계획과 묵상에 의해 인도받을 때 가장 효과적이다.

폴 투르니에는 대부분의 사람들이 40대에 접어들면서 '고개 너머로 내려가기 시작한다'고 믿고 있다. 이때쯤 되면 우리는 성취할 수 있는 것과 성취할 수 없는 것에 대해 좀더 현실적인 자가 진단을 하게 된다. 은퇴에 대비해 계획을 세워야 하는 것은 60대가 아니라 바로 40대 중년기이다. 은퇴에 대비해 전혀 준비를 갖추지 못한 이들은 그들에게 주어진 자유 시간을 놓고 어찌할 바를 몰라 안절부절하며 적극적인 성취를 이룰 수 없는 것 때문에 스스로를 쓸모없다고 느낀다. 폴 투르니에에 의하면, 노인은 하나님에 대한 지식을 늘려야 하며 우리 모두가 죽음 후에 대면하게 될 그분에 대한 순종을 더해야 한다고 제안하고 있다.

(2) 인격과 동기 부여

폴 투르니에는 인간이 두 부분으로 구성되어 있다고 가정한다.

첫째는 '가면적 인격'(personage)으로 우리의 인격 중에 우리가 세상에 보여 주는 부분을 말한다. 이것은 우리 모두가 자신의 진면목을 숨기고 주변 사람들에게 우리의 가장 좋은 이미지를 부각시키기 위해서 쓰고 있는 보호 가면이다. 이것이 과학적으로 연구될 수 있는 인간의 유일한 측면이기 때문이다.

인간의 둘째 부분은 바로 '인격'(person)이다. 인격은 가면적 인격 뒤에 위장되어 숨어 있는 은밀하고 진실된 모습이다. 폴 투르니에의 견해에 의하면, 인격은 사람들과의 솔직한 대화 과정에서 가끔 표출되어 나타난다. 폴 투르니에에 따르면 이 둘은 서로 분명히 다르며 구별되어 있다. 그러나 동시에 이들은 떼려야 뗄 수 없는 관계 속에 연계되어 있다. 이 둘은 또한 서로 닮았다. 그 이유는 가면적 인격이 내면적 인격을 조성하지만 동시에 인격이 가면적 인격에 영향을 미치면서 가면적 인격을 통해 스스로를 부분적으로 드러내기 때문이다.

폴 투르니에는 관찰이 가능한 인간 행동의 원인에 대해 다섯 가지의 견해를 가지고 있다.

첫 번째로 '본능과 내적 경향성'은 인간에게 강력한 영향력을 행사한다. 예를 들어 우리가 심리적으로 강하거나 약하다고 말하는 것은 적어도 어느 정도 타고난 충동에 의해 결정되며, 과감하고 도전적이거나 조용히 물러서는 경향도 마찬가지이다.

두 번째로 '무의식의 힘'이다. 무의식은 종종 좀더 의식적인 욕구에 반대되는 방식으로 마음을 움직이게 할 때가 있다. 때에 따라 폴 투르니에는 무의식을, 개인의 삶에서 모든 좋은 것을 약탈하고 우리의 의식적인 의지의 진실된 소망을 좌절시키는 마귀와 동일시하는 것처럼 보인다.

세 번째로 '의식적인 선택'이다. 인간은 자신에게 주어진 자유의지를 완전히 박탈당한 존재가 아니다. 그는 의도적인 결정을 할 수 있다. 우리는 종종 다른 사람이 우리를 대신해서 선택해 주기를 원하지만, 의식적으로 자신의 입장을 분명히 하는 능력은 성숙의 척도 중 하나이기도 하다.

네 번째로 '사회적 영향' 그리고 우리가 타인과 접촉하면서 가졌던 모든 경험을 들 수 있다.

　폴 투르니에는 사람의 마음 속에 어떤 암시를 집어넣음으로써 얼마든지 행동을 변화시킬 수 있고, 편견을 집어넣거나, 병을 앓게 할 수도 있으며, 생각을 왜곡하거나, 심지어는 음행으로 유도할 수도 있다고 했다.

　우리의 참된 힘은 사회에 퍼진 힘의 신화, 즉 행복은 하나님께 순종하는 사람에게 주어지는 것이 아니라 운이 좋고 다른 사람과의 경쟁에서 약삭빠르고 힘이 있는 사람에게 찾아오는 것이라고 믿는다. 또한 우리가 자신을 주장하여 연약한 사람을 이기고 그 위에 군림해야 한다고 하는 주장을 배격하고 우리의 연약함을 고백하며, 전능하시고 인류를 위한 힘의 원천이 되시는 하나님의 뜻에 자신을 맡기는 데서 온다고 주장한다.

　다섯 번째로 동기 부여의 '두 개의 움직임'에 관한 견해이다. 세상에는 서로 대조되는 두 가지 복음이 있는데 그 첫 번째는 '심리학의 복음'으로서 우리 자신을 발견하여 인생을 최대한으로 충만하게 살라고 강권한다. 그 두 번째는 '종교의 복음'으로서 안정된 자리를 떠나고 이기적인 야심을 멀리하며 남을 섬기는 일에 헌신하라고 우리를 부른다. 이 두 개의 대조되는 움직임은 — 자리를 찾은 후에 그것을 떠나라는 움직임과 자신을 주장한 후 자신을 부인하라는 움직임은 — 배치되는 것이 아니라 상호 보완적이다. 두 번째 복음은 첫 번째 복음보다 '더 높은 차원'에 있다. 둘 다 우리 행동에 영향을 미치며, 둘 다 필요하며, 어느 정도까지는 두 가지 복음이 동시에 작용하고 있다. 두 개의 움직임 이론은 심리학의 성경을 통합하려는 시도이며 폴 투르니에가 저술 활동을 통해 줄곧 관심을 기울여 온 문제를 해결하려는 시도이기도 하다. 어린 시절에 견고한 지지의 혜택을 입었던 사람은 그 지지를 떨쳐 버리고 다른 곳에서 새로운 지지를 발견하는 데 별다른 어려움을 겪지 않는다. 인생이 한창 진행되고 있을 때는 쉽게 하나를 놓고 앞으로 비약할 수 있다.

인간 행동의 원인을 이해하려면, 우리는 어느 정도 우리 모두가 인생에서 자신의 자리를 찾았다가 다른 자리로 옮겨가는 모험에 참여하고 있다는 것을 인식해야 한다. 안타깝게도 일부 불행한 사람들은 결코 자리를 찾지 못한 채 항상 '어디엔가 있을 자리'를 찾아 헤매고 있다. 다른 사람들은 너무나 안정된 자리에 정착해 새로운 것을 시도할 모험을 하는 것이 두려워 '끌려가는 듯한' 생활을 이어간다. 그러나 폴 투르니에처럼 이 두 힘 사이에 균형을 이루며 사는 사람들도 있다.

(3) 일반 심리학

두려움이나 기타 다른 감정에 직면할 때 우리는 다음의 세 가지 방법으로 행동한다.

첫 번째 우리는 감정을 억압해 마음에서 밀어내고 그런 감정이 존재하지 않는 것처럼 행동할 수 있다. 그러나 그 감정은 엄연히 존재한다. 그리고 무의식에 숨어서 우리에게 영향을 미친다. 때때로 이 억압된 감정은 신경증적 증상을 야기시키며 신체적인 질병의 원인이 되기도 한다.

두 번째 반응은 두려움에 스스로 굴복하는 것이다. 그러나 이것은 우리를 악순환으로 몰아넣는다. 결과적으로 우리의 두려움은 점점 더 악화된다.

세 번째 반응은 가장 좋은 방법으로서 우리 자신을 하나님의 손에 맡기고 우리의 두려움을 그분께 의탁하는 것이다. 이렇게 함으로써 우리는 자신의 감정을 자유롭게 인정하고 우리가 그 감정을 다룰 수 없음을 터놓고 인정하게 된다. 우리는 우리의 확신을 하나님께 둔다. 그리고 우리의 감정을 주장하시도록 하나님께 구한다.

현상학적 심리학이란, 인간의 행동이 다분히 지각(perception)에 좌우된다는 이론에 따라 주어진 이름이다. 우리의 지각과 관점은 우리가 세상을 어떻게 보며, 문제를 어떻게 보며, 다른 사람을 어떻게 보며, 심지어 우리 스스로를 어떻게 보는가에 영향을 미친다. 우리의 지각은 우리의 인생 철학과 신학에도 영향을 미친다.

폴 투르니에는 융의 가면(mask) 혹은 가면을 쓴 인격(persona)이론으로 출발해 이 주제에 대해 인간상을 조성했다. 인격과 가면적 인격은 하나로 융화되어 있다. 이 두 모습은 한 개인의 양면에 불과하다. 그리고 양파의 참 모습을 밝혀 내려고 양파의 껍질을 벗기려는 행동이 무의미한 것처럼, 가면을 벗기고 밑에 깔려 있는 진실된 인간을 발견하는 것은 불가능하다. 폴 투르니에는 인간은 자신의 겉모습 이면에 있는 진실된 인간을 발견하는 것이 불가능하다고 했다. 그러나 그는 완전한 투명함은 성취할 수 없는 것이며 설령 가능하다 해도 그것은 우리에게 해로울 것이라고 말한다. 가면적 인격은 우리가 세상에 내놓는 이미지이지만 이는 또한 하나의 방패로서 사람이 심리적 안정을 취하는 데 필요한 인간의 중요한 부분이기도 하다.

4. 폴 투르니에의 신학

(1) 신학적 지식의 근원

성경은 역사의 책이라고 폴 투르니에는 믿고 있다. 이 시대에 성경이 하나님을 계시하는 유일한 수단은 아니라고 말한다. 하나님은 다른 여러 가지 방법으로 우리에게 말씀하기로 선택하셨다. 자연을 통해서 뿐만 아니라 하나님은 역사와 우리 일상생활의 사소한 사건들과 꿈 또는 기도와 묵상 중에 마음에 떠오르는 생각을 통해서, 교회의 교리를 통해서, 예수 그리스도의 인격을 통해서 우리에게 말씀하신다고 말한다.

(2) 인간 ; 창조, 타락, 회복

인류 전체는 현재 폴 투르니에가 말하는 이른바 '실락원 콤플렉스'를 느끼고 있다. 우리는 다시 한번 에덴동산의 조화와 내적 평화를 경험하기를 원하지만 여전히 혼란과 죄 가운데 방황하는 자신을 발견할 뿐이다. 폴 투르니에는 구원이 교리적인 체계를 통해서 오는 것이 아니고, 예수 그리스도의 인격 안에서 발견된다고 주장한다.

지옥에 대한 그리스도의 진술은 어떤 실제 장소를 묘사하고 있지 않으며 오직 나태한 사람들을 일깨워 자신을 바라보도록 하려는 목적으로 성경에 기록되었을 뿐이라고 폴 투르니에는 말한다.

그는 모든 사람이 예수 그리스도의 죽음으로 말미암아 하나님과 화목하게 되었다고 지적하고 '구원의 보편성'이 있다는 말을 한다. 그리스도인은 자신이 용서받은 것을 안다. 그러나 불신자는 알지 못한다. 그러므로 예수님은 제자들에게 세상에 가서 구원이 이미 '모든 사람을 위하여 베풀어졌고 보장되어 있다'는 기쁜 소식을 단순히 선포하라고 명령하셨다.

칼 바르트의 영향을 반영하는 이러한 견해는 폴 투르니에로 하여금 다른 종교적 확신이 있는 모든 이에게 관용적인 태도를 취하게 한다. 모든 교회, 모든 종교 의식, 모든 신학 그리고 아마도 모든 종교까지도 사람들을 하나님과의 온전한 교제 가운데로 부르는 일에 참여하고 있는 것이다.

(3) 교회

교회들은 몇 가지 약점이 있는데 그 중 가장 해로운 것은 지나치게 율법주의적이고 도의적이며 형식주의적인 경향이다. 교회는 몇 가지 규칙과 규율에 순종할 것을 요구함으로써 커다란 해를 끼치고 있다. 이러한 경향은 사람들로 하여금 종교에 매여 방해를 받고 있는 것처럼 느끼게 만들고, 요구되는 기준을 지키지 못할 때 죄책감을 느끼게 만든다. 가장 나쁜 것은 도덕주의가 구원과 영적 성장은 예수 그리스도를 믿는 믿음에 기인하는 것이 아니고 교회의 의식과 기준에 힘겨운 순응을 하는 데 달려 있다는 사상을 교묘하게 사람들에게 주입시킨다는 것이다. 그러나 교회는 그 취약점에도 불구하고 여전히 사람들이 영적 양식을 공급받는 통로가 되어야 한다고 한다. 또한 교회가 사회 문제에도 관심을 가져야 한다고 말한다. 우리가 사는 세상은 '깨어지고' 심각하게 분열되어 있어 오직 성령의 능력만이 사람들이 자신의 문제를 해결하도록 도와 줄 수 있다.

(4) 그리스도인의 생활

예수 그리스도께 전적으로 헌신하는 삶은 몇 가지 방식으로 변화하기 시작한다.

첫째, 기독교를 체험하면 '인간적 인격이 회복된다.' 개인을 예전의 두려움과 정욕으로부터 해방시키는 내적인 변화가 일어나는 것이다. 그는 다른 사람에 대해 더 큰 사랑을 느끼며 전보다 더 기꺼이 용서할 수 있다. 이러한 태도는 다른 사람들에게 번지기 시작하여 결국에는 사회 전체를 변화시킬 수 있다고 폴 투르니에는 믿는다.

둘째, 그리스도께 자신을 헌신한다는 것은 개인적인 신념을 개발하고 옳고 그른 것에 대해 좀더 분명한 견해를 개발하는 것을 의미한다. 폴 투르니에는 하나님의 존전에서 매일 기도하고 성경을 연구하고 묵상하는 것을 중요하게 생각한다. 이러한 경험들은 우리를 내면적으로 깨끗하게 하며 매일 우리가 가는 길에 놓여 있는 장애물에 대항할 수 있는 지혜를 준다.

셋째, 기독교는 사람을 불화와 대인 관계상의 갈등으로부터 자유하게 한다. 그리스도인은 자신의 모습을 냉정하게 직시하고 솔직한 감정을 이웃과 나눌 수 있는 사람이다. 원수는 물론 친구들 사이에서도 그는 선의의 분위기를 창조함으로 무익한 분쟁을 잠재우는 평화의 사자가 된다.

5. 폴 투르니에의 방법론

(1) 강자와 약자

우리는 다른 사람들, 자기 자신, 심지어 하나님까지도 두려워한다. 두려움은 너무나 흔한 것이어서 폴 투르니에는 이것을 인간 본성의 정상적이고 보편적이며 건강한 부분으로 고려해야 한다는 결론을 내렸다. 누구나 두려움을 경험하지만 사람들은 이 감정에 다양하게 반응한다. '약한 반응'을 보이는 삶을 사는 사람들은 종종 상담가를 찾는다. 약한 사람은 불안정하고, 불행하며, 패배자처럼 느낀다. 그에게 삶이란 실패의 연속처럼 보이고, 무엇을 시도하든 다 실패하리라는 생각 속에 살아간다. 비판을 받아 위축된 데다 계속 실패하기 때문에 이들은 흔히 절망 가운데 포기한다. 이들은 자신감이 별로 없으며, 지나치게 민감하고, 엄청난 열등감과 무가치감을 느낀다. 그리고 자기 비판이 강하다. 이들은 낙담하거나 실의에 찬 사람처럼 보이고 대개 다양한 신체적·정신적 질병으로 고생한다.

내면적 연약함의 문제를 회피하거나 감추기 위한 여러 가지 시도들은 부분적으로밖에 성공하지 못한다. 자신의 연약함을 감추려는 약한 사람은 노력하면 할수록 그의 긴장과 불안은 더 커진다. 더 불안해질수록 실패할 가능성이 많아지고 그가 숨기려고 하는 바로 그 연약함을 드러내 보이게 된다. 이 연약함이 자신과 다른 사람들에게 명백히 드러나면 그는 이를 감추기 위해 더욱더 노력하며 악순환은 반복된다. 폴 투르니에는 대부분의 신경증 환자들이 이러한 악순환을 어떤 형태로든 경험한다고 믿는다. 이때 상담가는 그 사람이 악순환의 고리를 끊도록 도와 주는 어려운 과업에 직면하게 된다.

이와는 대조적으로 '강한 반응'은 그 사람으로 하여금 추진해 나가도록 자극하고 동기를 부여한다. 이들은 다른 사람에게 위압감을 주고 무력화시킬지라도 밀고 나가는 성향이 있다.

강자가 인생에서 더 성공적인 것처럼 보이는 것은 사실이지만, 이것이 곧 강자가 약자보다 더 안정되어 있음을 의미하지는 않는다. 강자와 약자 모두 두려움을 느낀다. 강자와 약자 둘 다 내면적 불안정감을 느끼며 둘 다 격려받기를 원한다. 약한 사람은 자신의 내적인 필요를 더 쉽게 시인할 수 있지만, 강한 사람 중에 그들이 다른 사람처럼 참으로 연약하며 불안정하다고 시인할 수 있는 사람은 그리 많지 않다. 이 둘은 극단적인 입장일 뿐 우리들 대부분은 둘 사이에 있다. 일상생활에서 우리는 강한 반응과 약한 반응이 혼합된 모습을 보인다. 어느 한쪽의 반응을 지나치게 많이 드러내 보이는 사람들은 참으로 불안정한 사람들이며 심리학적 도움이 필요하다.

치료사들이 가면적 인격 뒤로 들어가 내면의 갈등을 감지하려고 노력함으로써, 상담가는 환자가 좀더 만족스럽고 생산적인 삶을 살도록 도울 수 있다.

(2) 신경증의 원인

칼 융은 모든 신경증 증상에는 종교적인 요소가 포함되어 있다고 확신했다. 폴 투르니에 역시 융의 의견에 동의하지만 그는 한걸음 더 나아가 모든 개인적인 문제의 궁극적인 원인은 죄라고 말한다. 교회의 종교적 형식주의가 심리적으로 엄청난 해를 입히고 있으며 종종 '교회성' 질환 혹은 교회가 만들어 낸 신경증을 유발하기까지 한다. 사람을 심리적 문제로부터 자유하게 하기를 희망한다면, 우리는 인간의 마음 속에 있는 죄를 먼저 고려하지 않으면 안된다.

(3) 신경증의 치료

우리가 사람들을 돕고자 한다면 과학자의 전문적 기술 그리고 하나님의 사람의 영적 관심을 모두 적용해야 할 것이다. 방법론으로서 그의 치료란 비지시적이어야 한다. 그러나 환자에게 무엇이 잘못되었는지를 말해 줄 때는 매우 지시적일 때도 있다. 때로는 상담가가 자신의 개인적인 갈등과 문제를 털어놓을 수 있어야 한다고 믿는다. 폴 투르니에의 치료에서 경청은 매우 중요하다.

상담가는 많은 충고를 하기보다는 환자가 스스로 결정을 하도록 도와 주어야 한다. 지적 토론은 피하는 것이 좋다. 왜냐하면 환자는 무의식적으로 자신의 고통스런 문제와 연약함을 거론하는 것으로부터 대화 내용을 바꾸기 위해 지적 토론이나 이와 비슷한 기법을 사용하기 때문이다.

폴 투르니에에게 모든 치료의 본질은 대화이다. 그러나 이 모든 방법보다 훨씬 더 중요한 것은 상담가 자신의 인격이다. 유능한 치료사는 반드시 인내심이 있어야 하고, 진심으로 다른 사람들에게 관심을 갖고, 기꺼이 들어주며, 이해하려는 자세를 갖추어야 한다. 내담자가 실수를 저지르며 잘못된 길로 가는 것처럼 보여도 신뢰와 사랑과 희망을 보여 주고 용납하고 위로해 주어야 한다. 상담기법에 대한 이해도 있어야 하지만 이는 자기 통찰력과 자신의 삶의 어려움에 대한 충분한 이해로 뒷받침되어야 한다. 폴 투르니에는 우리 자신의 문제에 대한 해답을 발견하기 전까지는 다른 사람을 도울 수 없다고 믿는다.

이렇게 자신의 문제를 해결하고 심리적 자질을 개발시킨 사람은 그가 그리스도인이든 아니든 효과적인 상담가가 될 가능성이 높다. 상담가가 갖출 만한 영적인 특성으로는 창조주 하나님께 순종하는 사람으로 겸손해야 하며, 기도하는 사람인 동시에 성경에 대한 충분한 지식을 가져야 한다. 그는 하나님 앞에서나 다른 사람에게 그리고 경우에 따라서는 환자에게 자신의 결점과 약점을 정직하게 고백할 수 있는 믿음의 사람이어야 한다. 그는 자신의 일을 하나님께 의탁하고 헌신하는 사람으로서 치료에 사용하는 과학적인 기법의 선택에도 하나님의 인도하심이 있다고 믿는 사람이어야 한다.

상담가라면 치료를 통해 달성하기를 원하는 목표에 대한 이해가 있어야 한다.

첫 번째로 폴 투르니에는 너무도 많은 사람들이 빠져 있는 악순환의 고리를 끊고 나오도록 사람들을 돕고자 한다. 이와 같은 순환 고리를 끊을 수 있는 유일한 길은 깊은 종교적 체험을 갖는 것밖에 없다고 말한다. 자기 자신을 정당화하려는 시도에서 빠져나오려면 하나님을 의지해야 한다.

두 번째 목표는 폴 투르니에가 '의식 영역의 확대'라고 명명하는 것이다. 폴 투르니에는 우리 행동의 많은 부분이 무의식적인 영향에 의해 유발된다고 믿는다. 사람은 자신의 과거의 숨겨진 힘에 대한 통찰과 지식이 깊어질수록 자신을 더 잘 이해할 수 있고 행동도 조절할 수 있다는 것이다. 꿈의 분석과 행동 관찰, 주의 깊은 경청, 진지한 대화 등을 통해서 상담가는 내담자를 도와 그가 가면적 인격 이면으로 들어가 그의 삶에 영향을 미치는 세력들에 대한 의식적인 이해의 폭을 넓히도록 도와 줄 수 있는 것이다.

이와 밀접하게 관련되어 있는 것이 바로 상담의 세 번째 목표인 '수용'이다. 수용은 우리의 약점과 문제를 극복해 이겨내는 데 중요한 첫걸음이다. 우리는 먼저 살아 있다는 사실을 받아들여야 한다. 주어진 외모, 나이, 성별, 결혼 상태, 부모, 자식, 직업, 배우자 등을 있는 그대로 받아들여야 한다. 우리가 다른 이들에게 도움을 주는 것은 설교하는 것이 아니라 그들이 자기 처지를 받아들이기가 얼마나 어려운지를 이해해 주는 데 있다.

네 번째 목표는 '영혼 치유'이다. 영혼 치유란 개인이 그리스도와 인격적인 관계를 맺을 수 있도록 인도해 준다는 말이다. 폴 투르니에는 심리 치료사가 이행해야 할 네 가지 기본 과제를 규정하고 있다.

첫째, 카타르시스(catharsis)를 유도하는 것이다. 카타르시스란 자신의 감정과 문제를 자유롭게 표현하는 것이다.

둘째, 전이(轉移)에 주목하는 것이다. 이것은 내담자가 상담가를 향해 품을 수 있는 개인적인 애착이다. 프로이트가 경고한 대로 이 애착은 때로 불건전할 수도 있지만 심리적·영적 성장을 가져다 주는 건전한 통로가 될 수도 있다.

셋째, 환자를 도와 자신에 대한 지식을 확대하도록 유도하는 것이다. 자아 인식은 인간의 심리적 충동을 제어할 수 있게 해주고 자신의 죄를 깨닫게 해서 구원자의 필요성을 느끼게 한다.

넷째, 상담가는 폴 투르니에가 '철학적' 기능이라고 부르는 과업을 이행해야 한다. 이것은 기술적인 심리 치료가 아무런 해답을 줄 수 없는 신학적인 문제를 고려하도록 내담자를 유도하는 것과 관계된다. 이것이 진정한 영혼의 치유이다.

(4) 상담가로서의 폴 투르니에

폴 투르니에는 내담자를 대화에 초청하기를 원한다. 진정한 변화를 기대하려면 상담가와 내담자 사이에 '영적인 교제'가 이루어져야 한다. 상담을 처음 시작할 때는 일상적이고도 사소한 이야기를 나누고 어색하게 웃거나 화제를 바꿔 보는 등의 시도를 한다. 그러나 성공적인 치료에서는 이런 시도들이 어느새 두 사람 사이의 인격적인 신뢰 관계로 진전된다. 이 유대 관계를 만들기 위해 폴 투르니에는 기도와 묵상으로 내담자와의 면담을 준비하며, 내담자에게 많은 질문을 하지 않고 서둘러 해결책을 찾으려 하지 않으며 환자의 어려움을 이해하려 노력한다. 상담이 진행되면서 폴 투르니에는 상대방을 수용하고 지원해 주고자 노력한다. 내담자가 상담하는 동안 더 편안하게 느끼기 시작하면, 그는 자신을 더 잘 고찰하고 이해할 수 있게 된다. 내담자가 자기 모습을 좀더 정확하게 보게 되면 자신이 싫어하는 모습을 발견할 가능성이 높아진다. 또한 폴 투르니에는 상담가가 진지하게 자신의 문제와 죄 또는 영적 갈등에 대해 기꺼이 털어놓는 태도를 보이면 내담자에게 도움이 될 수 있다는 것을 발견했다.

폴 투르니에는 환자에게 충격 요법을 추천할 때는 거의 없으며, 충고를 해주는 식으로 아주 지시적이 될 때도 별로 없다. 회복을 위해 기도할 때 성경에서 말하는 식으로 환자에게 손을 얹고 기도할 때도 별로 없다.

6. 폴 투르니에의 실제적인 지혜

(1) 현대 사회와 인간 관계

폴 투르니에의 생각에는 현대 사회의 진짜 문제는 다른 사람을 비인간화하는 성향이요 인격을 하나의 물건으로 취급하는 성향이다. 우리는 현대인들에 의해 널리 받아들여지고 있는 네 가지 기본적인 태도를 변화시켜야 한다.

잘못된 태도 중 첫 번째는 폴 투르니에가 '의회의 정신'이라 부르는 것이다. 목표는 논쟁에서 이기는 것이요 가능한 많은 경쟁에서 성공을 거두는 것이다. 불행하게도 많은 사람들은 이 싸움의 결과를 그들의 가치 기반으로 삼는다. 이기는 사람은 옳다고 여겨지며 지는 사람은 잘못되었다고 취급된다.

두 번째 정신은 '독립의 정신'이다. 개인의 자유를 최고로 여기고 큰소리로 독립을 외치는 사람들은 전혀 자유롭지 않다. 그들은 편견의 노예이며, 거절당하고 거부당하는 것에 대한 두려움에 얽매여 있으며, 남의 단점을 들추어내기에 바쁘다. 이들은 자기도 모르는 사이에 생동감을 잃고 자기 속으로 숨어 버리게 마련이다. 진정으로 자유로울 수 있는 유일한 방법은 우리가 주장해 온 독립을 포기하고 하나님께 우리 자신을 복종시키는 것이다. 우리는 하나님께 가까이 감으로써 그분이 창조하신 다른 사람에게 가까이 가기 때문이다.

사람을 분열시키는 세 번째 정신은 '소유의 정신'이다. 소유욕은 사람들로 하여금 과식하거나 과음하게 만든다. 성에 대한 이기적인 욕망은 남편과 아내를 갈등으로 몰아넣고, 자녀에 대한 소유적인 집착은 반항이나 건강하지 못한 의존을 부채질한다. 폴 투르니에는 소유적이고 지배적인 태도가 자기 복종과 사랑이라는 그리스도인의 규범으로 대체되는 것이 훨씬 더 좋다고 말한다.

네 번째의 해로운 태도는 '정당한 요구의 정신'이다. 많은 사람들은 불평을 늘어놓고, 자신을 위해 정의를 요구하고, 자신에게 해를 끼쳤던 사람들에게 '앙갚음'을 하려 하면서 인생을 살아간다. 이 사람들은 세상과 전쟁 중에 있다. 이런 사람들은 폴 투르니에가 말하는 기본적인 심리적 법칙, 즉 계속 불평하면 그 불평하는 바가 실제로 일어난다는 사실을 결코 발견하지 못하는 것 같다. 주변에서 불의가 판을 칠 때라 하더라도 하나님은 여전히 이 세상의 주권자이시며 그분의 계획은 성취되고 있다는 사실을 깨달아야만 한다. 부당하게 노예로 팔려 갔던 요셉을 생각해 보자. 그러나 그가 하나님의 인도로 애굽에서 중요한 위치에 오를 수 있었던 것은 바로 그가 팔려 가는 사건을 통해서였다.

폴 투르니에는 세상은 오로지 개인들이 그리스도의 능력으로 변화하는 만큼 변화될 수 있다고 믿는다. 폴 투르니에가 말하는 '친교의 정신'은 사람들이 인격으로서 서로 용서하고 사랑하는 태도이다. 폴 투르니에는 결국 다른 사람과 갈등하는 사람은 언제나 자기 자신과도 갈등하고 있다는 결론을 내렸다.

(2) 결혼

창조적인 결혼은 '완전한 결혼'에서만 존재한다. "완전한 결혼에는 육체적 교류와 감정적 교류와 영적 교류가 이루어진다 … 또 하나 중요한 것은 무엇이나 함께 나누는 일이다. 관심, 실망, 승리, 수치심, 돈, 근심, 사업, 가사, 자녀, 사회적 소명 그리고 영적인 소명 등 남편과 아내 사이에는 비밀이 없다.” 이러한 결혼은 정직과 솔직함이 특징이다. 거기에는 사랑과 주는 것, 투명함, 서로에 대한 존경, 상호 지원 그리고 서로를 더 잘 알기 위해 시간을 보내려는 의지가 있다.

폴 투르니에는 남편과 아내의 관계를 향상시키기 위한 열 단계 지침을 만들었다. 먼저 ‘우리는 이해하기를 원해야 한다.’ 자신을 완전히 열려 하지 않는 것과 이해하려는 의지가 부족한 것이 문제다. 둘째, ‘우리는 자신을 표현해야 한다.’ 정직함과 솔직함과 대화와 고백은 중요한 요소들이다. 셋째, ‘우리는 용기를 내야 한다.’ 여기서 말하는 용기는 두려움과 감정과 실패를 인정할 수 있는 용기, 비판받을 것을 각오하는 용기, 부부 문제에서 비난받을 사람은 배우자가 아니라 바로 자신이라고 고백할 수 있는 용기 등을 말하는 것이다. 넷째, ‘우리는 사랑을 품어야 한다’ 고 말한다. 폴 투르니에에 따르면 가장 진실된 사랑의 표현은 상대방을 이해하는 것이다. 이러한 이해로 가기 위해 다섯째로 ‘우리의 타고난 차이를 받아들여야 한다’ 는 것과 여섯째로 ‘남성과 여성이 얼마나 다른지를 인정해야 한다’ 는 것이다. 일곱째, ‘우리는 사랑 그 자체에도 남자와 여자의 차이가 있음을 인정해야 한다.’ 여덟 번째, ‘우리는 서로 도와야 한다.’ 우리는 폴 투르니에가 “보편적인 아픔, 비밀과 실망과 죄책감의 짐을 지고 허덕이는 저 무수한 남녀의 무리”라고 부른 그 실상을 보아야 한다. 우리는 그들이 모두 비극적으로 외롭다는 사실을 기억해야 한다. 그 내면에는 허심탄회하게 자기 짐을 내려놓고 대화할 사람이 없다는 외침이 있다. 우리가 서로를 돕기 위해서는 우리 자신을 이해할 필요가 있으며, 솔직한 고백 가운데 마음의 짐을 풀어놓을 수 있어야 한다.

상대를 이해하기 위해서 아홉 번째, '우리는 과거의 중요성을 파악해야 한다.' 심리치료에서와 마찬가지로 결혼생활에서도 상대방의 어린 시절과 과거 이야기를 진지한 관심과 사랑 그리고 인내심으로 기꺼이 들으려 하지 않는다면 남편이나 아내를 이해하리라는 희망을 가질 수 없다고 믿는다. 폴 투르니에 자신도 모든 비밀을 아내에게 털어놓았으며, 사랑하는 아내 앞에서 마음의 짐을 나누면서 부끄러움 없이 흐느껴 울었다. 생애의 반려자에게 우리의 마음을 공개하는 것은 결코 쉽지 않다. 폴 투르니에에게는 이것이 그의 삶과 결혼에 진정한 변화를 가져다 준 순간이 되었다. 그는 이러한 변화가 다른 남편과 아내 사이에도 '엄청난 기쁨'을 가져다 줄 수 있다고 믿는다.

그러나 완전한 이해와 부부 사이의 진정한 행복을 누리기 위해서 마지막 열 번째, '우리는 예수 그리스도께 개인적으로 헌신해야 한다.' 사람을 내면으로부터 변화시키고 참된 친교의 정신을 창조하시는 분은 하나님이시다. 부부가 함께 기도하며 진실한 마음으로 그들의 삶을 위한 하나님의 뜻을 구할 때 그들의 결혼은 진정한 조화를 이룬다. 그러나 상처받은 결혼이 언제나 치유되는 것은 아니며, 때때로 부부는 이혼이 최선의 해결책이라고 결정한다. 이혼이 우리 모두가 경험하는 거짓말이나 교만보다 더 악한 것은 아니지만 분명한 죄이다.

(3) 독신

폴 투르니에는 독신 남녀들이 종종 소외감을 느낄 뿐 아니라, 짝을 못 찾았다는 것 때문에 죄책감마저 느끼며, 사회에서 완전하게 용납되지 않는다는 것이 전혀 놀라운 일이 아니라고 결론을 내린다. 그들은 낙심하기 쉽고 분노를 느끼며 반항적인 성향까지 보인다. 이러한 좌절과 반항은 어느 정도 정상적인 성적 만족을 박탈당하는 데서 온다. 우리는 독신 남녀에게 인생은 성관계나 배우자 없이도 모험이 될 수 있다는 것을 알려 주어야 한다. 삶을 하나님께 드리고 독신을 창조주의 소명으로 받아들이는 쪽이 더 낫다. 독신 생활의 성공을 위한 오직 한 가지 공식은 독신을 자기 연민이나 비통함의 원인으로 취급하지 말고 이를 모험을 위한 기회로 삼는 것이다. 삶에 열심히 참여하는 것이 외로움에 대한 해답이 될 수도 있다.

7. 폴 투르니에의 심리학과 종교의 통합

(1) 심리학과 종교의 대립

프로이트와 그의 추종자들은 종교가 종종 신경증의 원인이 된다고 결론을 내린 바 있다. 정신 분석학자들은 더 나아가 종교란 유익보다는 해악을 더 많이 끼치며, 사람을 예속시키고 억압하는 힘이라는 데 동의했다. 심리학자들이 종교를 거부하는 것은 과학의 기본적 가치관이 기독교의 가치관과 모순되는 것처럼 보인다는 사실에 어느 정도 기인한다. 심리 치료사는 기독교를 자기 부인과 온유함 그리고 쾌락적인 모든 것을 억압하는 제도로 보고 있다. 그들에게 하나님은 삶을 제한하며 인간을 노예화하는 제동 장치로 보인다. 많은 심리 치료사들이 종교를 거부하는 또 다른 이유가 있다. 많은 사람들은 하나님과의 관계라는 문제를 직면하고 싶어하지 않는다. 그래서 영적인 문제를 마음에서 아예 제쳐놓는다. 폴 투르니에는 이와 같이 사람들이 영적인 욕구를 억압할 때 종교가 미신이나 회의주의 또는 독선주의로 대체되는 것을 보았다.

(2) 결정론, 자유 의지, 죄, 고통

폴 투르니에는 고통에 대해 두 가지 상반된 설명이 가능하다고 말한다. 그 중의 하나는 '결정론'이라는 대답이다. 고통, 질병, 사상, 사고, 죄, 종교적 신념 이들 하나하나는 개인이 통제할 수 없는 이전의 영향력에 의해 결정되어 있다는 것이다. 프로이트는 분명히 결정론을 신봉했고 심리학자들을 포함한 대부분의 과학자들도 마찬가지다. 결정론은 과학이 기초를 두고 있는 기본 근거이다.

　　결정론자들은 범죄자들이 처벌받아서는 안 된다고 주장하며, 오히려 범죄자들은 불행한 유전과 잘못된 양육에 의해 희생양이 된 환자처럼 취급해야 한다는 것이다. 이와 정반대의 개념이 완전한 '자유 의지'이다. 이 견해는 인간은 자유로우며 자신의 행동에 대해 책임이 있다고 진술한다. 우리에게 문제가 있다면 그것은 우리의 잘못이다. 결정론 대 자유 의지의 문제는 매우 중요하다. 이것은 기본적으로 과학(대체적으로 결정론적이다)과 종교(보통 자유 의지를 인정한다)의 갈등 문제이기도 하다. 이는 도덕적인 함축성을 지니는데, 결정론이 범법자에게 관대할 것을 요구하나 자유 의지의 교리는 처벌을 요구하기 때문이다. 이는 우리의 인간 행동의 이해와 상담의 진행 과정에도 영향을 미친다. 폴 투르니에는 이 문제를 해결하는 유일한 방법은 좀 더 실제적인 세 번째 관점을 채택하는 것이라고 제시하면서 인간 행동에는 적어도 네 가지 원인이 있다고 가정한다. 첫째, 우리 행동의 많은 부분은 객관적이고 과학적인 방법으로 쉽게 관찰할 수 있는 원인에 의해 결정된다. 둘째, 내적인 숨은 영향력에 의해서 결정되는 원인이 있는데, 이것을 상담 치료사는 추적할 수 있으나 당사자는 스스로 알아내기가 어려울 수 있다. 셋째, 초자연적 혹은 '초월적' 원인으로 성령이나 악령의 영향 같은 것이다. 이 세력들은 과학에 의해 관찰될 수 있는 것이 아니지만 매우 중요한 영향력들이다. 마지막으로, 개인의 자유 의지의 결과가 있다. 인간은 죄를 지을 것인가 말 것인가를 포함하여 행동의 많은 부분을 자유 의지로 결정한다.

폴 투르니에는 "내가 말할 수 있는 한 다른 사람은 책임이 없지만, 나는 내 행동에 책임이 있으며 예수 그리스도께 나의 실패를 자백해야 한다."고 생각하는 것이 우리가 다른 사람을 비난하는 일을 막아 주고, 하나님 앞에서 우리 죄를 자유롭게 인정하도록 이끌어 준다고 말한다.

(3) 심리학, 종교, 정신 질환

프로이트 시대 이후 아니 그 이전부터 의사와 심리학자는 종교가 정신 질환의 주 요인이라고 불평해 왔다. 예를 들어, 많은 부모들이 자녀들에게 기독교는 끝없는 금기와 엄격히 지켜야 할 틀에 박힌 규칙으로 가득 찬 종교라는 확신을 심어 준다. 자녀들은 성적 본능에 대해 죄의식을 느끼도록 길들여졌고, 실패로 인해 정죄 받았다고 느끼며, 완전히 분리된 삶을 살 만한 고결한 믿음이나 헌신을 소유하지 못했기 때문에 열등감을 느낀다. 폴 투르니에는 이러한 도덕주의가 사람이 만들어 낸 종교에서 비롯된다고 믿는다. 이는 인간을 자유롭게 해방시키는 대신 두려움을 가져다 주며 인간을 괴롭히는 종교라고 말한다. 이러한 종교는 생활의 긴장을 덜어 주는 대신 신경증을 유발한다. 특히 부모들이 위선적으로 말로는 기독교를 믿는다고 하면서 행동으로는 무언가 다른 것을 믿는 것처럼 보일 때 더욱 그렇다. 폴 투르니에는 종교가 이중적인 성격을 지닌다는 사실을 인식해야 한다고 역설한다. 불건전한 종교의 경

우 두려움을 느끼게 하고 사람을 질식시키며 문제를 회피해 비현
실 세계로 도피하게 해서 심리적인 재앙을 초래한다. 이와 반대로
'은혜의 종교'는 인간을 자유롭게 하고 죄의식의 속박에서 벗어나
게 하며, 신경증이 있는 사람에게 평안을 주며, 더 큰 심리적 안정
을 가져다 주어 안정된 인격을 창조한다.

(4) 죄책감과 은혜

죄책감은 우리가 적어도 가끔씩은 경험하는 보편적 감정이다.
어떤 사람은 아주 어릴 때부터 죄책감을 느끼는 것을 배운다. 부모
가 자녀를 부끄럽게 만들거나 계속 잔소리를 할 때 죄책감이 뿌리
를 내려 평생 지속되기도 한다. 우리는 성인으로서 상호 비난과 못
마땅한 표정이나 무뚝뚝한 말투를 통해서 서로 죄책감을 느끼게
하는 경향이 있다. 예를 들어, 화가 났을 때나 농담을 하면서 생각
없이 던진 말이 얼마나 깊고 지속적인 인상을 남기는지 생각해 보
라. 또한 모든 열등감은 죄책감으로 경험된다. 폴 투르니에에 의하
면 죄책감은 인식될 수도 있고 억압될 수도 있다. 죄책감이 인식될
때, 우리는 그것을 감소시키고 생활에 더 큰 평안을 가져오기 위해
서 무언가를 하려고 노력한다. 그러나 억압된 죄책감은 더 해롭다.
이는 분노, 반항, 두려움, 불안, 공격 성향 또는 양심의 마비를 유
도한다. 죄책감을 억압하는 사람은 문제의 원인(억압된 죄책감)이
드러나지 않고 해소되지 않은 채로 남아 있기 때문에 자신의 잘못

을 인정하는 데 실패하여 변화를 체험할 수 없게 된다.

폴 투르니에는 거짓된 죄책감과 참된 죄책감을 말한다. 거짓된 죄책감은 다른 사람의 판단과 비난 때문에 일어나는 것이다. 그것은 다른 사람이 우리를 비판하거나 우리의 자존감을 위협할 때 일어나는 죄책감으로서 사람이 만들어 내는 것이다. 이와는 대조적으로 참된 죄책감은 하나님 앞에서의 우리의 위상과 관계되는 것이다. 참된 죄책감은 우리가 하나님께 불순종하거나 하나님만 의지하려 하지 않을 때 일어난다. 이는 사람들이 '마음 속 깊은 곳에서' 하나님으로부터 책망과 심판을 경험할 때 온다. 거짓된 죄책감은 우리의 행동 때문에 열등감을 불러일으킬 수 있는 '행동의 죄책감'이다. 반면에 참된 죄책감은 '존재의 죄책감'이다. 사람은 흔히 자신이 어떤 존재인가 하는 것 때문에 죄의식을 느끼며, 이는 흔히 그의 기본적 본성과 관련된 열등감으로 이어진다. 사람들은 죄책감을 다루는 방법을 여러 가지로 모색해 왔다. 사람들은 때로 죄책감이 의식적인 인식의 세계에서 밀려 나가면 없어질 것이라고 기대하면서 죄책감을 억압하기도 한다.

어떤 경우에는 우리의 잘못에 대해 다른 사람을 책망하고 비난함으로써 스스로 죄책감에서 벗어나려 한다. 또 다른 접근은 우리의 잘못된 행동에 대해 대가를 지불하는 것이다. 그러나 이것들은 모두 거짓된 해결책이며 아무 효력이 없다. 왜냐하면 그러한 시도는 자기 의를 강화시켜서, 죄책감을 덜어 주는 것이 아니라 가중시키기 때문이다.

진정한 해결책은 우리의 죄책의 대가가 이미 치러졌다는 사실을 인정하는 것이다. 우리의 죄책은 이미 제거되었다. 로마서 5장 9~10절 "우리가 그 피를 인하여 의롭다 하심을 얻었은즉 … 그 아들의 죽으심으로 말미암아 하나님으로 더불어 화목 되었기" 때문이다. 그러므로 죄책감에 대한 영원하고 유일한 해결 방법은 우리가 실패에 대한 책임을 받아들이고, 죄책을 진정으로 시인하고, 하나님께 죄를 자백하여 그분의 진정한 용서를 받는 것이다. 하나님의 용서를 경험했을 때 비로소 죄책감은 진정으로 사라지며, 그 영향도 영원히 제거된다. 폴 투르니에는 심리학자와 성직자가 담대하게 힘을 합쳐서 사람들을 죄책감에서 해방시키고 또한 유일한 참 해결책인 하나님과의 인격적인 관계로 이끌어야 한다고 믿는다.

8. 폴 투르니에의 유산

폴 투르니에가 제안하는 인생의 게임에서 성공하는 방법은 움직일 때마다 염려하지 않는 것 아니면 모든 염려를 바람에 날려 버리는 것이다. 인생에서 중요한 것은 하나님의 음성에 귀를 기울이고, 그분께 우리 자신을 인도하시도록 하여 어떤 어려움에도 불구하고 우리를 부르시는 모험에 직면하여 대처하는 것이다.

Ⅳ 고독에 사로잡힌 현대인

Escape from Loneliness

"남편은요, 제가 계속해서 빙빙 돌아다녀도 발 붙일 데 없는 이상한 나라의 섬 같아요."

Ⅳ. 고독에 사로잡힌 현대인 : 요약하면, 현대인의 고독감은 인생에 실패한 사람, 예민한 사람, 신경과민인 사람들만의 증세라고는 할 수 없으며, 지도자나 엘리트들에게도 똑같이 해당된다. 엘리트의 이런 비참한 고립은 교회, 특히 개신교 교회에서 더 심각하게 나타난다. 종교적인 인물 가운데는 영적인 깊이가 있는 이들이 많다. 그들은 세상의 잠자는 영혼을 깨우고 무서운 도덕적 혼란의 막을 내림으로써 세상을 도우려는 능력과 사명감을 가진 이들이다. 그런데 이들은 자신의 세계에서만 일하고 자신의 언어로만 말하고, 개인적인 열성만 고집하기 때문에 타인과 더불어 살아가지 못한다.

"저는 항상 목회자로서만 기도를 해 왔습니다. 지금까지 오랫동안 한 인간으로서 기도해 본 적이 없었던 것입니다." 위의 고백과 같이 목사는 수습하기 어려운 자기 가정 문제, 유혹, 실수 등에 대한 죄책감과 혼자 씨름을 할 뿐이며 동료 목사나 교인과 자신의 짐을 나누어 질 생각을 절대로 하지 않는다. 왜냐하면 그 일로 비난이나 추문의 불씨가 되는 것을 두려워하기 때문이다. 목사들이 정신치료 상담을 해 볼 용기를 내서 자신을 되찾고 신앙을 재정립하지 않는다면, 그들은 마음속에 의혹의 먹구름이 드리워진 채로 설교를 계속하게 될 것이다.

그럼에도 불구하고 교회만이 오늘날의 사회에 존재하는 공동체에 대한 갈망을 채워줄 수 있다. 그리스도께서는 전도를 위해 제자들을 둘 씩 둘 씩 짝지어 보내셨다. 성경에 보면 초대 교회의 사도들도 "한 마음과 한뜻이 되어 모든 것을 공동으로 사용했다"(행 4:32, 2:44). 그러나 오늘날의 교회는 현대 사회를 향해 친교하는 방법을 일깨워 주는 것이 아니라 개인주의의 공로만 돋보이게 만들고 있다.

인간은 대체로 상대방을 두려워하며, 인생에서 좌절되는 것을 두려워하며, 이해받지 못하는 것을 두려워한다. 어린 아이는 이성(理性)을 알기 전에는 동물과 마찬가지로 소음, 고요함, 밤, 바람, 번개 등 어머니나 가족이 아닌 모든 것을 무서워한다. 가장 격렬한 '계급투쟁'이나 파업, 급료인상운동, 세계적인 전쟁, 지역적인 전쟁 혹은 식민지 전쟁에 이르기까지 내면적인 동기만은 모두 똑같다. 즉 사람들은 자신의 안정을 절대적으로 지키고 자신이 본래부터 지니고 있던 고뇌를 덜기 위해 투쟁하는 것이다. 그리하여 공포심은 고독과 갈등을 만들어내고 고독과 갈등은 공포심을 가져온다. 건강한 세상을 만들려면 우리는 사람들에게 공포심의 정체를 알려주고 그들의 마음속에 공동체 안에 있다는 소속감이 다시 생기도록 해주어야 한다. 진정한 축복은 오직 친교를 통해서 그리고 자신이 속한 교회에 전적으로 복종함으로써만 가능한 것이다.

투르니에는 현대인의 고독의 원인으로 경쟁과 세력다툼을 일으키는 의회정신, 개인주의에 근거한 반항심을 나타내는 독립의 정신, 탐욕, 지배욕, 편협함을 대표하는 소유의 정신을 말하고 있다. 그는 그리스도의 정신인 친교의 정신을 회복할 때 가정, 사회와 교회공동체가 고독으로부터 벗어날 수 있으며 목적과 소명과 사명을 가질 수 있다고 주장함. 오직 그리스도의 정신만이 친교의 정신에 방해가 되는 형식주의와 독립과 탐욕과 분노에서 사람들을 벗어날 수 있게 해 주는 것이다.

1. 고독에 사로잡힌 현대인
Escape from Loneliness

(1) 고독한 사람들

- 그녀를 괴롭히는 깊은 슬픔에 대해서는 아무도 관심을 보여 주지 않았다. 그녀는 업무 면에서 인정을 받았으며, 정중한 대우도 받았지만 여전히 혼자였다. 그녀의 사장이 어떤 성공회 주교를 만난 후 살아있는 믿음만이 인간의 크나큰 고통에 해답을 줄 수 있음을 깨달은 후 그녀와 사장은 완전히 새로운 인간관계를 맺으면서 순전히 사무적이었던 관계는 인간적인 관계로 변화되었다.

- 고해 사제와 같은 일을 하는 의사들은 그의 환자들과의 면담이 끝날 무렵에 "여러 해 동안 이 사람 저 사람 찾아다녔어요. 지금 막 선생님께 해 드린 이야기를 할 수 있는 사람을, 거리낌없이 그리고 비웃음 당할지도 모른다는 공포심 없이 믿고 이야기를 할 수 있는 사람을요."

- 사람들의 유년 시절에 대한 물음이 그들 자신의 고통의 원인을
  분명히 이해시켜 줄 수 있을 것이다. 웨더헤드(Weatherhead)는
  "어린이를 괴롭히는 것은 그 아이를 극심한 고독 속으로 밀어
  넣는 것이나 다름없다."고 말한다. 형이나 누나에게, 부모, 학
  교 선생님, 친구들에게 조롱과 무시를 당할 때 어린이는 자신
  속으로 움츠러들고 마는 것이다.

  한 예로 신경 과민증 환자는 한 소녀에게 가까이 갈 자신이
  없기 때문에 결혼도 할 수 없을 것이라고 생각하고 자신을 포
  기한 채, 그 생각에 사로잡혀 점점 더 고독해지고 커다란 근심
  에 휩싸이게 되었다. 그는 정서적으로 고립된 가운데 유년기
  를 보낸 사람이었다.

- 어린이가 정서적으로 고립에 빠지는 이유는 대개 사이가 나쁜
  부모가 때리고 싸우는 것을 보면서 자랐고 그것을 무서워했기
  때문이다. 이런 가정의 부모들은 심한 싸움과 자신의 감정에
  빠져서 자녀들이 마음 속에 얼마나 깊은 상처를 받고 있는지
  깨닫지 못한다. 본능적으로 어린이들은 부모가 화합하고 사랑
  으로 자녀를 감싸주기를 바란다. 그러나 부모들은 그들이 이
  혼하는 이유가 아이들이 더 이상 상대방의 나쁜 영향을 받지
  않도록 하기 위해서라고 말한다. 그 자녀들은 고통스러운 얼
  굴로 말한다. "전 아무도 믿지 않아요." 외로움과 불신으로 치
  닫는 우리 시대의 정신을 보여주고 있다.

- "집에서는 절대로 제 고민을 이야기하지 않습니다. 식구들을

당황하게 하고 싶지는 않으니까요." 아버지들의 말이다. 아버지는 가정을 고독을 키워 내는 장소로 만들고 있는 것이다. 이상한 행동과 서먹서먹하고도 비참한 경험 등 유년기에 받은 상처들은 그들이 평생 동안 고립되어 살 정도로 영향력을 미치고 있다. 신경이 남달리 예민한 사람은 남에게 호감을 주지 못하는 법이다. 그들은 평생을 두고 따뜻한 대우를 받아 보지 못하기 때문에 자신 속으로 더욱 움츠러든다.

(2) 고독의 시대

고독이라는 감정은 신경질적이고 위축된 사람에게만 생기는 것이 아니다. 고독감은 만연되어 있고 그것은 우리 시대의 정신이 낳은 결과이다. 과거에는 인간이 사회 계급의 지배를 받았다. 공동체에 대한 개념은 사회의 일원이라는 소속감을 갖도록 해주었다. 오늘날은 반대로 개인은 거대한 도시와 대기업 속에 묻혀 버린다. 그는 모순 투성이의 이념에 이리 저리로 떠밀리며 지식보다는 환상적이며 통속적인 과학에 현혹되어 버린다. 그는 지난날에 겪은 적이 없는 혼란의 희생 제물이 되고 자신이 혼자임을 느끼게 된다. 그에게서 가족은 '낡아빠진 전통' 인 것이다.

경제가 발전함에 따라 혼란에 빠진 군상은 더욱 늘어난다. 왠지 모를 불편함과 내면의 고통 때문에 자신이 점점 무기력해짐을 느낄 수 있고, 중요한 직책을 담당하며, 지성적인 세계에 눈이 뜨이게 된 사람에게도 그러한 내면의 풍요로움이 그 자신에게 위안을 줄 수 없는 것은 해방감이 안겨 준 정신적인 고독이 원인이 되기 때문이다.

우리가 개인적인 신념의 '중요성'을 너무나 강조해서 가르쳤기 때문에, 자신의 신념에 가장 충실한 사람들은 군중으로부터 자신을 숨기고 그들이 전적으로 참여할 수 있는 공동체를 더 이상 찾지 않게 된다. 이들 엘리트들의 고립은 개신교 교회에서의 종교적인 인물들에게서 나타나고 있는데, 이들은 자신의 세계에서만 일하고, 자신의 언어로만 말하고, 개인적인 열성 때문에 타인과 더불어 살아가지 못한다. 그의 고백이 여기에 있다. "저는 항상 목회자로서만 기도를 해 왔습니다. 지금까지 오랫동안 한 인간으로서 기도해 본 적이 없었던 겁니다."

목사들이 정신 치료 등을 해 볼 용기를 내서 자신을 되찾고 신앙을 재정립하지 않는다면, 그들은 마음 속에 의혹의 먹구름이 드리워진 채로 설교를 계속하게 될 것이다.

그럼에도 불구하고 교회만이 오늘날의 사회에 존재하는 공동체에 대한 갈망을 채워 줄 수 있다. 그러나 오늘날의 교회는 현대 사회를 향해 친교하는 방법을 일깨워 주는 것이 아니라 개인주의의 공로만 돋보이게 만들고 있다.

현대 사회에서는 상충되는 사상들이 아무런 제한 없이 유행하고 있다. 많은 사람들이 그러한 사상의 흐름 속에서 이리저리 떠밀려 다닌다. 이들 문제의 대부분이 전적으로 하나님께 순종하기를 원

하고 그들이 바라는 깊은 영적 체험을 간접적으로라도 꼭 이루려
는 고상한 정신에 대한 것이나, 대개는 그들의 영적 생활에 큰 결
실을 얻지 못하고 마는 경우이다. 그들의 영적 생활은 다른 신자들
과 함께하는 것이 아니라 고립되는 것으로 끝나고 만다. 진정한 축
복은 오직 친교를 통해서 그리고 자신이 속한 교회에 전적으로 복
종함으로써만 가능하다.

(3) 고독에 맞서서

인간은 상대방을 두려워하며, 인생에서 좌절되는 것을 두려워하
며, 이해 받지 못하는 것을 두려워한다. 공포는 누구에게나 있는
것이며, 본능적인 감정임에도 사람들은 애써 감추려 든다.

사람들은 자신의 안정을 절대적으로 지키고 자신이 본래부터 지
니고 있던 고뇌를 덜기 위해 투쟁한다. 그리하여 공포심은 고독과
갈등을 만들어 내고 고독과 갈등은 공포심을 가져온다. 건강한 세
상을 만들려면 우리는 사람들에게 공포심의 정체를 알려주고 그들
의 마음 속에 공동체 안에 있다는 소속감이 다시 생기도록 해주어
야 한다.

의사는 사회 생활에서 훌륭한 목적을 가지고 있으면서도 서로
적대시하는 동료들과의 경쟁관계가 형성되기도 하고, 비뚤어진 감
정으로 자신의 동료를 괴롭히고 불공평함과 분열의 씨를 뿌리기도
하며, 질투하는 감정도 있다.

이런 일은 가족 사이의 갈등에서 더 뚜렷하게 볼 수 있다. 갈등이 있는 가정을 보면 부부가 제각기 합법적인 이의를 제기할 준비 태세가 되어 있다. 이들은 화합하고 싶은 진실한 의지와 강한 욕망을 가지고 있으면서도 그 뜻을 성취하려고 노력하지 않는다. 진심으로 개선해 보겠다는 겸손한 태도로 배우자를 대하지 않는 한 개인적인 노력은 허사일 뿐이다.

우리 시대의 철학은 모두 서로 서로 대항하게 만드는 독립심과 소유욕과 복수심을 현대인들에게 심어 준다. 이것들은 불화와 고독에서 오는 고통을 초래한다.

2. 의회의 정신 경쟁과 세력 다툼

(1) 의회의 정신

19세기에 과학과 철학에 잘못 인도되어 온 현대인들은 사회를 싸움터의 거대한 조직망으로, 힘을 기르는 수련장이자 적대 세력 사이의 경쟁판으로 생각한다. 이것을 의회의 정신이라고 말할 수 있다. 의회를 축소한 듯한 가정이 있다. 부모는 매사에 국회의 두 정당처럼 주장하는 것이 늘 반대이다. 이럴 때 자녀들은 번갈아 가며 편을 들어야 한다. 세력 있는 편에서 결정권을 쥐고 반대편 지도자는 이쪽의 잘못을 따진다. 가정은 합법적인 계약과 공동의 이해 관계를 결속하기 위해 만나는 의회가 되는 것이다. 어떤 환자의 고백이다. "남편은요, 제가 계속해서 빙빙 돌아다녀도 발붙일 데 없는 이상한 나라의 섬 같아요."

중산층에서는 사교적인 형식주의로 자신의 약점과 결점들을 규칙과 예의와 권위 뒤에 숨겨 둔다. 그들의 아들들은 아버지를 충동적이며 격렬하고 공평치 못한 사람으로 보게 된다. 그러면 아버지들은 그들의 위엄과 사회적 권위로 아들들의 질문을 피해 버린다. 이런 안팎의 심한 차이, 밝고 사교적인 풍채와 실제의 초라한 인간상이 소박한 어린아이의 마음에 상처를 주고 그 아이를 신경증 환자로 만들어 버린다.

개인에게 접근하는 것을 두려워함으로써 사회와 행정 기관 활동은 지나치게 조직화된다. 그리하여 규칙 사항은 점점 늘어만 간다.

어린이는 학교에서부터 이런 틀에 박힌 가르침을 받는데 그것은 인격을 발달시키는 데 목표를 두기보다는 지성적이며 사회적인 기능을 훈련시키는 데 목표를 둔다. 폴 투르니에에게 있어 그의 생애에 가장 큰 영향을 끼쳤던 스승은 매달 폴 투르니에를 그의 집으로 초대하여 선생님 자신의 이상에 관하여, 문화의 의미와 정신적이며 지성적인 가치에 관해 개인적인 관심을 나누었다.

인간과 그의 역할을 분리시키는 것이 바로 의회 정신의 핵심이다. 사람들은 각각 자신의 기능을 가지고 사회 생활이라는 연극 속에서 자신의 역할을 훌륭하게 해 내는데 그 역할은 그의 인격과는 아무런 상관이 없다. 이 두 가지를 결합시키는 일이 오늘날 우리가 무시하고 있는 인간 관계를 회복시켜 주는 길이다.

(2) 사회 속의 의회 정신

오늘날 가장 큰 사회 문제는, 노동자를 인격적인 존재로 혹은 그런 존재가 될 수 있는 완전한 인간으로서 의식하지 못하는 데 있다. 사람은 서로에게 공통적인 일을 나누며 다른 사람이 당면한 문제를 알 필요가 있다. 그러면 그들의 결정을 이해할 수 있게 되고 자기 위치에서 해야 할 일을 더 완전히 수행할 수 있게 될 것이다.

고용주들이 명령을 내릴 수 있는 책임을 포기하지 않고도 노동자의 존엄성과 인격을 회복시켜 주며 노동자의 직업적인 능률을 높이고 취미를 살려 주며 작업에 흥미를 느낄 수 있도록 할 수 있다. 이것은 사람을 알아가고, 그 사람의 생각보다는 그 사람 자체에 관심을 기울여 주는 것이다.

서로 두려워하는 일을 끝내야 한다. 선생은 학생들을 무서워하기 때문에 그들을 혹독하게 다룬다. 사장은 노동자를 무서워하기 때문에 그들과의 대화를 묵살해 버리고 침묵으로 도피처를 만든다.

환자가 인생에서 가장 고립감을 느끼는 이유는 그가 남학생이건 가정 주부건 노동자건 간에 우리를 고립시키고야 마는 비밀이란 존재 때문이다.

(3) 신뢰의 회복

우리가 지니고 있는 비밀은 우리를 다른 사람들과 갈라놓는 원인
이 되곤 한다. 즉 우리의 비행에 대한 양심의 가책이, 우리를 자주
괴롭히는 공포가, 주기적인 유혹에 끊임없이 굴복 당하는 우리 자
신에 대한 미움이, 자신감에 차 있는 생기와 대조적인 내적 회의가,
질투와 근심이 그리고 스스로를 위로하며 영광의 날을 꿈꾸는 천진
한 공상같은 비밀들이 사람들이 우리에게 마음을 털어놓을 때, 우
리는 그들이 느끼는 가책이란 것이 그들을 비난하는 사람들의 생각
과는 아주 다르다는 것을 알게 된다. 다른 사람들은 저들의 실패를
비난하는 데 초점을 맞추지만, 그들 자신의 비난은 양심의 깊은 면,
즉 드러난 실패 뒤에 숨겨진 죄의 근원에다 초점을 맞춘다.

자신의 진실하고 깊은 면을 드러내는 것을 방해하는 내면적인
갈등을 극복하는 것은 누구에게나 쉬운 일이 아니다.

폴 투르니에 자신은 이 첫째 단계로서, 지금까지 말한 적이 없는
그의 생각과 기억과 공포와 결점 같은 것을 아내에게 모두 털어놓
는 일이었다. 이것은 불가능해 보였다. 아내의 신임을 잃는 것만
같았다. 그가 이 단계를 실행하기로 했을 때 아내는 말했다. "이젠
제가 당신에게 무언가 도움이 될 수 있겠군요!" 그러면서 이번에는
아내가 그에게 마음 문을 열었다. 그들은 친교의 의미를 발견한 것
이다.

신뢰에는 두 가지 형태가 있다. 하나는 상대방의 장점에 바탕을
둔 순수하고 인간적인 신뢰다. 조금씩 생활 폭이 좁아지고 서로 실

망을 거듭함으로써 이 믿음은 점점 희미해진다. 그리고 초자연적인 신뢰는 우리가 다른 사람들에게 마음 문을 열었을 때 그들에게 보내는 신뢰이며, 그들이 강하기 때문이 아니라 약하기 때문에 보내는 신뢰이다. 이 두 번째 부류는 어떤 사람이 자기 삶을 바로잡도록 도와 주는 사랑의 사명을 가진 사람들이다. 신뢰를 방해하는 것은 사랑이나 성실의 결핍이다. 우리가 자신도 믿을 수 없는 격려의 말을 몇 마디 던지며 실제보다 더 사랑하는 체할 때 상대방은 더 깊은 절망 속에 빠진다.

진실한 고백이 있은 후에 부부가 헤어지게 된 경우도 있는데, 이는 진실을 믿을 수 있는 사랑의 분위기가 먼저 이루어져 있지 않았기 때문이다.

사람들은 약하건 강하건 간에 자신을 잘 믿지를 못한다. 이러한 사람들에게는 다른 사람들이 자기를 신뢰하기 바라는 끝없는 욕구가 있다. 폴 투르니에는 신뢰란 무엇인가를 제기하며, 그 기원은 마음에서 온다고 피력하고 있다. 그것은 하나님이 주시는 선물이며, 자신을 하나님 앞에 드릴 때 부부는 모든 장애물이 놓여 있음에도 불구하고 신뢰를 회복할 수 있다고 말한다.

3. 독립의 정신

(1) 독립의 정신

르네상스의 개인주의적 열성은 데카르트 시대에 그대로 전수되었다. 데카르트로 인해 개인은 가장 최초의 실재가 되었다. 현대 개인주의의 특성은 보편적인 갈등을 사회의 고질병이라고 생각하기보다는 실존의 조건으로서 정상적이고 필요한 것으로 받아들여지고 있다.

우리를 환경에 얽매이게 하는 명백히 유기적인 관계에서 오는 제한을 받지 않고 자신의 인생을 완전히 독립적으로 살려고 하는 것은 인생 자체를 부인하는 것이나 다름없다.

우리 시대의 정신이 모든 속박에 대한 반항을 더욱 악화시키고 있다. 결혼은 속박이다. 진정한 결혼은 삶 전체에 대한 속박이며, 개인적 독립에 대한 완전한 포기를 의미한다.

독립심에 대한 긍지는 재능 있는 사람에게는 굉장한 유혹이다. 다른 사람의 도움 없이도 모든 것을 다 해 낼 수 있다고 생각하는 막다른 골목으로 그들을 끌고 간다. 그들의 명석함과 능력과 장점까지도 쓸모 없게 되는 것은 그것들이 그들을 고립시키기 때문이다. 상처 입은 자존심은 그들에게 격렬한 독립심을 키워 줄 뿐이며, 그것이 그들이 쓸모 없는 사람이 되는 요인이다.

(2) 여섯 가지 역설

독립의 정신 안에 존재하는 역설들을 제시한다.

첫 번째 역설로서, 지식이 풍부하거나 의지가 강한 사람뿐만 아니라 풍부한 애정생활을 하는 사람에게서도 볼 수 있다. 가장 멀리 떨어져 있고 가장 위축되어 있는 사람들, 다시 말해서 자기 자신을 단체와 조화시키는 데 가장 큰 곤란을 겪는 바로 그 사람들이 감정적인 욕구와 친교에 대해 아주 큰 갈망을 가지고 있는 사람들임을 쉽게 알 수 있다.

두 번째, 공동체 의식을 상실하고 개인주의를 숭배하는 20세기에는 위대한 인물이 매우 적다는 점이다. 창의적이며 독창적인 인물들은 자신의 인생을 사는 사람들이 아니라 다른 사람을 위해서 그들 자신을 바치기 때문에 자기를 잊고 사는 사람들이다.

세 번째, 자신의 독립을 지키기에 열심인 사람들은 다른 사람들과의 관계에서 아주 독재적이란 점이다. 가장 겸허한 권위에도 복종할 수 없다고 하는 그들은, 그들에게 복종하는 다른 사람들에게는 아주 완고하게 자기 뜻을 강요한다.

네 번째, 인간의 공적 · 사회적 기능과 관련이 되는 인간의 개인적 가치를 전혀 고려하지 않는다는 점이다.

다섯 번째, 어떤 외부의 간섭도 물리치려는 개인주의를 주장해 온 이 시대 역시 진정으로 자유로운 정신을 보기 힘든 시대라는 것이다. 이들은 실질적인 사고가 결여된 가장 얼빠진 이념과, 가장 열광적인 원칙과, 전혀 무의미한 우상인 지폐와 성의 쾌락을 좇으면서 현대판 천일야화 놀이의 주인공이 된 것 같다.

여섯 번째, 자기의 독립을 옹호하려고 하는 사람들은 실제로는 전혀 자유롭지 않다는 점이다. 그들은 반박의 정신에 의존하고 있다.

진정한 내면적 자유를 누리는 사람은 다른 사람들이 강요하는 권위에 대해 불평하지 않고 그러한 자유 속에서 행동한다. '자기 자신이 되는 데'는 두 가지 길이 있다. 한 가지는 반항하고 반박하고 순종하지 않는 부정적인 방법이다. 이것은 단체 활동을 약화시키고, 개인을 강화시키는데 아무 도움이 되지 못한다. 또 하나는 자아에 대한 적극적인 긍정인데 이것은 더 큰 단체에 봉사함으로써 생긴다. 자기 신변을 걱정하지 않고 자신의 사상과 창조적인 활동을 단체에 베푸는 사람은 지도자와 위대한 인물이 될 수 있다.

(3) 순종

인간은 독립을 주장할 수 없다. 그것은 인간의 생명은 자신의 것이 아니며 창조주가 빌려 준 것이라는 단 한 가지 이유 때문이다. 독립적인 태도와 과장된 개인주의는 모두 결국은 하나님께 대한 반항이다. 공동 생활을 하려고 갈망하는 세상 사람들은 먼저 하나님의 존재를 다시 발견하고 하나님 앞에 무릎을 꿇지 않는 한 그리고 그렇게 하기 전까지는 그것을 발견할 수 없을 것이다.

의견과 비평과 요구에서 완전히 벗어나는 유일한 길은 자신을 하나님께 맡기는 것이다. 자신의 독립을 지키기 위해서 모든 사람과 싸우는 사람은 전혀 자유롭지 못하다. 그러나 반대로 자신의 생활을 하나님께 맡기고 그렇게 해서 가정과 사회의 관계에서 희생 정신을 실천하는 사람은 독립을 지키려고 하는 사람에게는 영원히 주어지지 않는 독립을 얻게 된다. 그렇지만 항상 모든 어려움을 수용하는 것이 그리스도인다운 태도는 아니다.

(4) 현대 여성의 고독

여성은 남성의 독립을 그대로 본받아 남자와 똑같이 행동하는 것으로 자기의 독립을 확인했다. 여성 해방으로 인해 야기된 몇 가지 어려운 문제를 제시한다.

첫 번째, 재정적인 해방이다.

두 번째, 여성의 지적·정신적 해방의 문제가 있다. 아내가 남편보다 도덕적으로나 지적으로 우수한 것이 큰 시련일 수 있다.

세 번째, 성적 독립의 문제가 있다. 결혼한 후, 남편은 애정 생활을 독립하는 데 필수적인 특권의 하나로 생각하고 있는 여성을 발견하게 된다. 그 특권은 그녀만이 통제하고 있다. 대개 아내들은 남편에게서 그들이 본능적으로 요구하게 되는 지배자다운 면모를 발견하지 못한 데서 오는 실망 때문에 횡포를 부리게 된다. 여성에게는 복종과 헌신과 사랑으로 기울어지는 뿌리뽑을 수 없는 성질이 있다. 그런데도 우리 시대는 여성을 자립과 스스로 방향을 설정하는 것과 불복종으로 이끌어 가고 있다. 이 두 가지 흐름의 틈바구니에 낀 여성은 병들게 된다.

(5) 독신 여성의 고독

어떤 여성도 독신 생활을 감수하기란 그리 쉬운 일이 아니다. 영적인 기적이 절대적으로 필요하며 그런 경험이 없이 막연하게 독신 생활을 받아들인다면 그것은 분노와 억압의 생활이 될 뿐이다. 이들 여성들의 고민을 분석해 본다.

첫째, 자기 존중의 문제가 있다. 많은 독신 여성들은 어떤 다른 이유보다 구혼을 받지 못한 것으로 인해 하나님 앞에서조차 굴욕감을 느낀다고 고백했다.

둘째, 완전히 비현실적인 태도를 보이게 하는 그릇된 사랑의 개념이 있다. 여성의 경우 성과 사랑의 융합은 남자의 경우보다 더 오래 걸리고 더 어려운 과정이다. 어떤 경우건 독신 여성이 겪는 성적인 유혹은 유치하고 상상적이며 외로운 형태로 발전하고 이른바 사랑이라는 것과는 완전히 구별된다. 이것은 성과 감정 사이의 단절 때문이다. 터놓고 이야기할 수 있는 상대가 없기 때문에 사랑에 대한 그릇된 개념을 계속 가지고 있게 되는 것이다. 실제적인 육체적 욕망은 여성 자신이 독신임을 괴로워하는 경우나 약혼자에게 몸을 허락한 대부분의 경우에도 중요한 역할을 하지 않는다. 단지 단순한 호기심이 문제가 된다. 또한 여성 특유의 성질인 동정심

으로 불행에 빠져 있는 남성들에게 다소의 행복이나마 주고 싶어
한다. 이러한 여성들은 다시 고독해질 것이 두렵기까지 한 것이다.

(6) 결혼과 독신

독신 여성의 시회적 활동과 정신적 헌신을 성적인 경험에 대한
작은 대치물로 생각하는 것은, 그녀가 사회적 소명에 자신을 바침
으로써 이룰 수 있는 자기 완성의 가능성을 부정한 태도이다. 어떤
미혼 여성들은 완전히 자기 중심적인 반면 다른 미혼 여성들은 헌
신적이다. 자기 중심적인 여성은, 자신이 독신 생활을 하는 것에
대한 울분으로 비참해진 나머지 자신을 더욱 고립시켜 놓는다. 그
반면 헌신적인 여성은 자기의 마음을 표현하고 싶은 사랑의 충동
과 함께 영감이 넘치는 외향적인 소명에 단호히 자신을 내맡기며
병든 사람, 외로운 사람, 가난한 사람 그리고 여행 중에 만난 어린
아이들 속에서 자기의 고향과 정신적인 가정을 발견한다.

결혼은 꼭 성의 문제만은 아니다. 결혼은 자신을 망각하는 배움
터다. 아내로서 그리고 어머니로서의 생활에서 남편과 자녀를 위
해 치러야 할 많은 희생들이 그녀의 자기 의지를 꺾어 준다.

독신 생활에서 가장 위험한 일은 타고난 이기심과 자기 의지를
내세우는 것이다.

기독교적 체험의 핵심은 개인적 복종에 있는 이가 결혼할 경우
에 더 쉽게, 더 자주 나타난다. 그러나 그것은 하나님의 은혜로 완

성될 때만 더욱 좋은 결과를 가져오며 더욱 완전해진다. 공동 생활은 고집 센 자기 중심성보다는 기독교적인 양보 쪽으로 이끌어 가야 한다.

4. 소유의 정신(탐욕, 지배욕, 편협)

(1) 소유의 정신

탐욕, 욕심, 지배욕, 편협들 즉 '소유의 정신'은 누구의 마음 속에나 도사리고 있는 감정이다. 개신교는 물질적인 것을 효과적으로 간소하게 사용함으로 친교의 정신을 제한시켜 왔다. 주님은 부활하신 후 제자들을 위해 손수 요리를 하셨으며, 만찬에서 같이 먹고 마시는 것으로써 그분의 최상의 희생을 기념하게 하셨다. 선과 악은 우리가 행하는 일이 아니라 그것을 실천하는 정신 속에 있음을 본다. 하나님을 위한 또 친구를 위한 사랑에서 행해지는 것은 선이다. 그러나 이기심과 개인의 즐거움을 위한 욕망에서 행해지는 것은 악이다.

남편들에 대해 언급하자면, 남성들은 완전히 이기적인 방법으로 사랑을 나눈다. 이들 남편들은 그와 일생을 함께 나누는 배우자로서가 아니라 그저 합법적으로 얻은 성의 대상으로만 아내를 대한다. 많은 여성들은 자신에게 사랑이란 절대적이며 거기에 전적으로 자신을 맡기지 않으면 안 된다고 말하지만, 남성들은 사랑이 한 낱 부수적인 것이라고 말하는 이유가 여기에 있다. 우리는 인간의 기질로는 서로 용납하기 어렵다고 말한다. 자기를 위해 쾌락을 얻으려고 하기보다는 쾌락을 주려고 애써야 한다.

종교적인 사람들은 성 문제와 부드러운 사랑을 결부시키는 일에서 다른 사람보다 더욱 어려움을 겪는다.

하나님 안에서 성은, 하나님의 정하신 뜻대로 부부 사이의 사랑이 최상의 표현이 되는 동시에 선한 것으로서 우리를 노예로 삼지 않는다. 하나님과 분리된 성은 영적인 교제를 갖지 않고 성교의 경험을 갖는 것으로 완전한 성의 기쁨에 도달할 수 없다.

(2) 소유욕과 질투

육체의 대식뿐만 아니라 영적인 대식가 역시 지적 수양을 쾌락의 원천으로 삼았기 때문에, 메마르고 어설픈 지식만 쌓는 사람이 되어 버린다. 진정한 영적 경험은 행복한 성생활이 가져오는 것과 맞먹는 인격의 꽃을 피우게 된다. 그것은 하나님께 순종하는 생활을 목표로 삼고 있는 사람에게 주어지는 선물 하나가 '당신에게 더해진 것'이다. 돈 이외에도 다른 소유욕에 사로잡히는 경험들이 있다. 많은 사람들이 어떤 생활 양식을 포기하지 않고 거기에 무력하게 얽매여 있다. 그러나 그들은 그것을 좋아하기 때문이 아니라 보존하기 위해서 그러는 것이다.

많은 부부들이 서로의 사랑 가운데 주위에 있는 사람들과 따뜻한 관계를 유지하려는 동기를 찾으려 하지는 않고 서로 이기심을 발휘하여 오히려 그들 자신이 고립되는 일이 얼마나 많은지 모른다. "하나님으로부터 그리고 우리들의 친구들로부터 떨어져 나가는 것은 모두 죄이다." 사랑이나 우정이 아무리 고결하다 해도 우리를 다른 사람과 떼어 놓는다면 그것은 죄에 물들어 있는 것이다.

어떤 자녀들은 어머니 때문에 생활권이나 교제권에서 동떨어져 지내기가 일쑤다. 그것은 어머니가 세상의 위험에서 자녀들을 보호하기를 지나치게 갈망했기 때문이다.

사랑하는 사람을 당신의 소유로 삼으려 한다면 사랑을 잃고 만다. 부모들은 자녀의 행복에 대한 자신의 의견에만 관심이 있으며, 새로운 것을 발견하고 배우기 위해 자녀들의 말에 귀를 기울이는 일을 무시하기 때문에 기쁨을 누릴 기회를 놓쳐 버린다는 것을 알지 못한다. 자녀를 양육하는데 가장 중요한 것은 부모가 완전히 결합하고 일치하는 것이다. 과학적 방법론은 그 다음이다. 그들은 어떤 환경에서는 엄격히 해야 하고 또 어떤 환경에서는 관대해야 하는지를 알게 된다.

지배의 요소는 이따금 자선 사업, 교육 사업 심지어는 성직 가운데도 끼어든다. 그들은 사회적으로 자기보다 열등하다고 생각되거나 자기들의 불평을 들어줄 만한 사람들만 사랑할 수 있는 사람들이다. 실제로 그들은 지배하려는 욕구에게 다소 의식적으로 쫓기고 있는 것이다. 경험을 많이 쌓은 사람들은 다른 사람을 구제하기 위해서 그 경험을 그들에게 강요하고 싶어한다. 그러나 그 판단과 자만의 정신이 자신에게 스며드는 것을 인식해야 한다. 진정 남을 돕기 위해서는 우리의 승리보다는 어려움을 나누고, 그들의 죄를 분석하기보다는 장점을 끌어내고, 그들을 바로잡으려고 노력하기 보다는 이해하려고 할 때 우리는 더욱 큰 도움을 줄 수 있다. 사람들이 잘못된 방향으로 가고 있을지라도 희망을 버리지 않고 사랑과 인내심을 가지고 구불구불한 어려운 길로 그들을 따라가는 것이 영적 사역이다. 포용함이 없다면 참된 사랑은 존재하지 않는다.

(3) 사랑이란

자신을 모두 쏟아 부은 인간 예수의 이름으로 기독교는 절대적인 자기 희생을 요구한다. 우리 세계에서 친교의 의미를 다시 부활시켜 줄 수 있는 또 다른 원천은 아무 데도 없다.

진실한 사랑은 다음과 같다.

첫째로 자기의 유익을 구하지 않는 것이다. 이것은 사랑은 모든 분석에서 벗어나 있다는 것을 보여 준다.

둘째로 자발적인 것이다.

셋째로 참된 사랑은 순수하다. 우리는 늘 우리 자신을 경계해야 한다. 인간의 본능 속에는 잠자는 미녀를 깨우려는 왕자같은 면모가 언제나 남아 있다. 다른 사람을 구하려는 의식적이며 고귀한 노력 아래 무의식적으로 욕망과 희열의 요소가 스며드는 것이다.

사랑이란 상대방을 위해 좋은 일을 하겠다고 결심하는 것이요, 자기의 계산서를 지불하는 것이며, 어떤 장소에 정각에 도착하는 것을 의미한다. 그것은 당신의 모든 관심을 당신과 이야기하려고 하는 사람에게 쏟는 것이다. 그리고 사랑이란, 상대방이 우리말로 말하도록 강요하는 것이 아니라, 비록 서툴다 해도 우리가 그가 쓰는 말로 말하려고 노력하는 것이다. 사랑한다는 것은 자기의 시간을 바치는 것이다. 서두르면 관심을 가지고 돌보아 주고 있다는 인상을 주지 못한다. 예수님이 우물가의 불쌍한 여인과 이야기하는 시간을 가지셨을 때와 십자가에 못박히시기 전날 밤에 제자들의 어리석은 질문에 응답하실 때 평온한 가운데 거하셨던 것을 생각하면 언제나 감동이 된다. 영적 사역을 한다는 것은 시간을 바친다는 것을 의미한다. 일단 사람들에게 관심을 가지면 그들의 재미없고 끝도 없는 이야기를 참고 들어주는 것이 흥미로워진다는 사실을 인지하게 된다. 결론적으로, 조급하고 형식적이고 깊이가 없는 문명 사회에는 사랑이 결핍되어 있다. 에드워드 부니어(Edward Burnier)가 말한 대로 "사랑이 바로 그리스도인의 친교의 핵심이다."

5. 정당한 요구의 정신(자기 주장, 비판, 요구, 질투)

(1) 정당한 요구의 정신

그리스도인은 이 세상에 존재하는 악에 대해서 환상을 갖지 않는다. 성경은 가게 주인의 허위 장부, 바리새인의 위선, "그를 십자가에 못박으라!"고 외치는 군중의 증오심을 비난할 때 결코 순진한 태도를 취하지 않는다. 순진한 태도는 오히려 현대 철학에서 볼 수 있다. 현대 철학은 이 세상을 개선하기 위해서 불의를 비난하고 옆의 사람보다 더 크게 소리를 지르면 족하다고 생각한다. 그리스도인들은 불의의 깊은 뿌리가 인간의 마음 속에, 바로 자신의 마음 속에 박혀 있음을 알고 있다. 그리스도인들은 이러한 불의에서 벗어나려면 하나님의 개입이 필요하다고 믿고 있다.

질투나 욕망이나 시기심과 같이, 끊임없이 애쓰고 언제나 더 많이 가지기를 열망하며 살기를 원하는 갈망은 어느 시대에나 있었지만 현대에는 그것들을 무제한으로 요구하도록 가르쳤기 때문에 사람들이 그것을 지나치게 추구하게 되었다고 폴 투르니에는 주장하고 있다. 폴 투르니에는 이들이 평등주의적 정의를 신으로 모신 현대 관념에 미혹된 것이라고 주장한다. "그것은 옳지 않다!" 이것은 널리 보편화된 외침이며 이 외침 속에 사람들은 자신들의 요구사항을 집어넣는다. 부모는 자기 아이들에게 평등한 정의에 대해서 그릇된 개념을 길러 주고 있는데, 그것은 큰 아이건 작은 아이건 뚱뚱한 아이건 마른 아이건 각자에게 케이크를 똑같이 조심스

레 잘라주거나 할 때 알 수 있다. 이리하여 아이들은 불공평한 것 천지인 인생에 익숙해질 준비가 되어 있지 않게 된다. 그들은 언제나 자신을 이웃과 비교해 보고 분통을 터뜨린다. 이것은 그들이 나중에는 사회에서 생활을 하며 불신과 분열과 적의와 타오르는 복수심을 심어 주는 불공평한 대우를 퍼뜨리기 마련이라는 것을 의미한다. 그들은 "그것은 옳지 않다."고 어디서나 정의가 신인 것처럼 정의에 호소하게 될 것이다. 성격 속의 정의는 하나님께 순종하는 데 있다. 의로운 사람은 하나님의 뜻을 찾는 사람이다. 인간의 마음 속에 하나님이 역사하셔서 정의가 이 땅 위에 오게 할 수 있다. 현대의 정신은 자기 권리의 옹호, 덕행을 베풀고 보상받지 못한 일, 자기가 당하는 부당한 일에 관심을 가진다. 기독교 정신은 자신의 무가치함과 자신이 받고 있는 과분한 은혜를 알고 불행에 처한 동포들에게 손을 내민다. 불평은 그 목적을 달성하지 못하고 있다. 불평에 젖어 사는 사람들의 생활에서 한 가지 문제가 해결되었다 해도 바로잡아야 할 문제가 너무나 많기 때문에 그들은 가장 친절한 사람들을 지치게 하고 자신을 더 깊은 고립감에 빠지게 하고 더욱 부당한 대우를 받게 만든다.

　우리 사회 생활 전체가, 정의란 관련된 사람들의 상충되고 과장된 요구의 균형을 맞추어 주는 데서 이루어진다고 하는 사기성이 농후한 허구에 근거를 두고 있다. 분리의 틈은 점점 벌어지고 모든 사람은 원한에 차 있으며, 제각기 상대방의 과장을 비난하고, 실패하지 않기 위해 자신의 주장을 내세우려고 토론을 일삼는다. 의견의 일치는 점점 어려워지고 불의가 승리를 거둔다. 질투에 관해, 사람들 각자는 자기 발전과 능력의 개발과 인생을 즐기는 일과 유용한 존재가 되는 권리를 강하게 요구한다. 그들은 질투 때문에 상대방의 날개를 꺾어 버린다. 인간의 마음 속에는 사랑을 받고자 하는 무한한 욕구와 사랑을 받지 못할 것만 같은 끊임없는 공포가 도사리고 있다. 우리는 언제나 모든 인간 관계와 활동을 통해 다른 사람에게서 사랑의 증거를 찾고 싶어한다. 우리는 다른 사람들에게서 자신의 외로움에 대한 치료책을 구한다. 우리는 다른 이들의 보증을 원한다. 자기 자신의 가치를 의심하는 사람들은 사랑의 표시에 대해 유별나게 만족할 줄 모르는 욕구를 지니고 있는데, 이는 다른 사람들이 그들을 사랑할 수 있다는 것을 항상 의심하기 때문이다. 이렇듯 허기진 마음에 사랑을 보여 준다는 것은 참으로 어려운 일이다. 그들의 바로 그 욕망이 정서적인 관계에서 장벽을 쌓기 마련이다. 그들은 마음과 마음이 통하는 친교를 너무나 강렬하게 원하고 있고, 기만당하지 않을까 하는 큰 두려움을 가지고 있기 때문에 따뜻한 감정이 저절로 스며 나오는 평안과 여유를 잃기가 십상이다. 그들은 첫 번째 만남에서부터 너무나 많은 애정을 요구하므로 기만당하지 않을 수 없게 된다. 기만당한 그들은 점점 더 위축되고 만다. 현대 사회의 적극적인 행동주의자에게서 발견되는 고독에 대한 공포심 속에는 하나님이 임재하시지 않는 내면 생활의 공허에 대한 공포심이 들어 있다. 이것이 믿음의 사람들이 즐거이 홀로 거하고, 그 뒤에 동료에게서 사랑을 구하는 것이 아니라 그들에게 사랑을 가져다 주기 위해 그들 사이로 다시 돌아오는 이유이다.

(2) 요구 : 하나님께 대한 반항

요구하는 일은 첫째, 피로와 권태를 가져온다. 마음 속으로 협동과 신뢰의 기쁨을 누릴 때 우리는 다른 사람을 피곤하게 하지 않고도 큰 일을 완성시킬 수 있다. 둘째, 과장하지 말자. 모든 일에는 실제로 신체적 피로가 따르는 법이다. 하나님은 그것을 잘 아시기 때문에 휴식할 시간을 미리 정해 놓으셨다. 그런데 인간은 그것을 지키지 않는다. 셋째, 요구하는 일은 사람을 더욱 민감하게 만든다. 마음 속으로 불의에 항거하는 사람은 그로 말미암아 더욱더 큰 고통을 겪는다. 가슴 속에서 그 쓴맛을 되새김으로써 끊임없이 상처를 덧나게 한다. 불평과 요구는 어쩔 수 없이 자기 연민에 이른다. 요구한다는 것은 다른 사람의 동정을 불러일으키기 위해 자신의 고통을 내보이는 것이다. 자기의 권리를 요구하는 모든 주장은 완전히 객관성을 띤 것이라 하더라도 일종의 정신적인 자기 도취를 초래한다. 요구가 충족되지 않는 한 그 요구에 사로잡힌 마음 속에는 고랑이 파인다.

여기에는 세 가지 반응이 나타나게 된다.

정신 착란과 강박 관념을 보이며 헛소리를 할 정도의 정신 혼란의 반응이 있는가 하면, 냉정해지고 의기소침해지는 반응, 복수의 반응이다. 어떤 병든 소녀는 "마침내 나는 살아야 할 이유가 생겼다. 그것은 곧 나 자신에게 복수하는 일이다!"라고 고백했다.

인생에서 가장 큰 열매를 거두는 시간은 우리가 자신의 죄와 잘못을 바라보고 그로 인해 마음이 흔들리는 굴욕의 시간이다. 우리는 자신이 옳다고 생각하는 어떤 대의 명분을 열심히 주장하는 한 어떠한 내면적 감정도 느낄 수 없다. 젊은 사람이 부모의 엄격한 형식주의를 비판하는 일이나, 소녀가 동료의 지적 빈곤을 드러내는 일이나, 내가 동료 의사의 물질주의적인 태도를 비난하는 일을 옳다고 하는 것은 위험한 일이다. 우리의 비판의 근거는 훌륭하지만 사탄은 우리를 자신의 진영으로 끌어들이기 위해서 그 비판을 이용한다. 비방의 소리가 들려오는 것은 사탄의 진영이며 그곳에서는 우리의 죄에 대한 자각이 존재하지 않기 때문이다. 정의의 편에 선다는 것이 온갖 편견의 원천이 되어 왔다. 우리는 자신이 옳다고 생각하면 조금도 양보하려 들지 않는다. 우리는 자신이 진리를 지키는 사람이라고 확신한다.

폴 투르니에는 어느 날 그의 친구와 논쟁을 벌였다. 틀림없이 자신이 옳다고 생각되지만 마음은 기쁘지가 않았다. 그는 차의 시동을 걸고 그의 고집을 용서해 달라고 말하기 위해 친구의 집으로 향했다. 그 후로 그의 마음에 기쁨이 넘쳤노라고 고백하고 있다. 우리가 다른 사람들과 부딪치는 것은 우리가 자신과 부딪치기 때문이다. 무엇보다도 십자가는 양심의 가책이라는 고통 속에 빠져 있는 사람에게 줄 수 있는 유일한 메시지이다. 기독교는 단순히 자기의 십자가를 지는 것으로 끝나는 것이 아니다. 그 십자가를 기꺼이 자진해서 져야 한다. 기독교는 단순히 자기의 운명을 받아들이는 것만이 아니다. 그것은 자신의 운명을 사랑하는 것을 의미한다. 그 운명이 아무리 어렵고 고통스럽다고 해도 말이다. 믿음을 가진 사람들은 다른 사람이 우리에게 저지르는 불의 속에서도 하나님이 그분의 계획을 이루시는 것을 볼 수 있다.

(3) 용서

기독교의 용서는 관대해지는 것이 아니다. 용서와 관대함은 어떤 의미에서는 서로 반대된다. 관대함으로는 실제로 용서해 줄 수 있는 경지에까지는 이르지 못한다. 거기에 이르기 위해서는 먼저 실제로 그들 마음 속에 타오르고 있는 그대로의 자연 발생적인 분노를 고백해야 한다. 너그럽게 보이려고 속으로 억압해 온 것들을 드러내어 사실대로 고백할 때 그리고 하나님의 도움을 구할 때만 그들은 용서를 할 수 있는 것이다. 용서는 부당한 행위를 직시하며 그 잘못의 내면을 들여다본다. 그리고 나서 그것이 악이기 때문에 용서해 준다. 관대함은 용서를 불가능하게 하고 필요 없는 것으로 만든다.

참된 용서는 죄악을 인정하고 그 죄악이 언제나 우리 마음 속에서 일으키는 분노라는 자연 발생적 반응을 고백함으로써 시작된다. 그리하여 악한 행위와 분노의 감정을 모두 하나님 앞에 드러낼

때 용서를 해줄 수 있고 마음 속의 평안을 회복할 수 있는 것이다. 사람들은 때로는 헛되이 용서를 미루고 있으며 그러한 기다림과 원한 때문에 피해를 입는 것은 바로 그들 자신의 삶이다. 용서를 구하는 입장에서 자기의 잘못을 명백하게 시인하지 않고 용서를 구할 때 잘못을 사과한다는 것은 언제나 어려운 일이며, 우리는 그 정도를 약하게 하려는 유혹을 받는다. 어떤 이는 질문한다. "용서를 할 수 있기 위해서 무엇을 해야 될까요?" 용서를 하는 데 인간의 기술은 필요 없다. 잘못한 사람들에 대한 용서를 하나님이 주시도록 기다리는 수밖에 ….

6. 친교의 정신(우리가 지향해야 할 정신) 그리스도의 정신

(1) 변화의 시작

기독교 신앙은 한 인간을 바꾸는 일이 언제나 사회적으로 영향을 미친다는 것을 알고 있다. 사람이 충성과 순결과 자기 포기와 그리스도의 사랑의 길에 솔직하게 자신을 내어 맡길 때 주위의 분위기를 변화시킨다는 것이다. 아울러 진실한 그리스도인은 정의와 친교를 방해하는 나쁜 사회 제도를 보고 무관심하게 넘어갈 수 없다. 예수 그리스도께서 우리에게 주신 공동체의 형태에 일치하는 사회적 이상과 제도를 향해 나아가는 데 앞장서야 할 것이다. 동시

에 그러한 개혁은, 많은 사람들의 개인적인 영적 체험에 뿌리를 두
고 있지 않다면 모두 쓸데없는 일이 될 것이다. 세상을 변화시키려
면 우리가 변화된 사람이 되어야 한다. 방향 전환 즉 참된 기독교
적 회심의 일부인 내면의 방향 전환에 있다.

　요구한다는 것은 동료들 속에 있는 악과 싸우는 것이지만, 그리
스도인의 전쟁은 자신 속에 있는 악과의 싸움이다. 갈등 또한 우리
의 내면으로 돌리고 그 갈등을 자신 속의 투쟁으로 만드는 것이다.
하나님이 쓰시는 방법은 12제자와 같이 개인을 부르시는 것이다.
하나님은 그들을 소박한 순종의 생활로 부르시고, 자기 수양을 시
키셔서 그들에게 주어진 모든 정신적 · 사회적 · 정치적 임무를 실
천하게 하신다. 기독교는 지도자를 만들어 낸다. 그의 행동은 정의
를 실현하는 데 있어 서명으로 뒤덮인 무수한 청원서보다 더욱 효
과적이다. 기독교는 그러한 지도자에게 예수 그리스도와의 매일의
친교와 은혜라는 자원을 제공한다. 그들이 살아가는 과정에 놓인
장애 요인과 올가미에 대비하기 위해서는 내면이 새롭게 되는 것
이 필요하기 때문이다. 기독교적 체험을 해 본 사람은 의회의 정신
에서도 해방된다. 왜냐하면 그는 자신과 용감하게 부딪치고, 사람
들을 두려워하지 않게 되고, 그들이 쓰고 있는 사회적 가면 뒤에
있는 참된 자아를 발견하는 것을 두려워하지 않기 때문이다. 그는
끊임없는 분쟁이 아닌 의견의 일치가 가능한 친교의 분위기를 친
구 또는 적과 함께 나누는 것이 가능해진다. 사람들의 사회적 행동
과 태도는 실제로 그의 내적 체험에 따라서 달라진다. 훌륭한 사회

활동의 첫 단계는 정신 속에서 일어난다. 그 단계는 바로 남을 유익하게 하기 위해 자신을 도구로 사용하는 것이다. 다시 말해서 개인적인 문제를 생각하는 이기심을 포기하는 것이다.

(2) 친교의 회복

각자는 하나님이 맡기신 일을 수행하는 정도에 따라 그리고 하나님의 뜻을 이루어 나가는 정도에 따라 인생의 목적을 달성한다. 뿐만 아니라 사회의 목적도 동시에 이루어 낸다. 수많은 사람들은 자신의 소명에 대해서 매우 회의적이다. 그들은 그것을 하나의 생계 유지 수단으로만 본다. 하나님의 말씀을 진지하게 받아들이면 자신의 문제에 대해서는 조금 덜 심각하게 생각하고, 자신의 소명과 책임에 대해서 다시금 깊은 주의를 기울이게 된다.

사명을 지닌 인생을 살고 싶다면, 자기가 하는 일에 선교 정신을 불어넣으면 된다. 폴 투르니에는 자신의 소명에 대한 강한 확신이 성공적인 인생에 가장 크고 유일한 요소라고 생각한다. 명상은 진정한 자아 발견과 자신감으로 이끌어 준다. 그것은 그가 다른 사람과 함께 나눌 수 있는 그의 소유를 명확히 보게 해주며 공포를 치료해 준다. 그래서 그가 공동체에 대해서 적극적인 태도를 갖게 하는 동시에 자신의 가치도 긍정하게 해준다.

남편에게 창조적인 영향력을 끼치는 일을 통해 아내가 행하는 사회적 역할은 아주 대단한 것이다. 이에 대해 아내에게 필요한 것은 단지 남편을 사랑하고 남편의 흥미를 끄는 모든 것을 사랑하는 일뿐이다. 즉 남편과 정서적이며 지적인 친교를 맺는 일이다. 그렇게 해서 아내도 더욱 큰 공동체에 자신을 융합시키게 된다. 남편 역시, 아내가 그의 직장 생활에서 심각하게 다루어야 할 가치가 있는 문제들을 직관적으로 예측할 수 있음을 이해해야 한다.

사회적 소명의 요구와 가정 생활의 요구 사이에서 오는 갈등은 남편과 아내가 함께 명상을 함으로써 해결될 수 있다. 그것은 부부가 자기 중심적인 생각 내지 형식적인 정신적 동정심을 품는 일을 막아 준다. 하나님의 은혜를 떠나서는 부부 사이에 영속적인 영적 교제가 있을 수 없다. 그러한 영적 교제의 조건이 은혜라면 은혜는 또한 영적 교제의 결과이며, 그것은 정의에 대한 어떠한 요구보다도 확실하게 올바른 관계를 가져온다.

창조적인 결혼 생활은 완전한 결혼을 의미한다. 완전한 결혼에서는 육체적 교류와 감정적 교류와 영적 교류가 이루어진다. 그리고 한 가지의 교류가 더 이루어 지는데 그것은 무엇이나 함께 나누는 일이다. 관심, 실망, 승리, 수치심, 돈, 근심, 사업, 가사, 자녀, 사회적 소명 그리고 영적인 소명 등 남편과 아내 사이에는 비밀이 없다.

(3) 공동체의 회복

결혼은 모든 사회 변화의 중심에 있다. 한 남성이 자기 가정의

테두리 안에서 친교의 정신을 발전시키지 못한다면 그러한 정신을 직무나 정치에 끌어들일 수가 있겠는가? 현대 사회에서 가장 뚜렷한 사실은 우리의 지도자들이 여러 가지 책임과 복잡한 일의 무거운 짐에 눌려 있기 때문에 사색과 명상의 시간을 더 이상 갖지 못한다는 것이다. 단체 생활을 경험한다는 것은, 의견이 여러 갈래로 나뉠 때 사랑과 서로에 대한 충성심으로 하나님이 주시는 해결책을 함께 찾아 그 문제를 해결하는 것을 의미한다.

그리스도 안에서의 하나됨을 떠나서는 친교가 있을 수 없고 오직 사교적 교제만 있을 뿐이라는 사실을 우리는 알아야 한다. 우리는 지금까지 인간의 타고난 성향을 살펴보았다. 오직 그리스도의 정신만이 사람들을 그 성향에서 벗어날 수 있게 해준다. 오직 그리스도의 정신만이 친교의 정신에 방해가 되는 형식주의와 독립과 탐욕과 분노에서 사람들을 벗어날 수 있게 해준다.

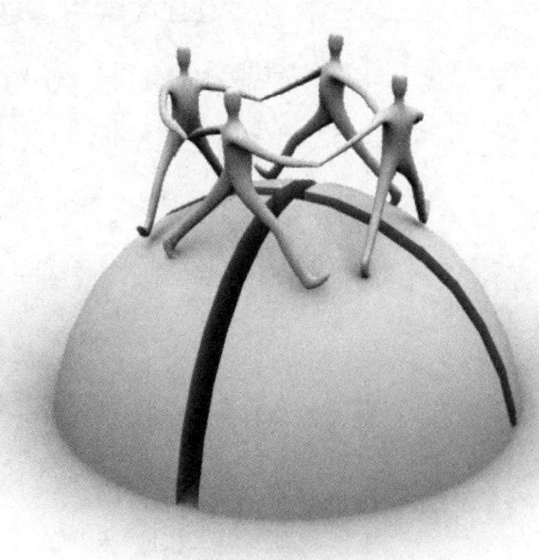

V 인간 장소의 심리학

A place for you Psychology of Religion

"근본적으로 말씀을 드리면 나는 늘 어떤 곳을
찾고 있습니다. 제가 몸담을 곳이라고 할까요!"

Ⅴ.인간장소의 심리학 : 요약하면, 인간은 태어날 때부터 장소를 갖는다. 어린 유아로부터 성장의 단계에서 그가 어떤 장소에서 성장했으며 교육을 받았느냐에 따라 그의 인간성과 인격이 성립된다. 사람은 자기가 태어난 장소와 지내온 장소, 현재에 머무르는 장소와 밀접한 관계가 지어진다. 여기서 고향을 사랑하는 애향심이 생기고 자신의 조국을 사랑하는 진정한 애국심이 생긴다. 우리의 모든 경험, 정서, 감정은 우리의 추억 속에서 장소와 단단하게 연결되어 있다. 우리의 장소는 세계와의 연결이며 우리가 지금까지 살아온 모든 곳은 거대한 창고에 박힌 못들과 같은 것으로 그곳에 우리의 추억이 걸려 있다. 장소란 한 인간을 보여주는 일종의 거울이다.

이사야, 예레미야, 에스겔 시대에 이스라엘 인들의 망명은 추방에 의한 고통의 훌륭한 예를 우리에게 보여주고 있다. 시편과 예언서의 많은 구절에는 망명자의 가슴을 에는 슬픔이 기록되어 있다. 그들은 예루살렘과 성전 그리고 약탈당한 조국에 대한 향수를 노래하고 있다. "내가 쫓아 보내었던 열방과 모든 곳에서 모아 사로 잡혀 떠나게 하던 본 곳으로 돌아오게 하리라"(렘 29:14).

장소(뿌리)상실의 콤플렉스는 언제나 방탕 콤플렉스를 동반한다. 자신의 기질 속에 이같이 무의식적 장애물이 있는 사람은 영속적인 평안과 충족감 그리고 안전하고 안정된 조화도 전혀 경험하지 못하고 한 곳에서 다른 곳으로 또 이 직업에서 저 직업으로, 이 철학에서 저 철학으로 방황을 한다.

성서는 인간을 에덴동산에 위치하게 한다. 그 곳이야 말로 인간을 위한 장소이다. 자연 속에서 하나님과 더불어 다정한 조화를 이루며 살 수 있는 아름답고 평화로운 곳이다. 그곳은 완전한 곳이다. 그러나 그곳에서 인간은 악에게 마음을 열어 주어서 마음의 평화를 상실하였다. 하나님께서는 그들을(아담과 하와) 에덴동산에서 쫓아 내셨다. 그가 하나님의 명령을 어겨 마음속에 불안이 생겨났고, 하나님과 그의 아내, 그의 장소와의 관계를 깨뜨리는 불신이 생겼다. 그래서 그는 잃어버린 행복과 안전을 찾기 위해 쓸데없이 이곳에서 저곳으로 배회하기 시작했다.

장소를 갖는다는 것은 세상의 구체적인 현실 속에 존재한다는 표시이다. 예수그리스도는 하나님의 성육신의 표시이다. 그러므로 예수께서는 모든 인간이 출생지를 가져야 하듯이 출생지가 필요하셨다. 하나님께서는 베들레헴 마구간을 그 장소로 정하셨다. 인간의 장소에 관해서 우리가 발견한 법칙은 변함없는 사실이다 .우리는 떠날 수 있기 위해 먼저 장소를 가져야만 하는 것이다. 마찬가지로 우리는 뛸 수 있기 위해 먼저 지지의 발판을 가져야만 한다. 우리는 도약할 수 있는 발판이나 강한 단단한 받침이 없이는 뛸 수 없는 것이다. 투르니에는 성공적인 도약을 위해서는 강한 지지에서 출발해야 한다고 주장한다. 그러면 결국 진정한 지지는 인간의 존재일 뿐 아니라 기도이며 하나님을 모시는 것이다 고 주장한다.

1. 장소

A place for you psychology of Religion

(1) 당신이 설 곳은 어디인가?

"당신이 설 곳은 어디인가?"이 말은 나와 깊은 우정을 맺었던 한 어린 학생이 한 말이다. 그는 나와 불가에 앉아서 자기가 겪었던 어려움과 또 자기의 마음 속에 남아 있던 불안에 대해서 말하고 있었다. 그때 그는 자기의 생각을 요약이라도 하듯이 나를 올려다보고 이렇게 말했다. "근본적으로 말씀을 드리면 나는 늘 어떤 곳을 찾고 있습니다. 제가 몸담을 곳이라고 할까요!"

아이의 불안 상태는 부모의 이혼과 아버지의 재혼으로 더욱 심화되었다. 그는 아버지와 단절되고 어머니의 번민에 무력한 채 어쩔 줄 몰라 했다. 그는 대학에 진학을 한 후 망설이다 다른 학과를 선택하기로 결심을 하고 시험을 쳤으나 성적이 좋지 못했다. 그는 곧 자신이 학업에 정신 집중을 하지 못한다는 것을 알게 되었다. 상당히 똑똑하고 예민하고 이상적인 젊은이는 이와 같이 완전히 차단된 상태에서 인생을 허비하며 나날을 보냈다.

이것은 신경쇠약의 경우로 강력한 무의식적인 힘으로 그가 가장 귀중하게 여기는 꿈을 이루지 못하게 한다. 그는 대단한 결심을 하지만 그 결심을 실천으로 옮기며 마음대로 자신을 다스릴 의지력이 없다. 매일 아침저녁으로 여러 교회에 가서 기도를 하며 종교에 의지하려 한다. 나 또한 그를 도우려 노력하지만 이 경우에 권유와 충고가 별 소용이 없음을 나는 잘 알고 있다. 필요한 것은 그의 가슴 속 깊이 숨어 있는 부정적인 세력을 없애는 것이다. 그래서 우리는 수많은 고통스런 추억을 찾아내었고 그의 꿈과 심지어 자기 자신도 놀랄 정도의 이상한 행동을 분석했다.

그는 아시스를 방문했을 때 성 프란시스와 친숙하다는 강력한 느낌을 갑자기 갖게 되었고 이제는 만사가 달라지리라 생각했다. 그러나 집으로 돌아와 작은 방에서 책과 씨름을 해보니 아무것도 변한 것이 없다는 것을 알게 되었다. 이상의 세계 즉 그가 상당한 관심을 갖고 있는 철학의 세계와 소위 일상의 세계라 불리는 현실 세계 사이에서 방황을 하는데 그 두 세계간에는 전혀 어떠한 관련도 없는 것이다.

나는 그를 외국인 동료에게 보냈는데 그 동료는 다정하지만 아주 확고한 태도로 그를 맞이했다. "그대는 구름 속을 떠다니고 있어 나뭇가지가 높이 자라려면 그 뿌리가 땅속 깊이 내려져야 하는 법이네(여기서 땅이란 장소를 의미한다는 것을 독자는 알게 될 것이다)." 라고 내 동료는 말했다.

땅. 바로 그곳을 그는 우울한 나날을 보내며 찾고 있었던 것이다. 처음에는 그곳을 교회에서 찾으려 했으나 결코 교회 생활에 젖어들지 못했다. 그래서 교회에 실망하게 되어 과격한 공산주의자로 전향을 했으나 또 다시 실망했을 뿐이다. 그 다음으로 실존주의 그룹, 다음에는 난폭한 깡패 집단과도 관계를 맺었다. 언제나 자기가 몸담을 사회를 찾았으나 매번 실망만 하였고 언제나 소속감을 느끼지 못하고 그림자인 양, 자동 인형인 양, 이 집단에서 저 집단으로 방황을 하였다.

"나는 늘 어떤 곳을 찾고 있습니다."라고 그는 말했다. 그가 찾고 있었으나 찾지 못한 것은 자신이 적응할 수 있는 하나의 실제적인 사회였던 것이다. 그가 그러한 사회를 찾지 못했던 것은 그의 피상적인 실망보다는 자신의 강력한 내적 차단과 더 많은 관계가 있다고 생각한다. 바로 그것을 비 계약 콤플렉스라고 말할 수 있겠다. 우리는 자신을 끊임없이 방황케 하며 성취하고자 하는 사회에 대한 적응의 길을 차단하는 내부적 결정 요인이 있다고 확신하고 있다.

아이들에게는 이상적인 장소가 가정이다. 가정에 적절히 적응하지 못한 아이는 다른 곳을 찾기 위해 이곳 저곳 아무 곳에도 정착하지 못하고 방황하는 생활을 하게 된다. 그의 비극이란 자기의 마음 속에 아무 곳에도 진정한 마음을 주지 못하는 기본적인 무능력을 가지고 있다는 것이다. 건전한 가정에서 화목하게 자랄 수 있었던 아이는 어느 곳에서든지 자신이 환영받고 있다고 생각한다. 후에 이런 아이는 어디를 가든지 별다른 노력을 하지 않아도 자신의 장소를 만들 수 있게 되며, 그에게는 그것이 선택의 문제이지 자신의 장소를 찾는 문제는 아니다. 우리의 모든 경험, 정서, 감정은 우리의 추억 속에서 장소와 단단하게 연결되어 있다. 우리의 장소는 세계와의 연결이며 우리가 지금까지 살아온 모든 곳은 거대한 창고에 박힌 못들과 같은 것으로 그곳에 우리의 추억이 걸려 있다. 그리고 나의 장소는 또한 나라는 사람 속에 혼합시킨 사물로 구성되어 있다. 그렇다. 사람은 장소가 필요하며 자신을 그 장소에 종속시킬 필요가 있다. 시야가 넓을수록 그러한 필요는 크다. 장소란 한 사람을 보여 주는 일종의 거울이다.

(2) 상실

인간은 장소를 필요로 한다. 이 욕구는 인간에게 매우 중요한 것이다. 그러면 그러한 욕구는 어디에서 생기는 것일까? 사실 그것은 생활하고 생존하는 삶 속에서 장소를 갖고자 하는 욕구의 표현이라고 나는 믿고 있다. 삶이란 추상이 아니다. 존재한다는 것은 우리가 권리를 주장할 수 있는 특정한 생활 공간을 점유한다는 것을 의미한다.

이사야, 예레미야, 에스겔 시대에 이스라엘인들의 망명은 추방에 의한 고통의 훌륭한 예를 우리에게 보여 주고 있다. 시편과 예언서의 많은 구절에는 망명자의 가슴을 에이는 슬픔이 기록되어 있다. 그들은 예루살렘과 성전 그리고 약탈당한 조국에 대한 향수를 노래하고 있으면서 여호와께서 도움을 주시려 할 때 그 도움을 얻으리라고 선언하고 있다. "내가 쫓아 보내었던 열방과 모든 곳에서 모아 사로잡혀 떠나게 하던 본곳으로 돌아오게 하리라"(렘 29:14). 그리고 "갇힌 자들의 탄식을 들으시는"(시 102:20). 여호와께 간구하고 있다. 시편과 예언서의 책들은 공통적인 가치를 갖고 있다. 그 책들은 장소에 대한 인간의 애착과 그곳으로부터 떨어져 나온 데 대한 슬픔 그리고 그곳에 대한 끈질긴 희망을 말해 주고 있다.

그러나 피난민 중에서 어떤 사람은 여전히 수동적이고 좌절되어 있는 데 반해, 어느 곳에서든지 새로운 토양에 뿌리를 쉽게 내리는 사람들을 발견하기란 쉬운 일이아니다. 이와 같은 사실은 그들의 운명을 결정하는 가장 중요한 요소가 영원한 압제 혹은 사건 속에 있는 것이 아니라 자신의 기질에 달려 있음을 보여 주는 것이다. 사실상 뿌리가 없다는 것보다 뿌리가 없음에 대한 심리적 콤플렉스에 영향을 받는 것이 더욱 심각한 문제이다. 물론 방랑의 고통을 과소평가 하려는 의도는 없다. 그러나 자신 속에 어떤 새로운 뿌리의 성장을 방해하는 보이지 않는 강력한 요소를 간직하고 있다는 것이 훨씬 더 나쁜 것이다.

건전하고 강하고 단합된 부모는 그들의 자녀에게 별탈 없이 방랑도 견딜 수 있을 만큼 강하게 될 또 그들로 하여금 새로운 환경에 쉽게 적응할 수 있도록 해줄 안정감을 준다. 그러나 반면에 뿌리 상실의 유전적인 콤플렉스가 나타나는 경우도 있는데 그것은 부모들 자신이 어디에서나 평안함을 갖지 못하는 가족의 열등감을 자녀들에게 전해 주는 경우이다.

정말로 심각한 것은 — 너무 자주 그런 경우를 보아왔는데 — 아무것도 얻지 못한 순전히 부정적인 반항의 태도가 그 아무것에도 자신을 맡기지 못하게 하는 가장 이율배반적인 정신적 작용을 한다는 것이다. 영적인 가정에 대한 망상적이고 향수적인 추구와 슬프게도 그러한 가정을 택하지 못하는 무능력으로 특정 지어지는 뿌리 상실의 심리적 콤플렉스가 그와 같은 경우에 해당된다.

뿌리 상실의 콤플렉스는 언제나 방랑 콤플렉스를 동반한다. 자신의 기질 속에 이같이 무의식적 장애물이 있는 사람은 영속적인 평안과 충족감 그리고 완전하고 안정된 조화도 전혀 경험하지 못하고 한 곳에서 다른 곳으로 또 이 직업에서 저 직업으로 이 철학에서 저 철학으로 방황을 한다.

그렇다면 꼭 지켜야 할 약속이라도 있는 듯이 끈질기고 고통스럽게 황망히 번민을 느끼며 달려가는 이 모든 꿈꾸는 자들은 어디로 향하고 있는 것일까? 그들 모두는 그들을 손짓해 부르는 장소, 어두운 미지의 목표를 찾고 있는 것이 아닐까? 루소가 말한 바와 같이 '살 곳' 즉 미지의 목적지를 찾고자 우리는 모두 헤매고 있는 것은 아닐까?

나는 그 장소가 이 세상에 존재하지 않는 진실로 안전함을 느낄 수 있고 실망을 하지 않도록 해주는 완전이라는 곳이라고 믿는다. 그러나 모든 사람의 마음 속에 어쩔 수 없이 내재하고 있는 이 완전에 대한 향수의 의미는 무엇일까? 이것은 천국에 대한 우리의 향수이며, 우리 모두가 찾고 있는 곳은 우리가 잃어버린 천국이다. 온 인류는 소위 말하는 실락원 콤플렉스에 시달리고 있는 것이다.

(3) 성서적 전망

이렇게 해서 우리는 인간에 대한 성서적 견해 즉 현대 용어로 성서적 인류학에 도달하였다. 첫째로 성서는 인간을 에덴동산에 위치하게 한다. 그곳이야말로 인간을 위한 장소이다! 자연 속에서 하나님과 더불어 다정한 조화를 이루며 살 수 있는 아름답고 평화로운 곳이다. 그곳은 완전한 곳이다. 그러나 그곳에서 인간은 악에게 마음을 열어 주었고, 마음의 평화를 상실하였다. 하나님께서는 그들을 에덴동산에서 쫓아내셨다. 하나님의 명령을 어겨 마음 속에 불안이 생겨 났고, 하나님과 그의 아내, 그의 장소와의 관계를 깨뜨리는 불신이 생겼다. 그래서 그는 잃어버린 행복과 안전을 찾기 위해 쓸데없이 이곳에서 저곳으로 배회하기 시작했다.

역사의 행진이 시작되었다. 가인의 아벨 살해와 살인자를 쫓아다니는 후회에서 악은 그 전모를 드러냈다. 하나님은 그에게 "너는 땅에서 피하여 유리하는 자가 되리라."(창 4:12)고 하셨다. 그리고 가인은 도시를 하나 발견한다. 이 이야기는 인간이 정착하여 방랑생활에서 해방되어 잃어버린 안전을 되찾을 수 있는, 자신을 위한 장소를 만들기 위한 시도가 문명이라는 사실을 보여 주고 있다. 문명은 이 시간에도 놀랄 만한 변화를 일으키며 발달하고 있으나 인간을 불안에서 구해 주지는 못하고 있다. 모든 문명은 발생했다 곧 사라진다. 인간은 언제나 새로운 장소를 찾으면서 수세기를 지내 오고 있다.

인간이 장소를 찾는 것은 자신만을 위한 것은 아니다. 인간은 하나님을 위한 장소도 찾고 있다. 인간은 하나님을 자기의 것으로 하고자 한다. 이스라엘 사람들은 많은 곳에서 산재한 각각 다른 수많은 신 대신에 유일신주의를 내세웠다. 그것은 놀랄 만한 영적 혁명이었다. 여호와가 영원하고 우주적인 유일한 하나님으로 등장한다. 그러나 이 우주적인 신은 그들에게는 너무나 크다는 사실이 입증되고 있다. 그들은 장소가 필요하다. 그를 찾을 수 있고 그를 경배할 수 있는 집합소만이라도 그들은 필요한 것이다.

성서의 하나님은 진정한 보편적 하나님이시나 그분은 자신을 인간에게 드러내는 장소를 선택하는 하나님이시다. 그분은 국경이 없이 편재하는 분이고 어떤 특정한 곳에 갇혀 있는 죄수는 더욱 아니지만 어느 곳이나 돌아다니는 비인격적인 분 역시 아니다. 그분은 인간들에게 말을 걸고 그들과 대화를 하기 때문에 시간과 공간을 초월하며, 시간은 순간(카이로스)이 된다. 그와 비슷하게 자신을 노출시킬 장소를 그분은 선정한다. 그리고 보편적인 하나님이시기는 하지만 자신을 국한시키며 인간과 접촉을 갖기 위해 특정한 집회 장소를 선정하신다. 장소를 갖는다는 것은 세상의 구체적인 현실 속에 존재한다는 표시이다. 예수 그리스도는 하나님의 성육신의 표시이다. 그러므로 예수께서는 모든 인간이 출생지를 가져야 하듯이 출생지가 필요했다. 하나님께서는 베들레헴 마구간을 그 장소로 정하셨다. 베들레헴, 골고다! 우리 크리스천들에게 친밀해진 곳들, 전 세계의 크리스천에게 속한 곳들, 다른 곳이 아닌 바로 그곳이어야만 하는가? 하나님께서 선택을 하셨기 때문에 그곳은 보편적 의미를 갖게 되었고, 또한 전능하신 하나님의 자비의 상징이 되었다.

기타 성서의 장소들은 특정하고도 일반적인 두 개의 의미를 갖고 있다. 그곳들은 그곳에서 일어난 역사적 사건들을 상기시키는 한편 영원한 사실의 상징이기도 하다. 애굽은 하나님께서 구속으로부터 인간을 구원해 주시고자 원하는, 노예와 인간을 자유롭게 해 주시고자 예속과 소외를 나타낸 말이다.

(4) 인간의 치료

육체에 대한 거부는 하나님께서 우리에게 주신 있는 그대로의 생을 전반적으로 거부한다는 징후에 불과하다. 실제로 일어나고 있는 것은 인간의 진정한 장소가 상상의 장소 때문에 거부되고 있다는 것이다. 인생을 받아들인다는 것은 우리가 육체를 갖고 있음을 인정하고 우리 자신을 그것과 동일시하고 육체가 우리의 욕망에 주는 제한을 받아들이는 것이다. 육체가 병들고 허약하고 노화되었을 경우에는 더욱 많은 제한을 인정한다.

우리가 육체를 가지고 있다고 그저 받아들이는 것이 아니라, 그

가치를 재발견하고 우리의 인격의 진정한 표현으로 사용하여 그 영적인 중요성을 다시 한번 깨닫는 일이다. 육체는 사랑의 장소이다. 성행위는 우리 감정의 표현일 뿐만 아니라 자신의 숭고한 재능이고 진정한 영적 제약이다.

인간 의학은 인간과 환경의 관계라는 면에서 인간을 고찰한다. 그렇다면 인간은 자신과 타인, 세상과 하나님과의 관계 및 상호 작용에서 관찰되어야 한다. 사회, 세상, 하나님 등은 인간의 외적 장소이며, 육체와 마음, 영혼 등은 내적 장소이다.

하나님께서는 우리를 전체로 창조하셨다. 그분은 우리에게 장소를 주셨고 우리의 육체적, 정신적 삶을 지배하신다. 그러므로 우리의 육체를 승인하는 것은 심리적인 문제라기보다는 영적인 문제이다. 병에 걸린다는 것은 고통을 받고 장애나 징후 등을 나타내고 막연하나마 죽음의 위협을 두려워하는 것만이 아니라 우리 삶의 익숙한 틀에서 격렬하게 분리되어 나오는 것이다. 그것은 우리의 장소를 상실하는 것이다.

아픈 자는 그가 받아들여 자기의 것으로 만들어야 할 새로운 장소가 있다. 이 새로운 미지의 장소는 병의 상태이다. 그러나 진정한 장소를 발견한 환자는 그 어느 곳에서건 자신을 세울 수 있다고 우리는 말할 수 있다. 내가 나의 환자를 위해 아버지의 역할 같은 것을 하는 한 나의 장소는 어느 정도 그의 장소가 되므로 그를 방랑적 콤플렉스에서 해방을 시켜 주게 되는 것이다. 전이관계는 일시적인 것에 불과하다. 우리와 우리의 장소를 통해서 환자는 다시 한번 사회에 부착이 되고 또한 하나님과 교회에 부착이 된다. 그것은 그에게 있어서 가능한 최선의 장소가 된다. 그리고 장소는 추상적인 것이 결코 아니다. 그 장소는 우리의 진찰실, 난롯가, 벽난로, 선반 위의 사진, 그들이 싫어하는 시계, 서가 위의 책, 그들의 생활 속에서 그렇게 중요했던 시간 동안에 친숙해진 온갖 사소한 일의 모든 것이다. 장소가 없는 이들에게 장소를 주자.

2. 두 개의 운동

(1) 두 개의 복음

대중이 보기에 또 심지어는 많은 의사와 신학자들의 눈에도 두 개의 복음이 있는 것은 사실이다. 심리학의 복음과 성경의 복음, 자기 성취의 복음과 자기 부정의 복음, 자기 주장의 복음과 극기의 복음, 성실의 복음, 자비의 복음이 그것이다.

성서적 복음의 진정한 의미는 예수 그리스도에 의한 세상의 구원에 관한 계시이다. 내가 말하고 있는 것은 신학자의 충고와 비교해서 심리학자가 해줄 만한 충고 혹은 심리학자와 신학자가 해준다고 사람들이 생각하는 분명히 서로 모순되는 충고이다.

(2) 두 개의 운동

인간은 계속 새로운 장소를 찾아 떠난다. 장소가 없는 이에게 자신을 귀속시킬 장소를 주거나 이탈에 대한 욕구를 충족시킨다. 이것은 인간의 장소라는 주제가 나로 하여금 다루어야만 했던 곤경을 해결하고 표현할 수 있도록 해준다. 방랑 콤플렉스에서 해방시키기 위해 나는 장소를 찾고 있는 학생에게 장소를 주거나 또는 나 자신이 그의 장소가 되려고 노력하였다. 하나님께서 그의 장소를 버리고 신앙의 방랑자가 되라고 명한 아브라함에 대해 그에게 얘기하지 않으려고 조심했다. 성공적으로 끝난 한 무대는 다음 무대를 위해 길을 마련하고, 한 무대에서의 실패는 다음 무대에 큰 장애가 된다는 것이 인생 법칙의 하나이다.

후에 떠날 수 있기 위해 우리가 먼저 장소를 가져야만 한다는 것은 사실이다. 우리는 떠나기 전에 장소를 먼저 가져야만 한다. 갖고 있는 것만을 우리는 버릴 수 있다. 문제의 물건을 받아 보지도 못한 사람에게 그것으로부터의 이탈을 강요하는 것은 불합리하고 부당한 일이다. 불행하게도 그러한 것이 때로 강요되고 있다.

보통 평범한 사람들에게 있어 그들이 결코 사용하지 못한 자유는 무엇일까? 그것은 신비의 것이 아닐까? 그러므로 두 번째 운동인 무저항이 가치가 있으려면 그것은 적어도 첫 번째 운동인 자기 방어가 선행되어야 한다. 우리 자신을 방어해 보지 못했다면, 자기보존의 본능이 마음대로 하도록 내버려두어 본 적이 없다면, 우리는 우리의 무저항이 용감한 것인지 비겁한 것인지를 알 수 없다.

우리 자신이 관대하다는 것을 보여 주기 전에 우리는 먼저 존재하고, 자신을 방어하고, 성공하고, 우리 자신을 주장해야 한다. 그렇지 않으면 우리는 그저 모든 사람들에게 무자비하게 자신이 잡혀 먹도록 내버려두는 것밖에 안 된다.

"무엇이든지 스스로 빼앗기도록 허용하는 것은 빼앗기고 아무도 그것에 대해 고맙게 생각하지 않는다"(아미엘).

(3) 시기 상조의 체념

무슨 일에나 체념하기 전에 우리는 자신을 주장해야 한다. 우리는 무엇을 원하는가를 알고 그것을 성취해야만 한다. 특히 젊은이들은 포부를 갖고 있다. 곧 인생은 그 젊은이의 포부를 줄이도록 강요할 것이다. 그러나 그전에 먼저 싸워야 한다. 그렇지 않으면 그의 체념은 항복에 불과하고 자신에 대한 배반에 불과한 것이다. 젊은이들은 자기들의 젊음, 단순하고 자신이 있고 청년기의 자유로운 야망을 살려야만 한다. 그들은 너무나도 일찍 어른들의 책임을 짊어져서는 안 된다. 결혼, 직업, 인생, 그 자체는 반드시 체념을 수반한다. 그러나 그것은 젊은이가 자유로운 확장이라는 첫 번째 운동 다음에 있어야 할 두 번째 운동이어야 한다. 사춘기의 자녀들에게 제동을 거는 부모들은 이 두 운동을 혼동한다. 자기 주장은 극기에 선행되어야 한다. 그리고 먼저 자신을 주장하였기 때문에 자신을 거부할 수 있는 사람이 보다 낫다. 하나님은 젊은이들에게는 성장하고 발달하고자 하는 욕구를 주셨다. 어린아이에게 지혜나 기독교의 겸손을 가르친다는 구실로 이 중요한 충동에 제동을 건다는 것은 하나님께서 심어 주신 자연의 리듬을 이해하지 못하는 것이다. 성서에 나오는 사람들은 모두 자신들을 확고히 내세웠다. 자기의 동료들과 심지어는 예언자 하나냐에게 용감하게 맞선 예레미야를 생각해 보라. 그리고 "내가 여기 있나이다. 나를 보내소서."라고 하나님께 대담하게 응답한 이사야를 생각해 보라.

자신을 주장한다는 것은 때때로 자신의 불만과 원한과 반항을 표시함을 뜻한다. 이러한 관점에서 성서가 심리학과 일치되는 것이다. "증오하지 못하는 사람은 사랑도 할 수 없다."라고 노데(C.H Nodet) 박사는 쓰고 있다. 정신분석으로 우리는 사랑과 증오 사이에는 비극적이고 파괴할 수 없는 사슬이 있다는 것을 알게 되었다. 부정을 하지 못하는 사람은 긍정도 하지 못한다. 사랑과 극기를 설교하는 모든 사람들도 그러한 사실을 배워야 한다. 이와 같이 두 번째 운동을 성공적으로 시작할 수 있으려면 우리는 첫 번째 운동을 거쳐야만 한다. 우리가 누군가를 사랑하고 용서하라고 강요하는 데 수반되는 가장 큰 위험은 사랑하고 용서하는 것이다. 하나님께서는 첫 번째 운동과 두 번째 운동을 모두 지배하시며 그 두 운동은 하나님의 계획에 따라 각자의 역할을 한다.

(4) 시기 이른 포기

우리가 전혀 소유하지 않았던 것을 포기한다는 것은 무엇을 의미할까? 한 경건한 젊은 여성이 산속에 있는 수도원에서 며칠을 보내게 되었다. 주위 환경도 장엄했고 분위기는 충만한 신앙심으로 가득 차 있었다. 그녀는 성모 마리아의 상 앞에 무릎을 꿇고 몇 시간이고 경이로운 시간을 보냈다. 그리고 영원히 독신으로 지낼 것을 맹세하기도 했다. 그녀는 맹세를 아무렇게나 하고 만 것이다. 그녀도 알고 있거나 혹은 경험해보지 못한 것에 대해 포기를 하고 만 것이다. 결혼하고자 하는 욕망이 전혀 없을 때 그녀는 결혼을 포기한 것이다. 그 후 얼마 있다가 그녀는 병이 났는데 우리는 병의 원인이 그녀의 독신에 대한 맹세 때문이라고 결론을 내렸다. 즉 두 개의 운동의 순서가 바뀐 것이었다. 그녀의 진정한 포기가 두 번째 운동이었어야 하는데 거기에 첫 번째 운동이 선행되지 않았던 것이다. 이 경우에 첫 번째 운동은 성생활의 실천이 아니라 성욕에 대한 충분한 의식이 있어야 함을 분명히 해 두고자 한다. 참된 포기는 어떤 물건을 포기하는 것이 아니라 그 물건에 대한 욕구를 버리는 것이고, 욕구에 절대적으로 굴복하지 않는 것이다.

결국 자신을 주장하는 것은 자신을 방어하고 남에게 영향을 주는 것만이 아니라, 생각하고 선택하고 인생에 대한 견해를 형성할 수 있는 인간으로서 자신을 주장하는 것이다. 우리는 장소를 포기하기 전에 장소를 가져야만 한다. 우리는 주기 전에 받고, 믿음으로 자신을 포기하기 전에 존재해야만 한다. 우리는 결국 떠나기 위해 장소를 얻고, 내팽개치기 위해 보물을 받고, 남에게 줄 수 있기 위해 개인적 존재를 받아들여야 한다.

첫 번째 운동은 창조이다. 그것은 인격의 창조라는 정신 요법의 의미이다. 두 번째 운동은 비창조이다.

첫 번째 운동은 풍부하게 하는 것이요 소유이며 두 번째 운동은 껍질을 벗고 이탈하는 것이다. 모든 종교는 추종자들이 이러한 극기를 하도록 요구한다. 이렇게 자기 수여가 그들이 말하는 신앙이다.

첫 번째 운동은 언제나 자기 계몽 콤플렉스와 우리가 자라 온 환경으로부터의 해방, 다른 사람에게서의 독립, 즐길 수 있는 능력, 지적 능력, 물질적 소유와 같은 자연의 이치를 얻게 된다. 두 번째 운동은 언제나 악의 이기적 주장, 충족지 못한 욕구, 물질적 부, 심지어는 영적 부와 같이 자연히 우리가 집착하는 혹은 우리를 사로잡는 자연적인 것을 버리는 것이다. 그로 인해 야기되는 심리학적 문제는 우리를 포기하게 할 수 있는 것이 무엇인가를 아는 것이다.

(5) 두 번째 운동

우리는 이제 두 개의 운동에 관한 연구의 마지막 장에 이르렀다. 나는 두 개의 복음에 대한 말을 했는데 심리학이 함축적으로 암시하는 자기 주장의 복음과 기독교의 영혼 구제가 가르치는 극기의 복음이 그것들이다. 많은 환자들과 우리 자신들도 그 둘 사이의 명백한 모순에 당황하고 있다고 나는 말했다.

사려 깊은 사람들은 두 개의 복음에는 나름대로 진리가 있다고 느낀다. 문제는 어떻게 그 둘을 통합시키고 그 상반된 속성을 극복하느냐이다. 오래된 이 문제에 어떻게 하면 보다 더 많은 이치와 빛을 던져 줄 것인가 골몰하게 되었다. 그 결과 한 가지 얻은 것은 장소를 찾고, 우리의 장소를 떠나고, 장소 없는 자들에게 장소를 주며, 이미 갖고 있는 자들이 포기할 수 있도록 도와 준다는 생각이었다. 그러므로 두 개의 계속되고 상호 보완적인 단계가 있는데 우리가 자가 당착과 당황의 종국을 맞지 않으려면 그 두 단계를 조심스럽게 구별해야만 한다. 즉 받을 때가 있고 줄 때가 있는 것이다.

이것은 모든 인생에도 해당이 된다. 좋은 가정 환경에서 자란 아이는 성숙과 심리적인 해방을 얻을 수 있고 또 아주 자연스럽고 자발적으로 이 모든 것들을 이웃에게 전해 줄 수 있도록 하는 사랑과 교육, 보호와 건강을 받을 것이다. 그러나 그가 자신의 안전한 환경을 빼앗겼다면 의사와 심리학자는 그가 가지고 있지 못한 건강, 육체적 힘, 즐길 수 있는 능력, 일하고 자신을 주장하고 투쟁하며 발전할 수 있는 능력을 그에게 주기 위해 모든 노력을 다해야 한다. 그것이 첫 번째 운동이다.

많은 사람들은 자신을 주고자 하는 욕구를 느끼기 때문에 아주 무의식적으로 그리고 자연스럽게 두 번째 운동으로 넘어간다. 그러나 탐욕과 이기심과 자만스런 독립적 태도로 그렇게 하지 않는 사람들이 있다. 모든 종교의 지도자들은 그들에게 삶에 대한 하나

님의 법칙을 상기시키고 그들이 관대와 자기 수여, 극기의 경험을
함께 하도록 도와야만 한다. 그것이 두 번째 운동이다.

둘 중에서 더욱 인간적이고 더욱 결정적인 것은 사랑의 운동인
두 번째 운동이다. 의사로서 우리는 두 번째 운동이 가능하도록 하
기 위하여 환자가 첫 번째 운동을 하도록 도와 준다. 만일 두 번째
운동이 뒤따르지 않는다면 첫 번째 운동이 무슨 소용이 있겠는가?
이것이 우리 의사의 사명이라고 정의할 수 있다.

우리는 우리의 장소를 찾은 후 그곳을 떠나는 교차되는 리듬을
갖는다. 예수께서는 부자에게 그의 재산을 포기하라고 명하셨다.
선생 니고데모는 다시 학생이 되도록 초대를 받았다. 사도 바울은
새로운 성질을 갖는 것에 대해 말을 했으나 먼저 '옛 성질'로 자신
을 확실히 주장하였다(고전 3:9-10). 여기서 강조하고자 하는 것은
두 번째 운동인 그리스도에 대한 자기 포기와 그리스도와 자기의
동일화(갈 2:20)이다.

바울의 주요한 메시지인 은총을 통한 구원의 설교는 율법에의
복종을 통해서 하나님께 더욱 가까이 하려는 열렬한 시도를 나타
내었고 그의 첫 번째 운동은 더욱 결실을 맺을 수 있었다. 그는 한
때 율법을 진지하게 받아들였기 때문에 더욱 확신을 갖고 은총과
율법을 대립시킬 수 있었다.

3. 지지(支持)

(1) 길 한가운데서

　'놓아준다'는 데에 대한 심리적 연구는 아직 끝나지 않았다. 무엇이 한 사람으로 하여금 주저하게 하고 포기하지 못하게 하는지 생각해 보아야겠다. 한 여자가 훌륭한 남자와 정사를 가졌는데 몇 년이나 계속되었고 그녀는 아주 행복하였다. 처음에는 그와 결혼하려고 하였으나 곧 그것이 불가능하다는 것을 깨달았다. 많은 마음의 갈등을 겪은 후 그 관계를 청산해야겠다고 용감하게 결정한 것은 그녀 쪽이었다. 그러나 그녀는 한 묶음의 편지를 보관하고 있었는데 종종 그 편지를 꺼내 읽고 눈물을 흘리곤 했다. 이와 같이 과거에 집착하는 것은 좋지 못한 일이라는 것을 그녀도 잘 알고 있었고 그 편지 뭉치를 '버려야' 한다는 것도 알고 있었다. 그 편지보다 귀중하지 않은 것이라 하더라도 무엇을 포기한다는 것은 결코 쉬운 일이 아니다. 그러면 어째서 '놓아준다'는 것이 그토록 힘든 것인가? 우리 모두가 자유를 갈구함에도 불구하고 우리로 하여금 친숙한 것들에 집착하게 하는 것은 무엇인가? 나는 프로이트 학파가 주장하는 것처럼 우리가 벗어나지 못하는 것은 유아의 구순기(口脣期)와 관계가 있다는 것을 기꺼이 인정하는 바이다. 그러나 이 문제에는 그 이상의 무엇이 있음이 틀림없다.

　근본적으로 그것은 지지의 문제이다. 우리는 지탱할 것이 없이는 살 수 없지만 인생의 흐름 뒤에 남겨 놓은 고통을 참으며 우리의 지지를 놓아 주고 새로운 지지를 움켜잡기 위하여 앞으로 나가는 대신에 뒤로 물러서야만 한다. 그리고 언제나 중간에는 건너야 할 불안의 지역이 있다. 우리의 삶의 환경이 변할 때, 사회의 변화가 빠를 때 우리는 이념과 과거의 관습, 이념과 미래의 관습 사이의 '중간'에 처해 있는 우리를 발견한다. 이러한 상황은 불안으로 가득 차 있다. 더구나 인생은 출생 전의 안전과 천국의 안전, 어머니의 품과 하나님의 품 사이를 '중간'이라고 볼 수 있을 것이다. 실존주의 정신 분석학자들은 이 점을 분명하게 강조하고 있다. 인간은 계속적인 위협 아래 살고 있다. 그러므로 우리는 떠날 수 있기 위해 먼저 장소를 가져야만 한다. 마찬가지로 우리는 뛸 수 있기 위해 먼저 지지를 가져야만 한다. 우리는 도약할 수 있는 발판이나 강한 받침이 없이는 뛸 수 없다. 성공적인 도약을 위해 또 도약하려면 강한 지지에서 출발해야만 한다.

Ⅵ 강자와 약자

A place for you Psychology of Religion

"만일 내게 하나님의 은혜가 없었다면 약한 반응
으로 약함에 굴복하거나 약함을 강함 속에 감추어 두
었을 것이다."

Ⅵ. 강자와 약자 : 요약하면, 종교적 구원은 하나님의 뜻을 재발견하는 데 있다. 하나님의 은혜를 체험하면 약자는 약한 반응의 고통에서 벗어나고 강자는 강한 반응의 악순환을 끊어버린다. 또한 약자는 용기를 회복하고, 강자는 교만을 무너뜨린다. 약자는 인생과 자기 자신, 성적 욕구, 본능과 조화를 이루게 되며, 강자는 양심의 목소리를 듣고, 그 동안 강한 외양 속에 감추어 놓은 자신의 비밀스러운 약점을 인정함으로 새로운 힘을 얻게 된다.

강자와 약자는 모두가 두려움을 느끼며 산다. 강한 자와 약한 자가 따로 있는 것이 아니다. 예수그리스도만이 우리가 외양적 반응 아래 숨기고 있는 불안을 해결해 줄 수 있기 때문에 예수그리스도를 통해 우리의 약함을 받아들일 수 있고 그것을 극복할 수 있다. 또한 자신에게 솔직해지는 것만큼 더 귀한 것은 없다. 나는 자신에 대해 부정적인 태도를 취하는 사람들을 많이 보아 왔다. 성경은 자신을 사랑하는 것에 대해 비난하지 않는다. 다만 자기 몸과 같이 다른 사람을 사랑하라고 요구하고 있을 뿐이다. 그리고 하나님의 창조물로서의 인간의 가치를 주장한다. 이렇게 자신을 존중하는 동시에 자신의 죄를 인정하는 것은 하나님의 은혜를 체험하는 데 선결되는 기본 조건이다. 투르니에는

"죄를 인정하는 사람만이 제대로 예배를 드릴 수 있다"고
했다.

우리는 영적인 관점에서 볼 때, 특히 인간이 느끼는 두려
움은 항상 죄의식과 관계된다는 것을 알 수 있다. 우리가
하나님께 돌아서도록 하기 위해서 하나님이 우리에게 두려
움을 정해 놓으신 것이다. 우리의 두려움 중에서 죄가 되는
것은 날마다 버려야 하지만, 두려움이 주는 자극을 잘 간수
해야 한다. 하나님은 우리가 얼마나 불쌍한 존재인지를 알
게 하시려고 우리의 마음속에 두려움을 심으신 것이다.

사람을 무기력하게 하고 생각을 마비시키는 약한 반응과
는 대조적으로 강한 반응은 동기 유발적인 에너지를 자극
하고, 상상력과 지성이라는 수문을 열어 명석한 심상과 흥
미로운 개념 그리고 적절한 논의를 엄청나게 내보낸다. 약
자에게는 사랑과 신앙이 멀게만 느껴지고 도달 할 수 없는
것처럼 보이지만, 강자에게는 영적인 생활에서도 나름대로
의 반응을 하기 때문에 쉽고 자연스러운 것처럼 보인다. 강
한 반응 중에는 마음에 의심이 있음에도 불구하고 나약하
게 보이는 것이 두려워, 어떻게 해서든 자신의 입장을 고수
하고 싶어 하는 완고함, 고집, 냉혹한 다짐, 비판, 분노, 허
영 등도 있다.

사실 인간의 모든 문명은 거짓된 가치 척도를 제시하여, 강한 사람에게는 긍정적인 가치를 주고 약자에게는 부정적인 가치를 준다. 그리고 나약하거나 감수성이 예민하거나 동정을 사거나 애정이 넘치는 것을 수치스럽게 여긴다. 이렇게 강자를 존경하고 약자를 경멸하는 것이 타당한 것인가? 완전히 현실적인 관점으로만 볼 때 이런 태도는 사회에 유익한 것인가? 인간의 가치는, 삶을 헤쳐 나가고 어려움을 극복하거나 자신을 방어하면서 자신의 뜻을 다른 사람에게 강요하는 기질이나 힘에 좌우하는가? 이 질문들이 우리의 마음속에 늘 떠나지 않는다. 인간의 진정한 가치는 하나님을 닮았다는 것에 있다. 인간의 생각, 감정, 행동은 어느 정도는 하나님의 영감과, 어느 정도는 하나님의 사고, 의지, 행동을 표현하기 때문에 가치를 갖는다.

우리가 태어날 때 이미 주어졌고, 우리가 살아 있는 한 줄곧 우리를 따라 다닐 강한 반응과 약한 반응, 이 선천적인 경향에 대하여 싸우는 것이 인간의 의무라고 투르니에는 말한다. 나아가서 투르니에는 오직 성육하신 하나님인 예수 그리스도만이 완전한 인간이며, 동시에 우리가 강한 반응, 혹은 약한 반응이라는 이름으로 설명한 반사작용으로부터 완전히 해방된 분이다 고 주장한다. 예수그리스도는 항상 성령의 인도를 받으시기 때문에 언제나 자유하신 분이다. 그럼에도 불구하고 그는 우리의 약함과 강함을 공유하신다. 그분이 우리 속에 살아 계시는 한, 우리는 약한 반응에서 해방되는 동시에 우리 자신의 약함을 더욱 잘 알게 된다. 또한 우리는 강한 반응에서 구원을 얻음과 동시에 그분으로부터 무엇과도 비교할 수 없는 힘을 얻는다고 말한다.

1. 인간에 대하여

(1) 외양과 실제

어떤 상황이든지 두 사람이 대면하게 되면 일종의 힘의 균형이 형성된다. 인간 관계에서 힘의 저울을 이쪽 혹은 저쪽으로 기울게 하는 데에는 헤아릴 수 없이 많은 요소가 미묘하게 얽혀 있다. 우리는 모두 사람을 강자와 약자 두 부류로 나누는 버릇이 있다. 약자는 패배에 패배를 거듭하면서 더욱 약해지고, 강자는 승리에 승리를 거듭하면서 더욱 강해진다. 그래서 사람들은 누구는 성공할 운명을, 누구는 실패할 운명을 타고났으며 이것은 불가피하다고 결론을 내려버린다. 그렇다면 진실로 강자와 약자라는 두 부류의 사람들이 존재한다고 말할 수 있겠는가?

강자와 약자의 문제는 우리 사회의 전반적인 문제와 관련되어 있다. 약함이 패배의식을 조장한다면, 강함 역시 악순환을 초래하게 된다. 다시 말해 강자는 더욱 비참한 패배로 인해 고통 당할지 모른다는 두려움 때문에 자꾸만 더 강해지게 된다. 그리고 이러한 힘의 경쟁으로 인해 온 인류는 결국 파멸에 이르고야 말 것이다. 나는 약자의 절망과 강자의 불안 그리고 이 두 부류의 불행 이면에는 거대한 착각이 있다고 믿는다. 거대한 착각이란 바로 인류에게는 강자와 약자, 두 부류가 따로 있다는 것이다. 사실 인간들은 자신들이 생각하는 것보다 훨씬 더 서로 비슷하다. 차이가 있다면 강하거나 약하거나 하는 외부적 반응이 다를 뿐이다. 외적인 가면 즉 외부적 반응은 약자뿐 아니라 강자를 포함한 모든 사람을 기만한다. 인간은 동일한 내면의 고통에 대해 서로 상반되는 반응을 보인다. 곧 강한 반응과 약한 반응이다. 강한 반응이란 자신의 약점을 가리기 위해 자신 있고 적극적인 모습을 띠며 자신의 두려움을 덮기 위해 다른 사람의 두려움을 자극하고 자신의 나쁜 면을 감추기 위해 좋은 면을 과시하는 것을 말한다. 반면 약한 반응은 너무나 당황한 나머지 자신이 감추고 싶어하는 바로 그 약점을 드러내는 것을 말한다. 강한 반응과 약한 반응은 외양적으로는 차이가 있어 보이지만 서로 밀접하게 연관되어 있다. 이 두 반응은 인간 누구나 가지고 있는 근본적으로 동일한 고통에 대한 표현이다. 그리고 작용하는 기제는 다르지만 초래하는 결과는 같다. 그 결과란 약자가 짓눌리면서 전반적인 갈등 상태가 시작되어 결국은 강자도 자기가 쌓아 올린 그 폐허더미에 깔려 짓눌리고 마는 것이다. 신경증, 수치심, 열등감, 자신감 부족, 신경 과민, 병적인 죄책감, 정서 불안, 강박 관념, 공포심, 기능성 장애, 우유 부단, 우울증 등은 약한 반응의 표현이다. 강한 반응의 결과는 사회 정치적 갈등, 사회의 불의, 폭력, 편협, 비방, 앙갚음, 잔인함, 전쟁 등임에 분명하다.

나는 인간의 의학적·사회적 문제와 도덕적·영적 문제는 서로 연결되어 있다고 생각한다. 지금까지 살펴본 강한 반응과 약한 반응은 두 가지 정반대 상황, 곧 왕성한 본능에 따라 살기 위해 스스로의 양심과 감정을 묵살하는 것과 본능을 억제하고 다른 사람들이 자신을 억압하도록 내버려두는 것을 말한다. 서로 극단적인 위치에 있는 이 두 가지 상황은 극단적이 되면 병리적이기 때문에 인격의 조화를 파괴하기도 한다. 그러나 강한 반응이건 약한 반응이건 어느 한쪽 극단을 통해 문제를 해결하려고 하거나 아니면 둘 사이의 타협점을 찾아서 해결하려는 방법은 정작 인간에게 필요한 깊은 치유는 하지 못한다. 진정한 내적 치유는 심리학 수준에서가 아니라 영적인 영역에서 이루어진다. 하나님은 우리에게 도덕적인 양심을 주셨을 뿐 아니라 본능도 주셨다. 그렇기 때문에 도덕적 양심과 본능은 절대 파괴할 수 없으며 오직 하나님께 순종할 때만 조화를 이루게 된다. 심리적인 구원은 약자의 진영에서 강자의 진영으로 옮겨가는 것이지만 종교적인 구원은 하나님의 뜻을 재발견하는 데 있다. 삶의 본능과 도덕적 양심은 하나님이 의도하신 인간성 안에서만 제대로 기능할 수 있다. 인간과 사회가 건강할 수 있는 길은 하나님의 은혜를 진정으로 체험하는 것임을 많은 경우에서 볼 수 있다. 그러한 체험을 통해서 약자는 약한 반응의 고통에서 벗어나고, 강자는 강한 반응의 악순환을 끊어 버린다. 또한 약자는 용기를 회복하고 강자는 교만을 무너뜨린다. 그렇기 때문에 모든 사회적인 관계에서는 다음 세 가지 태도가 가능하다. 상대방에게 영향을 주는 모든 시도를 거부하면서 수동적으로 순응하는 약한 반응, 거칠거나 부드러운 방법으로 다른 사람을 억압하고 자기 뜻대로 하려는 강한 반응 그리고 하나님이 주도하시는 방법으로서 이 두 의지가 자신의 한계를 분명히 인식하고 하나님의 의지에 순복하여 조화를 이루는 것이다.

(2) 좌절

이제 우리는 상당히 많은 사람을 억압하는 '높은 신분에 따르는 도덕적 의무(noblesse oblige)' 라는 개념에 이르렀다. 이것은 사회적 형식주의(social formalism)와 '남들이 뭐라고 말할까' 라는 의식에 대한 최고의 표현이다. 도덕적으로나 사회적으로 많은 존경을 받는 사람의 자녀들은 비슷한 의무감에 짓눌린다. 부모를 부끄러워하는 아이들은 모든 약한 반응의 올가미에 빠진다. 약한 반응은 정상적인 가정 밖에서 자란 아이들에게도 나타난다. 여기에는 자아감 상실이라는 매우 중요한 현상이 나타난다고 생각한다. 우리는 모두 자신이 되려는 본능적인 욕구를 가지고 있다. 그러나 우리 자신이 흔들리면 항상 상처를 입는다. 이 모든 것은 사실이다. 그러나 문제는 훨씬 더 깊은 곳에 있다. 그것은 우리 시대의 영적인 퇴보와 밀접한 관계가 있는 것 같다. 현대인들에게는 일종의 부

정적인 생각과 환멸이 있어서 어린아이 속에서 즐겁게 용솟음치는
삶을 짓누르게 된다. 오늘날 신경증 환자들이 상당수 존재하며 환
자 중 상당히 많은 수가 약한 반응의 노예가 된 이유는 아이들을
순진한 착각에서 벗어나게 하려는 파괴적인 작업에서 건강치 못한
기쁨을 느끼는 많은 어른의 냉소적인 영향력 때문임이 분명하다.
성경은 자신을 사랑하는 것에 대해 비난하지 않는다. 다만 자기 몸
과 같이 다른 사람들을 사랑하라고 요구하고 있을 뿐이다. 그리고
하나님의 창조물로서의 인간의 가치를 주장한다. 이렇게 자신을
존중하는 동시에 자신의 죄를 인정하는 것은 하나님의 은혜를 체
험하는 데 선결되는 기본 조건이다.

　　교육이 열매를 맺기 위해서는 아이들을 존중하는 정신으로 활성
화되어야 한다. 교육은 아이들이 자신의 본성 이면에 존재하는 부
패한 것들에 눈뜨도록 해주어야 하지만 또한 아이가 자신의 재능
을 인식하도록 도와 줌으로써 아이를 격려해야 한다.

(3) 두려움

　　아이가 부모의 싸움에 놀랐다든지 혹은 부모나 교사의 오해를
받아 학대를 받았든지, 제한이 많은 분위기에서 양육되었거나 걱
정이 많은 부모가 두려움을 심어 주어서 자신감이 부족하게 되었
든지 간에 아이가 약한 반응을 보이는 근본적인 원인은 두려움이
다. 두려움은 암시의 촉매제다. 그리고 어떤 암시는 아무리 지적이

고 용기 있는 사람이라 하더라도 그 마음 속에 고치기 힘들고 얼토 당토않은 두려움을 심어 준다. 두려움은 뚜렷한 대상도 없이 보이지 않는 적에 대항해 승산 없는 싸움을 하기 때문에 계속되는 막연한 불안에서부터, 의식적이건 무의식적이건 생각이 꼬리에 꼬리를 물고 이어지면서 생기는 좀더 구체적인 두려움까지 그 범위가 아주 다양하다. 모든 두려움은 '두려움을 두려워하는' 상태까지 몰고 간다. 이 두려움은 정신을 혼란스럽게 하여 두려움에 대한 저항 능력과 상식적으로 사고하는 능력을 잃을 때까지 눈덩이처럼 불어난다.

가장 해롭고 유치한 두려움은 바로 성(性)의 영역에서 나타난다. 성에 관한 모든 문제를 감추도록 만드는 신비스럽고 수치스러운 분위기는 비도덕적 사람들이 하는 저속한 농담이나 냉소적인 사람들이 던지는 이중 의미 또는 본능의 충동에 복종하라고 부추기는 심리학자들의 충고만큼이나 해로운 것이다.

자위 행위, 성교 불능, 성도착 등 모든 종류의 성적인 문제가 시작될 때 자기 암시가 중요한 역할을 한다는 것은 틀린 말이 아니다. 자기 암시는 두려움 속에서 성장을 위한 비옥한 토대를 마련하고 성적인 문제들을 이야기하는 것에 대한 두려움 때문에 생기는 도덕적 고립감 속에서 무성하게 자란다.

정상적이건 변태적이건 모든 사람이 죄를 저지른다. 그러므로 모든 사람은 양심과 진정한 회개로 동일한 찔림을 받아 하나님의 은혜의 능력을 경험하여 참으로 자유케 된다. 그러나 환자의 부도덕성이 아니라 환자에게 책임이 없는 성도착에서 나온 잘못된 죄의식은 절망, 두려움, 도덕적 비하의 원인이 될 뿐이다. 성도착의 형태로 괴로워하는 사람에게 그 고통은 스스로 생각하는 것보다 훨씬 더 보편적이라는 말만 해줘도 그에게는 상당한 위안이 된다. 진정한 죄의식을 통해 나타나는 건전한 감정은 치명적이다. 전자는 두려움에서 벗어나게 하지만 후자는 두려움을 가중시킬 뿐이다.

교회는 성에 대한 두려움을 만연시킨다는 비난을 받고 있으며 우리는 그 사실을 인정해야 한다. 거룩한 것(여기서는 성을 말함)을 두려워하게 만들면 사람들은 그 두려움 때문에 하나님을 멀리하게 된다. 이 때문에 상당수의 젊은이는 위기에 빠지고 성적인 유혹과 싸워야 한다. 기독교의 입장은 간단하다. 그리스도인들은 하나님이 자기 속에 심어 놓으신 본능을 귀하게 여기기 때문에 본능을 함부로 사용하여 그것을 모독하지 않도록 신중을 기한다. 우리 그리스도인이 성을 하나님의 뜻대로 사용하기를 원하는 이유는 엄밀히 말해 우리 그리스도인이 성에 대해 긍정적인 태도를 가지고 있고 그것을 하나님이 걸작품으로 보기 때문이다. 그러므로 우리는 사람들이 성에 대한 잘못된 두려움에서 벗어나도록 도와야 한다. 그러나 역설적으로 사람들을 성에 대한 잘못된 두려움에서 벗어나게 하기 위해서는 진정한 두려움 곧 무분별하게 성생활을 하는 것에 대한 두려움을 받아들이도록 도와야 한다. 이것은 매우 중요하기 때문에 독자들은 주의를 집중하기 바란다. 욕망이 없는 삶은 없다. 그리고 두려움이 없는 삶도 없다. 그 누구도 자기가 원하는 것을 성취하지 못할 것이라는 두려움 없이 무엇인가를 바랄 수는 없다. 두려움이란 인간의 본성의 일부분이기 때문에 정상적이고 보편적이며 건강한 것이다.

우리가 살피고 있는 강한 반응은 그 뒤에 있는 두려움을 숨기고자 하는 하나의 영사막이다. 두려움은 약한 반응을 일으키는 원인과 강한 반응을 일으키는 원인이다. 두려움에서 해방되기 위해서는 자기의 결점을 고백하는 것이 반드시 필요하다. 그러므로 영적인 관점에서 볼 때 특히 인간이 느끼는 두려움은 항상 죄의식과 관계된다는 것을 알 수 있다. 우리는 사람을 영적인 관점에서 바라볼 수 있는 것처럼 기술적이고 심리학적인 관점에서도 바라볼 수 있어야 한다. 이것은 서로 모순되지 않는다. 사실 기술적이고 심리학적인 관점은 우리로 하여금 잘못된 판단을 내려 섣부른 결정을 내리지 않도록 도와 준다. 자신의 두려움을 인식하고 정면으로 바라본다는 것은 무서운 일이지만 그것만이 두려움을 막을 수 있는 유일한 방법이다. 두려움을 인정하는 것은 자신에게 솔직해지고 영적인 성장과 창조적인 노력을 기울이는 데 없어서는 안 될 요소이다. 두려움 없이는 어떠한 노력도 효과를 발하지 못한다. 두려움 없는 유토피아적인 삶의 개념을 거부하고 우리 인간의 상황 즉 있는 그대로의 두려움을 받아들이는 것은 단순한 체념이 아니다. 이것은 두려움을 하나님의 복으로 받아들이고 인류를 위한 하나님의 목적을 이루는 데 있어서 두려움의 역할을 인식하는 것이다. 두려움은 본능이기 때문에 누구에게나 있는 것이다. 두려움은 자기 보존 본능의 도구다. 두려움은 하나님의 뜻이기 때문에 중요하며 모든 인생 과정의 자원이다. 두려움은 전 문명의 원동력이기도 하다. 이 두려움은 모든 새로운 것에 대한 두려움으로서 개인 생활과 사회 생활은 안정과 습관의 틀을 얻게 된다.

나는 이제 사랑이 일깨우는 신비스러운 두려움을 경험하지 않고는 어떠한 사람도 사랑할 수 없다는 것을 말하고자 한다. 만일 사랑에 두려움과 그 두려움을 극복한 승리가 빠진다면 그것은 더 이상 사랑일 수 없다. 모든 시적인 감정은 사랑과 아름다움의 대가인 이러한 두려움의 공명(共鳴)에서 출발하기 때문이다.

예수 그리스도께서 말씀하신 좁은 문으로의 두려움을 떠나서는 하나님을 찾을 수 없다. 은혜는 자신의 강함을 자랑하는 사람이 아니라 자신의 약점을 인정하는 사람에게 약속되어 있다. 인간의 마음에 대한 현실적인 지식을 담은 성경은 "두려워 말라."는 말을 365번이나 거듭하고 있다. 성경은 또한 '하나님을 두려워하는 것'이 지혜의 근본이라고 말하고 있다. 하나님, 그 두려움에 할당된 역할을 우리가 삶 속에서 다하느냐 다하지 못하느냐에 따라 유익하기도 하고 해롭기도 하다. 성경적 관점은 약자의 진영에서 강자의 진영으로 옮겨가야 한다는 것이 아니라 우리 자신의 약함을 인정해야 한다는 것이다. 우리가 우리의 두려움을 부끄러워하면 이 부끄러움은 두려움을 더욱 굳게 하고 결국 두려움은 해가 된다. 그리스도인이라고 두려움에서 벗어나 있는 것은 아니다. 하지만 그 두려움을 하나님께로 가져가야 한다. 신앙은 두려움을 억압하지 않는다. 신앙이 하는 일은 두려움에도 불구하고 앞으로 나아가게 하는 것이다. 우리는 하나님의 임재 안에서 두려움 없는 금욕적이고 유토피아적인 삶을 포기해야 한다. 그것은 너무나 많은 억압과 너무나 많은 거짓말의 원천이기 때문이다. 우리는 우리 하나님과 함께 두려움을 정면으로 바라보고 그것을 고백하여 두려움 속에 있는 신성한 것이 열매맺도록 해야 할 것이다. 우리가 하나님께 돌아서도록 하기 위해서 하나님이 우리에게 두려움을 정해 놓으셨다. 하나님은 우리가 얼마나 불쌍한 존재인지를 알게 하시려고 우리의 마음 속에 두려움을 심으신 것이다.

2. 인간의 반응

(1) 약한 반응

약자가 사로잡히는 악순환은 소위 서투름 때문에 생긴다. 이들은 오랫동안 자신의 존재를 드러내지 않다가 갑자기 자신을 주장하고 싶어한다. 하지만 잘못된 방법으로 한다. 약자는 아무도 자기 말을 듣지 않을 것이라는 두려움에 빠져서 자신의 주장을 어리석게 과장하기 때문에 퉁명스럽게 "바보 같은 소리하지 마."라는 말을 듣는 것으로 대화가 끝나 버린다. 약자는 자신의 어려움에 대해 상당히 많은 말을 하기 때문에 사람들은 그에게 양심의 가책쯤에 불과한 것을 심각한 실수로 생각하게 하여 약자들을 외톨이로 만든다. 약자들은 모든 일을 항상 주저하며 하기 때문에 실패도 많다. 이처럼 불행한 영혼들은 비난과 잔소리, 권고와 부당한 징계에 항상 시달린다. 교사와 사회 전체로부터 심한 비난을 받는 행동의 대부분은 면밀히 검토해 보면 해결되지 않은 문제에 대한 약한 반응으로 설명할 수 있다. 그러나 중요한 사실은 그들은 마음 속으로 모든 사람이 똑같지만, 강자는 그들의 결점을 숨길 수 있는 반면에 약자는 이러한 마음의 병을 자신이 보이는 반응 속에서 은연중 드러내기 때문에 비난받는다는 것을 직관적으로 인식하고 있다는 것이다.

약한 반응과 비판의 괴로운 악순환의 '신경전'이라는 형태를 취하는데 이는 그들이 두려워하는 악을 자초하게 만든다. 의사의 눈에는 이런 사람들의 행동이 숨어 있는 어떤 똑똑한 힘의 인도를 받는 것처럼 보이기 때문에 이것을 자학증 또는 내면의 정당성(inner justice)이라고 말한다. 이때 의사들은 그들에게 강자의 방법을 선택하라고 말하고 싶은 유혹에 빠진다. 다시 말해 강자의 방법이란 약자들이 자신에 대하여 끊임없이 사용하는 날카로운 무기를 다른 사람에게 사용하거나, 자신을 방어하거나 또는 억누르고 있는 공격성 혹은 자학성 속에 숨어 있는 가학성을 사용하는 것이다. 이 방법은 성공적일 때도 있지만 때때로 예민한 사람들은 그가 겨냥하고 있는 대상보다는 오히려 자신이 상처를 받는다. 그래서 또 다른 해결책이 필요하다. 이것이 신앙이라는 훨씬 더 심오한 해결책이다.

약자는 자신이 저지른 실수나 끊임없이 고집 부린 것에 대해 비난받지 않는 상태로 자신을 괴롭히는 모든 짐을 벗어버려야 한다. 약자는 또 다른 이유로 마음 속에 있는 것을 모두 털어놓아야 한다. 두려움은 이미 말한 대로 끊임없이 연결된 고리처럼 계속해서 연결되어 있다. 가장 확실하게 두려움을 표현해야만 조금씩 마음 속 깊은 곳으로 들어가면서 그다지 의식하지 않았지만 훨씬 더 억압된 두려움을 발견하게 된다. 이들이 마음 속의 두려움을 표현할 용기를 얻기 위해서는 더욱 깊은 이해와 확신이 필요하다. 이런 방법으로 연결된 고리를 거슬러 올라가다 보면 자신의 삶 속에서 엄청난 작용을 하고 있었다는 사실을 발견하고 자기 스스로 신앙의 문제로 들어서게 된다.

(2) 강한 반응

강한 반응의 가장 흔한 형태는 비판이다. 그 비판이 아무리 정당한 것이라 해도 비판하는 마음이 들 때는 그 이유가 상처받은 자존심 때문이거나 비판하는 상대에 관해 자신의 깨끗하지 못한 양심을 감추기 위해서라는 것을 금방 깨닫게 된다. 강한 반응 중에는 마음에 의심이 있음에도 불구하고 나약하게 보이는 것이 두려워 어떻게 해서든 자신의 입장을 고수하고 싶어하는 완고함, 고집, 냉혹한 다짐 등도 있다. 사실 모든 강한 반응은 성공을 절대적인 목적으로 삼는다. 그러므로 성공을 이루기 위해서는 자신이 신체적으로, 정신적으로, 지적으로, 심지어는 영적으로까지 강하다는 것을 보여 주어야 한다. 강한 반응에는 허영이 드러내는 모든 현상도 있다. 강한 반응은 분노로 나타나기도 한다.

이제 성경적인 용어를 사용하여 소위 '의인'의 반응이라는 강한 반응을 살펴보자. 이들은 신실한 사람들이지만 진정한 인간 관계는 불가능하다. 그리고 이들은 약자가 회심하고자 할 때 그들을 억압한다. 약자는 자신의 약점을 뼈저리게 의식하며 자신이 나약하기 때문에 완전하라는 요구가 마음 깊이 박힌다. 그러나 겉으로만 보이는 미덕은 위험하다. 이것은 인간을 자유롭게 해주기보다는 억압하고, 이로써 인간은 계속해서 명성의 노예가 된다. 누구는 약하게 반응하고 누구는 강하게 반응한다 해도 그 둘 사이의 우열은 존재하지 않는다. 중요한 것은 우리가 누구의 노예도 되어서는 안되고, 성령을 통해 자유함을 얻어야 한다는 것이다.

우리는 우리의 상상 이상으로 파산한 상태이며 대변란에 기입해야 한다고 생각했던 것이 사실은 차변란에 기입해야 할 것들이고, 심지어 우리의 강한 반응 속에 약함을 숨기고 있다는 사실을 인식할 때 가장 풍성한 체험을 하게 된다. 그럴 때 우리는 자신을 내면의 불안으로부터 구원해 내기 위해 감행했던 모든 무익한 시도 즉 사회적 투쟁에서 승리하거나 우리가 쌓은 명성으로 위로를 받고 그 명성을 굳건히 하기 위해 행했던 모든 시도를 단념하게 된다. 그리고는 마침내 인간의 고통에 대한 단 하나의 진실한 해답이신 하나님께로 돌아서게 된다.

바로 하나님께 기도하는 것이 우리의 삶에서 진정한 의지적 행동과 단순한 자동적 반응을 구별하는 통찰력을 얻는 유일한 방법이다. "어떻게 그것을 얻느냐?" 바로 믿음을 가지고 나아가야 한다. 하나님 앞에서의 조용한 묵상을 통해, 어떠한 행동과 말이 하나님의 뜻에 어긋나며 그 행동과 말이 비겁하게 도망하는 약한 반응인지 교만하게 허세 부리는 강한 반응인지 그리고 각각의 경우에서 어느 반응이 우리를 불안한 양심에서 벗어나게 해주는지를 알게 된다. 이와 같이 하나님 앞에서 침묵할 때 점점 자신을 알게 된다. 우리의 나약함과 죄는 무엇이고 그것들을 극복하기 위해 따라야 할 완전히 새로운 길은 무엇인지를 더욱 분명히 알게 된다. 그리고 사람들의 칭찬을 얻기 위해 그 나약함과 죄를 숨길 것이 아니라 하나님의 용서를 얻기 위해 그것들을 고백해야 한다. 약한 반응이건 강한 반응이건 기도를 한다고 해서 이러한 본성적인 반응에서 벗어나는 것은 아니다. 하지만 기도를 통해 그것들을 있는 그대로 인정하게 되고 그렇게 해서 하나님의 은혜를 계속 체험하게 될 것이다.

(3) 상호 반응

우리 시대는 진보와 힘의 사다리를 끊임없이 올라가면서 인간 존중, 약자 보호, 은혜, 기독교 정신이 고백한 하나님의 구원의 필요성을, 국가 숭배, 권력 숭앙, 삶의 전투에서 약자 억압하기 그리고 인간의 위대함에 대한 확신으로 바꾸었다. 바로 이 때문에 오늘날 강자와 약자의 문제가 매우 심각해진 것이다. 우리는 강자에게 아첨하고 약자를 무시하는 거짓된 철학 속에 살고 있다. 즉 구원이 약자에 대한 강자의 승리에 달려 있는 것처럼 가장하고 인간의 심각한 고통을 부인하며 강자에게는 위험스러운 강한 반응을 더욱 부추기고 약자에게는 치명적인 약한 반응에 더욱 빠져들도록 만드는 잘못된 철학 속에 살고 있는 것이다. 이렇게 강자를 존경하고 약자를 경멸하는 것이 타당한 것인가? 완전히 현실적인 관점으로만 볼 때 이런 태도는 사회에 유익한 것인가?

인간의 진정한 가치는 삶을 헤쳐 나가고 어려움을 극복하거나 자신을 방어하면서 자신의 뜻을 다른 사람에게 강요하는 기질이나 힘에 좌우하는가? 인간의 가치는 하나님을 닮았다는 것에 있다. 인간의 행동, 감정, 생각은 어느 정도는 하나님의 영감과, 어느 정도는 하나님의 사고, 의지, 행동을 표현하기 때문에 가치를 지닌다. 그러나 사실 인간의 모든 문명은 거짓된 가치 척도를 제시하여 강한 사람에게는 긍정적인 가치를 주고 약자에게는 부정적인 가치를 준다. 그리고 나약하거나 감수성이 예민하거나 동정을 사거나 애정이 넘치는 것을 수치스럽게 여긴다.

내가 여기서 주장하고 싶은 것은 인간의 고귀함이 그들 자신의 강함이나 약함에서 비롯되는 것이 아니라 그것을 하나님을 섬기기 위해 사용하는 데서 비롯된다는 것과 강함과 약함은 단지 자연적인 형상이기 때문에 모든 자연적 현상과 같이 공평하다는 것이다. 하지만 이들 역시 나름대로의 위험 요소와 특권, 선 또는 악에 대한 잠재력을 가지고 있다. 문제는 이러한 자연적인 차이가 사람들을 구분하고 그들 사이를 갈라놓은 원인이 된다는 것이다. 인간을 알기 위해서는 외양의 겉모습 뒤에 있는 참 모습을 발견해야 한다. 사람들은 상대를 향한 갈망과 저항 사이에서 끊임없이 분열되어 강하지도 약하지도 않거나, 동시에 강하고 약하다는 사실을 발견해야 한다. 인격 의학, 인격 교육, 인격 정치, 이 모두는 외양을 초월하여 인간과 인간 사이의 진정한 관계 회복을 수반한다. 오직 우리는 하나님 앞에서만 우리가 얼마나 불쌍한 존재인지를 깨달을 수 있고, 우리 자신이 모든 사람과 진정한 형제라는 사실을 이해할 수 있게 된다. 그럴 때 우리는 날마다 하나님의 은혜를 간구해야 하기 때문에 다른 사람들이 가장 필요로 하는 도움을 줄 수가 있다. 만일 내게 하나님의 은혜가 없었다면 약한 반응으로 약함에 굴복하거나 약함을 강한 반응 속에 감추어 두었을 것이다. 그러나 두 가지 경우 모두 진실된 삶을 살게 하지 못한다. 삶이란 행동하는 것이지 반응하는 것이 아니기 때문이다. 그리고 확고한 신념에서 자유롭게 행동해야지 복종이나 반항하는 마음으로 행동해서는 안 된다.

강자의 낙관주의는 약자의 비관주의만큼 집요하다. 그러나 둘 다 거짓된 것이다. 영적인 관점은 낙관적이지도 비관적이지도 않다. 세상을 있는 그대로 보고 사람이 강하건 약하건 흑백이 동시에 칠

해져 있는 것으로 본다. 그리고 우리는 갑자기 강해지거나 약해지기도 하고 강함과 약함이 동시에 나타나기도 하기 때문에 은혜 역시 갑자기 그리고 동시에 우리의 사악함을 일깨워 주고 우리를 절망에서 구해 준다. 다시 말해 하나님의 은혜는 우리를 파괴하기도 하고 다시 회복시키기도 한다. 세상이 생각하는 것처럼 한편에는 약자가, 다른 한편에는 강자가 있는 것이 아니다. 한편에서는 자신의 약점을 인식하고 심리적 보상은 모두 무익하다는 사실을 알고 결국 하나님의 은혜만 의지하는 약자가 있고 다른 한편에는 자신의 강한 믿음, 자신의 이론, 성공, 미덕을 믿는 약자가 있을 뿐이다.

3. 심리학과 신앙

(1) 심리적인 힘과 영적인 힘

지금까지 이 책에서 살펴본 모든 사항을 통해 인간의 행동 속에서 두 가지 관점을 뚜렷이 구분할 수 있게 되었다. 그것은 자연적인 측면과 초자연적인 측면으로서 다시 말해 생물학적, 정신적인 관점과 영적인 관점이다. 이 관점들은 서로 뒤섞여 있는 것도, 서로 상반되는 것도 아니다. 이 둘의 차이를 인식하지 못하면 우리 자신은 물론 인간 본성에 대해 가장 나쁜 환상을 가지게 된다.

두려움과 불안과 죄의식에는 심오한 도덕적 · 영적 수준과 표면적·심리적 수준이라는 두 가지 수준이 있다. 사실 이 둘은 서로 영향을 주고받는 것들이다. 심리적 반응의 수준에서 사람들은 자신이 느끼는 두려움을 강한 사람에게는 없는 나약함이라고 생각하여 부끄러워한다. 그러나 사실 나약함의 책임은 자기에게 있는 것이 아니다. 또 감정으로 인해 다른 사람들과의 관계에도 문제가 생기기 때문에 이러한 수치심은 해로운 것이다. 그리고 도덕적·영적 수준에서는 모든 책임이 자기에게 있다고 느끼고 또한 그렇게 알고 있기 때문에 수치심은 더욱 커진다. 그러나 이 수치심은 죄인인 모든 사람이 느끼는 것이기 때문에 유익한 것이다. 사람이 자기 속에서 발견하는 나약함은 인간의 보편적인 나약함이기 때문에 이러한 감정을 경험하면 다른 모든 인류와 굳게 결속된다.

(2) 진정한 힘

우리는 인간의 삶이 동시에 얽혀져서 영위되고 있는 두 종류의 차원이 대치하는 현상의 종착역에 이르게 되었다. 이들 각자의 힘은 서로 다른 근원에서 기인한 것이었다. 즉 하나는 심리적이고 또 하나는 영적이다. 영적인 힘은 새로운 요소, 새로운 차원을 인간 문제에 제시한다. 그것은 인간의 권력 관계에 더 이상 의존하지 않고 인간의 본성에 의거하여 전혀 다른 수준에서 작용한다. 그리고 인간의 본성을 변화시킴으로써 문제의 전제 자체를 바꾼다.

우리는 강하건 약하건 각각의 주어진 상황에서 적절하고 융통성 있는 행위를 찾아야 한다. 그러나 이것은 어디까지나 편의주의적인 방법일 뿐 참된 평화를 가져오는 진정한 해결책은 아니라는 것을 반드시 인식해야 한다. 우리의 해결책이 아무리 신중하다 하더라도 인간의 본성이 변화되지 않는 한 그 해결책은 위태로울 것이다. 하나님만이 인간 본성을 바꿀 수 있다. 하나님만이 평화의 문제와 사회 정의의 문제를 진정으로 해결할 수 있다. 현대 사회에서 이러한 문제를 해결하는 것이 어려워 보이는 이유는 바로 하나님 없이 해결하려고 하기 때문이다. 이 세상이 겪는 고통은 사실 인간의 본성 즉 두려움과 공격성이라는 자연적인 반응(여기에 따를 때 인간은 하나님에게 등돌리게 된다)에 깊이 뿌리내리고 있다는 것을 분명히 인식하고, 신학뿐 아니라 정치학에서도 하나님의 영감을 간구할 때 진정한 평화가 임할 것이다.

영적인 힘은 우리가 가지고 있는 문제의 전제를 조금씩 바꾸어 간다. 영적인 힘은 어느 순간에는 강함을 보이다가도 어느 순간에는 나약함을 보일 수 있다. 그러나 아무리 패배한 것처럼 보인다 할지라도 그 힘은 마음의 긴장을 모두 풀어준다. 자연적인 힘은 나약함이 드러날지 모른다는 두려움을 제거하지 못하고 오히려 그것을 감추지만 영적인 힘은 나약함을 고백할 수 있는 힘을 준다. 이것은 인간 본성의 질서를 뒤바꾸시는 성령님의 간섭하심으로만 가능한 행위다. 따라서 진정한 자유란 어떤 상태가 아니라 일종의 결단이다. 그것은 바로 하나님을 섬기겠다는 결단이다. 일단 그렇게 하기로 결단하고 행동으로 옮기면 기적이 일어나 살아남게 된다.

문제가 아무리 크고 심각한 장애물이 있다 하더라도 기적으로 그 모든 것을 극복할 수 있다. 사람이 그러한 결정을 내리는 순간 그는 자유하게 된다.

우리 마음 속에는 두 가지 동기가 작용한다. 그 두 가지의 동기는 본능과 성령이다. 심리학은 자연적인 힘과 리비도와 본능에 대해 연구하는데 그것은 마땅히 해야 하는 유익한 연구이다. 그러나 믿는 자들은 그것을 훨씬 넘어선 새로운 힘의 원천, 즉 성령을 통해 나오는 초자연적인 힘을 추구한다. 이것은 본능을 거스르기보다는 본능을 초월하며, 인간다운 삶으로 성장해 갈 수 있도록 본능을 통제하고 방향을 제시하는 특별한 힘이다. 우리가 성령의 초자연적인 능력을 받아들일 수 있는 조건은 하나님의 뜻에 순종하는 것이다. 그리고 우리의 힘을 하나님의 다스리심 가운데 사용되도록 내어놓는 한 두려움 없이 그 힘을 펼칠 수 있다. 기독교가 인간에게 주는 힘은 자연적인 힘과 전혀 다르다. 이 힘은 하나님의 뜻을 행하고 하나님을 지향하는 힘이다. 이 힘은 다른 사람들에 대한 파괴적인 승리가 아니라 오로지 악과 자아에 대한 위대한 승리를 가져다 준다.

예수 그리스도는 살아 계시다. 우리가 그분께 마음을 열기만 하면 그는 우리와 함께하셔서 우리의 마음을 채우실 것이다. 그렇기 때문에 그분이 우리 속에 살아 계시는 한 우리는 약한 반응에서 해방되는 동시에 우리 자신의 약함을 더욱 잘 알게 된다. 또한 우리는 강한 반응에서 구원을 얻음과 동시에 그분으로부터 무엇과도 비교할 수 없는 힘을 얻는다. 왜냐하면 그분만이 겉으로 드러난 우리의 반응 속에 가려져 있는 깊이 뿌리박힌 고통에 응답하시기 때문이다. 그분을 통해 우리는 우리의 약함을 받아들이고 그것을 극복할 수 있다. 그리고 이 사회를 무질서하게 만들고 전쟁과 고통과 억압으로 몰아넣는 비극적인 악순환을 깨뜨릴 수 있다. 그리고 우리는 이 사회를 향해 사회의 모든 질병에 대한 진정한 치료책을 알려 줄 수 있다. 바로 예수 그리스도에 대한 믿음을 ….

VII 죄책감과 은혜

Guilt and grace

"모든 비난은 파괴적이다. 다른 사람에 대한 우리의 비난이 낳는 가장 비극적인 결과는 그가 낮아짐과 은혜에 이를 수 있는 길을 막는 것이다."

Ⅶ. 죄책감과 은혜 : 요약을 하면, 프로이드에 의하면 죄책감이란 사회적 속박의 결과이며, 그 감정은 아이가 부모로부터 야단맞을 때 아이의 마음속에 생겨난 것으로 갑자기 적대적이 된 부모의 사랑을 잃지나 않을까 하는 두려움과 같다..의학적 조망은 인간의 구체적인 성품에 대한 종교적 개요를 통합해야 한다. 성경의 관점에서 볼 때, '참된 죄책감'은 하나님에 대한 죄책감, 다시 말해서 하나님에 대한 인간의 의존 질서가 파괴된 것으로 나타난다. '거짓된 죄책감'은 인간의 판단과 암시의 결과로 나타나는 것이며, '참된 죄책감'은 거룩한 판단에서 오는 것을 말한다.

유일한 참된 죄책은 하나님을 의지하지 않는 것이다. "너는 나 외에는 다른 신들을 네게 있게 말지니라." 하나님에 대한 인격적 의존이 법이나 비판 그리고

사회적 구속이라는 무거운 짐으로부터 우리를 해방시켜 준다. 하나님을 의지하는 정도에 따라 사람들로부터 자유롭게 된다. 병의 원인이 되는 것은 율법주의적 죄책감이다. 실로 인간의 비판이 제안하는 죄책감은 하나님의 판단에 의해 내적 지지를 받지 않는다면 거짓된 죄책감에 지나지 않는다.

투르니에는 삶의 특성은 상호 교통을 통해서 형성된다고

주장한다. 그 상호 교통이라는 것은 무해하고 감상적인 대화가 아니라 값을 치러야 하는 약속인 것이다. 그것은 다른 사람들과 그들의 비판에 대항하는 것을 의미한다. 산다는 것은 선택하는 것이고, 선택하는 것은 실수하는 위험을 무릅쓰는 것이며 또한 실수를 저지를 죄책을 짊어지는 위험을 감수하는 것이다. 인간은 비판의 파괴적인 결과를 당하지 않기를 열망하면서 더 엄청나고 확실한 파괴의 길—비겁함과 도피의 길에 들어선다. 예수님은 간음한 여인에게 신성한 권위를 가지고 사죄를 선언한다. 그러나 그전에 예수님은 여인을 고소하던 사람들에게 억압된 죄책감을 일깨우기 위해 또 다른 말씀을 하신다. "너희 중에 죄 없는 자가 먼저 돌로 치라." 예수님 앞에는 죄인과 의인이라는 대립되는 두 집단이 있는 것이 아니라 죄인들만 있다. 이를 심리학적 용어로 표현하자면 하나님은 자각된 죄책은 없애 버리시지만 억압된 죄책은 일깨우신다. 은혜는 자신의 죄로 떨고 있는 여인을 위한 것이다. 그러나 그녀를 고소한 자들은 스스로 다시금 죄에 대해 몸서리쳐야만 은혜를 발견할 수 있을 것이다.

투르니에는 회개는 은혜에 이르는 문이다 고 주장한다. 예수 그리스도는 이 말씀으로 지상 사역의 장을 여신다. 자신이 먼저 된 자라고 생각하는 자, 돈이 많거나 사회적 지위가 높거나 덕행, 심지어 종교적 경험이 많은 자도 나중 된 자가 될 것이다. 그들이 하늘나라를 얻을 수 있으려면 먼저 자신의 사회적 위치에서 내려와야 하기 때문이다. 정신 분석 치료에서는 무엇이 자유를 주는가? 그것은 유아적 죄책감에서 성인적 죄책감으로의 전환이다. 그것은 환자 본인의 순수한 확신, 고유한 개성, 자기 자신과의 조화와 내적인 소명을 발견할 수 있도록 도덕주의, 금기의 영향력, 인간적 심판에 대한 두려움을 거부하는 것이다. 투르니에 는 자신의 무의식적인 죄에 대해 눈을 뜨게 해주는 것은 자신의 잘못을 그에게 털어놓는 친구들의 고백이다 고 했다. 친구들은 나의 잘못을 비판하지 않고 오히려 자신의 잘못을 나에게 고백한다. 그러면 놀라운 빛이 나의 영혼 깊은 곳을 비춘다. 친구들의 고백이 숨겨진 의도 없이 참으로 겸손하고 자발적이고 생명력이 있다면, 진정한 해결책을 발견하고 하나님의 은혜를 알게 된 사람들의 진정한 고백이라면, 그것은 우리가 그들과 동일한 체험을 하도록 이끌어준다. 투르니에가 발견한 고백의 실제적인 놀라운 효과는 고백은 흔히 죄책감으로부터의 자유, 즉 하나님과의 관계 회복이라는 긍정적인 종교적 경험일 뿐 아니라, 이에 '더하여'(마 6:33) 육체적, 심리적 질병이 갑작스럽게 사라지는 치유의 경험을 이야기하고 있다. 자신 혹은 다른 이들과 평화를 누릴 수 있는 유일한 길은 자신의 죄책감을 인정하고 고백하는 것이다.

1. 죄책감의 범위

Guilt and grace

(1) 열등감과 죄책감

의사에게 중요한 것은 환자를 관찰하는 것으로 질병과 치료에 영향을 미치는 모든 요소를 설명해야 한다. 그 요소로서 죄책감이 있다. 모든 가정 교육은 죄책감을 철저하게 길러 준다. 특히 자녀들의 도덕적인 훈련을 염려하고 그들이 성공한 인생을 살기를 간절히 원하는 부모들이 행하는 가장 훌륭한 교육일 경우에는 더욱 그러하다. 비록 그것이 사려 깊은 무언의 책망이라 할지라도 모든 책망은 죄책감을 제시한다.

오늘날의 가정 교육은 아이가 소란을 피우거나 개성을 드러내면 부모들은 자랑스러워한다. 제대로 양육 받은 아이의 유형이 바뀌었음에도 불구하고 부모의 친구들은 그 부모의 아이를 잘못 양육 받은 아이로 판단하기 일쑤다. 아이는 부모가 느끼는 불가피한 두려움 — '사람들이 과연 뭐라고 말할까?' — 을 감지한다. 아이는 자신이 부모에게 창피를 주거나 자신에게 부모가 자랑할 만한 특별한 재능이 없을 때 죄책감을 느낀다.

정말 심각한 것은 부모나 교사가 그들 자신의 편견이나 문제, 죄책감을 교육에 그대로 투사하고 있다. 남편에게 기만당한 아내는 "너는 아빠와 같은 거짓말쟁이로구나!"라며 분풀이를 한다. 꾸중당한 아이는 직관적으로 이 부당한 비난의 짐을 불안이라는 형태로 느끼게 될 것이다. 금욕적으로 살아 온 부모들은 말뿐만 아니라 행동을 통해서도 즐거움을 주는 것은 모두 죄라고 말한다. 지나치게 엄한 가정 교육으로 고통을 겪어 온 사람들의 생각과는 달리 성경은 자녀의 행복을 기뻐하시고 그들에게 기쁨 주기를 즐겨하시는 하늘에 계시는 하나님을 보여 준다.

청소년기에 죄책감이 깃든 비밀스런 생활에 빠져 보지 않고 이 시기 — 부모로부터 독립하는 시기 — 를 통과하는 사람은 단 한 명도 없다. 흥미진진한 책을 신경을 곤두세우며 밤늦도록 읽기도 하고, 몰래 담배를 피워 보기도 한다. 이와 같이 개체성의 형성은 바로 비밀을 가짐으로써 이루어진다. 부모는 보통 아이에게 그들이 모르는 비밀을 가져서는 안 된다고 선언한다. 그들은 부모 몰래 무언가를 숨기는 것은 잘못이라고 여긴다. 우리 모두는 끊임없이 비난에 둘러싸여 있다. 그 비난은 때로는 신랄하고 노골적이며 때로는 잠잠하다. 우리 모두는 겉으로 드러내지는 않더라도 다른 사람들의 비난에 민감하다. 그러나 비난뿐만 아니라 충고도 다른 사람을 깎아 내릴 수 있다. 요구되지 않은 충고는 어떤 것이든 베일에 가려진 비난을 숨기고 있다. "내가 당신이라면 이런저런 식으로 할 텐데"라는 말은 상대방의 행동 방식이 올바르지 않다는 점을 암시한다. 우리는 가족 구성원간에 형제 자매나 부부간에 혹은 친구간에 많은 비난이 오가는 것을 발견한다. 우리는 그러한 비난이 열등감과 죄책감이라는 은밀한 감정에서 나온다는 것을 쉽게 알 수 있다.

(2) 사회적 암시

아내 : "당신은 내가 당신 앞에서 메뉴를 바꿔 달라고 요청했을 때 죄책감을 느꼈던 걸 아세요? 당신은 언제나 당신 앞에 놓인 것을 그대로 먹는데 나는 그렇지 않아요. 그래서 당신은 내가 상당히 까다롭고 변덕스럽다고 생각할 거라는 느낌이 들어요."

폴 : "하지만 나는 아무 말도 안 했잖소!"

아내 : "아니죠, 당신의 침묵은 말로 하는 것 이상이라고요!"

아내가 옳았다. 나는 아내가 나와 다르게 행동하거나 나와 다른 그녀 자신을 드러냈을 때 말없이 그녀를 나무라고 있었음을 깨달았다. 결국 나는 아내의 마음 속에 거짓된 죄책감을 심고 키워 온 셈이다.

사회적 암시는 헤아릴 수 없이 많은 죄책감의 근원이다. 종종 우리가 아무 생각 없이 행하는 비난하는 듯한 침묵, 경멸하거나 업신여기는 눈길, 한마디 비평은 다른 사람들에게 강한 암시가 되기 쉽다. 그러나 죄책감에 대한 사회적인 암시가 극단적인 경우에만 작용하는 것은 아니다. 예를 들면, 결혼을 안 한 것이 마치 자신의 잘못인 양 그것에 대해 조금이라도 죄책감을 느끼지 않는 미혼 여성은 거의 없다.

경건한 사람들은 해로운 죄책감을 일깨우기도 한다. 욥의 세 친구는 너무 많은 말을 했다. 그래서 그들은 멋진 말로 욥이 당한 모든 재앙보다 더 많은 상처를 욥에게 주었다.

자신을 모범으로 내세우거나, 자신의 예를 들어 다른 사람을 교화시키고, 자신이 하나님으로부터 특별한 은혜를 받은 사람임을 드러내는 것은 매우 기분 좋은 일이다. 환자는 그렇게 함으로써 매우 정당한 기쁨을 맛볼 수 있으며 그것이 실제로 치료 효과를 나타낼 수도 있다. 그러나 하나님께 부르짖었음에도 불구하고 병이 낫지 않은 다른 환자들은 그 일을 통해 더 큰 슬픔과 심지어 죄책감을 느끼게 된다.

억압적인 아버지 밑에서 엄하게 자란 탓에 열등감과 죄책감에 깊이 빠져 있는 여성에게 학자이자 권력자인 니고데모에게나 던졌을 법한 "당신은 거듭났습니까?"라는 질문은 그녀를 다시금 열등감과 죄책감에 압도당하게 만든다. 따라서 복음서를 읽을 때 예수님의 말씀뿐 아니라 예수님이 말씀하시는 사람에게도 주목하는 것이 중요하다.

똑같은 하나의 성경 구절이 어떤 영혼에게는 가장 유익한 도전을 줄 수도 있고, 또 다른 사람에게는 상처를 줄 수도 있다. 이것이 열등감과 죄책감 사이의 연결 문제를 매우 복잡하고 극적인 것으로 만든다. 모든 열등함은 결국 죄책감으로서 경험되기 때문이다.

(3) 시간의 문제

시간을 관리하는 문제는 죄책감이 겹칠 때 심해진다. 이는 우리의 진정한 자유와 우리 삶 속에서의 하나님의 구체적인 주권이 위기에 처해 있기 때문이다. 시간은 하나님께 속한 것이고 우리는 시간의 청지기이다. 우리는 우리 자신이 하나님의 음성에 더 주의 깊게 귀 기울인다면 삶이 더욱 조화로울 것이라고 느낀다.

복음서를 보면 예수님은 우리보다 훨씬 큰 책임을 지셨지만 별로 서두르지 않으셨음을 알 수 있다. 예수님은 우물가에서 만난 이방 여인과 한참 동안 이야기를 나누시고, 제자들과 함께 휴일을 보내시고 들의 백합화나 지는 해를 바라보며 감탄을 아끼지 않으셨다. 제자들의 발을 씻기시고, 사람들의 어리석은 질문에 인내로 대답해 주셨다. 그러나 가장 중요한 것은 예수님은 기도하러 한적한 곳으로 가셨으며, 중요한 결정을 앞두고 밤이 새도록 기도에 힘쓰셨다는 것이다. 이렇게 조용한 묵상의 시간이야말로 자신의 영적인 삶을 가늠하는 훌륭한 지표가 된다. 예수님은 비범한 평정으로 또는 진정한 내면의 자유를 보여 주며 하나님이 자신에게 정해 주신 길에서 벗어나지 않도록 하는 법을 알고 계셨다.

믿는 자든 아니든 우리는 내면의 개인적인 영감보다는 세상적인 가치 — 그것이 아무리 고상할지라도 — 에 따라 살아가는 것에 대해 항상 죄책감을 느낀다.

(4) 돈의 문제

돈은 수많은 죄책감의 근원이며 게다가 모순되는 죄책감의 근원이기도 하다. 우리는 돈이 부족해서 수치심을 느끼지만 돈을 벌고 소유한 것에 대해서도 부끄럽게 여긴다. 집안 살림에 대한 토론에는 의식적 죄책감이 실려 있고 그 죄책감으로 인해 논쟁은 해악을 미친다. 아내가 생활비에 대해 말할 때 남편은 예민해지고 무뚝뚝해진다. 남편은 그런 불평을 비난으로 받아들이기 때문이다. 돈 문제에서 남편과 아내 사이에 완전한 신뢰가 이루어지는 경우는 매우 드물며, 그들은 서로 속임으로써 언제나 죄책감에 휩싸인다. 남편과 아내는 자신이 개인적으로 돈을 쓰는 것을 상대방이 심각하게 비판하지나 않을까 두려워한다. 여기서도 우리가 가진 것은 하나님의 것이며 우리 자신은 소유자가 아닌 청지기임을 인정해야한다. 하나님의 뜻을 분별하여 돈을 사용하는 것이 얼마나 어려운지 고백하지 않을 수 없다. 심지어 정당하게 누릴 만한 특권이라하더라도 모든 특권에는 죄책감이 따르기 마련이다. 다른 사람의 부러움이나 시기는 우리 속에 죄책감을 불러일으킨다.

출세 제일주의자들이 자신의 행위를 변명하며, 다른 사람을 업신여기고, 자기 자신을 정당화하며, 모든 비난에서 벗어나려고 자

기 스스로와 다른 사람들에게 해명을 하는 모습을 보라. 인간으로
서의 연대감은 모든 사람의 영혼에 깊이 박혀 있다. 특히 자기 주
변 사람이 관련되어 있을 때 이를 더욱 예민하게 느낀다. 따라서
우리는 어린 시절에 아버지가 파산하거나 부모가 이혼해서 생긴
사회적 수치감을 평생 동안 품고 사는 사람을 많이 본다. 우리가
책임을 깊이 통감할수록, 세상의 온갖 악한 일에 대해 더욱 예민하
게 죄책감을 느끼게 된다. 다른 사람들에 대한 책임 의식은 예수님
안에서 무한한 지경에 도달한다. 무엇보다도 예수님이 십자가를
향해 나아가시는 것을 볼 때 그분의 책임 의식을 깨닫게 된다. 그
래서 영적인 삶과 사역은 죄책감의 짐을 줄이기보다는 오히려 그
무게를 더하게 한다. 우리는 하나님께 가까이 갈수록 하나님의 은
혜를 더 많이 경험하게 되고 이전에 미처 깨닫지 못했던 잘못을 발
견하게 되며, 그것으로 인해 더욱 고통을 겪게 되는 것이다.

(5) 우리의 내면 세계

각자가 갖고 있고 알고 있는 자신의 모든 결점을 걱정하며 의식
하는 이유는 그것들이 어떤 사건이나 일로 인해 갑자기 밝혀지는
경우가 많기 때문이다. 그래서 베드로는 닭이 울자 자신이 예수님
을 부인한 것을 갑자기 깨달았다. 산상수훈 전체(마 5-7장)는 마음
으로 범하는 잘못과 실제로 범하는 잘못 사이에, 은밀한 생각과 실
제 행동 사이에 인간이 쌓고 싶어 하는 위안의 울타리를 뒤엎어 버

린다.

콤플렉스나 은밀한 상상, 유혹, 공허하고 털어놓을 수조차 없는 꿈들, 다소간 의식적이고 뚜렷한 형태로 나타나지 않는 충동적인 모든 것이 우리 내부에서 자라난다. 우리가 이를 깨닫고 혼란스러워할 때 이것들은 우리의 의지의 통제를 받지 못한다. 그것은 우리 안에 거하며 억누를 수 없고 발견될까 봐 전전 긍긍해하는 우리의 또 다른 자아인 것이다. 우리 자신에게서 발견되는 것들은 우리를 수치스럽게 한다. 그러나 그보다도 훨씬 더 우리를 수치스럽게 하는 것은 우리 자신을 하나로 통합시키지 못하고 우리의 숨겨진 존재와 드러난 존재의 이중성을 없애지 못하는 무력함이다. 이는 도덕적인 의미에서의 죄책감이 아닌 실존주의적 의미에서 볼 때의 죄책감이 되는 경우이다. 이것은 각 사람 안에 자신의 의지나 지성 혹은 지식으로 다스릴 수 없는, 알 수 없는 힘이나 충동 그리고 억제가 존재하기 때문에 모든 사람이 희미하게 느끼는 자신에 관한 죄책감이다. "내가 그런 일을 저지르다니!" 우리의 깊은 내면의 존재와 밖으로 보이는 외견상의 존재는 언제나 확실히 분리된다. 내적인 통찰력을 많이 확보하면 할수록, 우리 자신에 대한 심리적 분석을 더 잘 할수록, 우리 자신에 대한 심리적 분석을 더 잘 할수록 우리는 내면의 일관성이 부족한 것을 더욱 확실히 깨닫게 되며 그로 인해 더욱 고통스러워 한다.

(6) 우리의 외부 행동

어떤 사람들은 외부 환경이 인생에서 자신이 발휘할 수 있는 역량을 과시하지 못하게 했다고 믿는 체한다. 그러나 이러한 모든 빈정거림은 자신에 대한 불만과 우리의 인간적 조건이 갖는 한계에 대한 불만을 나타낸다. 성경을 보면 처음부터 끝까지 하나님이 부르셔서 자신의 평범한 삶을 청산하고 위대한 모험을 감행하거나 자신에게서는 찾아볼 수 없는 독창력을 부여받은 사람들을 곳곳에서 볼 수 있다. 그럴 때 우리는 끝내지 못한 미완성에 대한 우리의 죄책감은 바로 하나님의 인도하심을 느끼지 못하고(영감이 없고) 하나님과의 교제가 부족하거나 하나님의 부르심에 응하지 못한 것에 대한 것임을 명백히 깨닫는다.

이에 대해 현대 심리학은 인간의 형성 과정과 인간의 진화 그리고 인간의 역동성을 규명하고자 한다. 그러나 예수님이 말씀하시는 거듭남은 초대교회에서 일어났던 성령에 의한 인간의 변화를 말하는 것으로, 그것은 프로이트의 '성인이 되어감'과 융의 통합이라는 세속적 개념을 포함하며 또한 그것을 능가한다. 그러나 모든 교회의 신실한 신자들 가운데는 미성숙하고 유아적이며 소심한 사람들은 많은 편이지만 승리하며 사는 밝고 성숙한 사람들은 몇 되지 않는다. 우리는 하나님을 마주 대할 때 우리가 하나님이 기대하시는 모습으로 살아가지 못하는 것에 대해 죄책감을 느낀다. 즉 우리가 두려움에 사로잡혀 마비되거나, 우리가 처한 환경에 따라 살아가거나, 일상적인 일에 빠져 옴짝달싹하지 못하거나, 순응주의에 의해 빈약해지는 것들에 대해서 죄책감을 느낀다. 또한 우리는 우리 자신이 되지 못하는 것에 대해, 즉 하나님이 우리에게 맡겨 주신 특별한 은사를 활용하는 것 대신에 다른 사람을 그대로 따라 하는 것에 대해서 죄책감을 느낀다. 인간은 하루 종일 도망한다. 침묵 혹은 잡담 가운데, 무기력 혹은 지루함 가운데, 식탁 혹은 서재에서의 즐거움 가운데, 신문을 보거나 뜨개질을 하면서, 재치 있는 말을 나누거나 쓸데없는 논쟁을 벌이면서 말이다. 우리는 '우리의 책임감을 은폐시키기' 위해 공적인 규제를 내세우고 그 뒤에 숨는데 이것은 죄책감에 대항해 우리 자신을 보호하기 위한 것이다. 우리의 책임에 대한 회피는 그 죄가 훨씬 더 크다.

자신에게 성실하다는 것은 어떤 상황에서든지, 어느 누구와 대화를 하든지 한결같이 자기 본연의 모습이 되는 것을 의미한다. 다른 사람의 의견을 자연스럽고 거침없이 그리고 두려움 없이 대하는 것을 의미한다. 눈을 뜨라! 상처받고 괴로워하며 망가져 버린 거대한 무리의 남성과 여성들이 참된 혹은 거짓된 죄책감에, 구체적이거나 모호한 죄책감에 그리고 심지어는 살아 있는 것에 대한 죄책감에 빠져 있는 것을 보라.

2. 비판의 정신

(1) 참된 죄책감과 거짓된 죄책감

프로이트에 의하면 죄책감이란 사회적 속박의 결과이며, 그 감정은 아이가 부모로부터 야단맞을 때 아이의 마음 속에 생겨난 것으로 갑자기 적대적이 된 부모의 사랑을 잃지나 않을까 하는 두려움이다. 의학적 조망은 인간의 구체적인 성품에 대한 종교적 개요를 통합해야 한다. 성경의 관점에서 볼 때 '참된' 죄책감은 하나님에 대한 죄책감, 다시 말해서 하나님에 대한 인간의 의존 질서가 파괴된 것으로 나타난다. '거짓된 죄책감'은 인간의 판단과 암시의 결과로 나타나는 것이며, '참된 죄책감'은 거룩한 판단에서 오는 것을 말한다.

아이가 자랄수록 참된 죄책감에 대한 자율적인 감각은 더 완전하게 발전되어 간다. 그리하여 그가 그러한 감각에 따라 자신의 인생을 관리하고 행동하는 한, 그는 사회나 부모의 비난이 암시하는 거짓된 죄책감으로부터 벗어날 것이다. 성경에서의 열두 살 된 예수님 자신에 관한 이야기는 아이의 의존성에서 어른의 자율성으로의 전환을 정확하게 보여 준다. 유월절에 방문했던 예루살렘을 떠날 때 예수님은 율법 선생으로부터 배우기 위해 그곳에 남아 있었다. 예수님은 어머니의 꾸짖음에 대해 예기치 않은 단호함으로 "내가 내 아버지 집에 있어야 될 줄을 알지 못하셨나이까?"라고 대답하신다.

어머니에게 어떠한 걱정도 끼치지 않는 것, 그것은 어린아이의 법이었다. 이제 예수님은 곧 어른의 법을 취하기 위해 어린아이의 법으로부터 벗어나셔야만 했다. 그 순간부터는 부모의 요구에 매이고 부모에게 의지하여 그러한 내면의 부르심을 소홀히하는 것이 진짜 죄였다. 그분은 자신에게 죄가 있다고 인정하시지 않는다. 여기에서 우리는 중요한 진리를 얻는다. 그것은 타인에게 저지른 잘못의 객관적 실체가 그 죄책감을 진짜로 만들 수는 없다는 것이다. 유일한 참된 죄책은 하나님을 의지하지 않는 것이다. "너는 나 외에는 다른 신들을 네게 있게 말지니라." 하나님에 대한 인격적 의존이 법이나 비판 그리고 사회적 구속이라는 무거운 짐으로부터 우리를 해방시켜 준다. 하나님을 의지하는 정도에 따라 사람들로부터 자유롭게 된다. 병의 원인이 되는 것은 율법주의적 죄책감이다. 실로 인간의 비판이 제안하는 죄책감은 하나님의 판단에 의해 내적 지지를 받지 않는다면 거짓된 죄책감에 지나지 않는다.

(2) 누구나 비난을 한다

어린아이는 하나님께로부터 직접 도덕에 대한 첫 교훈을 받을 수 없다. 그는 그가 신적 권위를 부여하는 부모로부터 그것을 받는다. 부모들은 훌륭한 믿음 가운데 신실함과 열의를 갖고 비난한다. 그리고 그들은 자신의 비난이 하나님의 비난과 일치하며 그들이 잘못이라고 판단한 것은 하나님의 시각으로 볼 때도 악한 것이라고 다른 사람들을 설득시키려고 애쓴다. 그들은 이웃과 친구들 그리고 적을 포함한 모든 사람을 똑같이 비난한다. 그래서 전세계에 걸쳐서 비난은 모든 곳으로부터 넘쳐나고 절망적으로 얽히고 설킨다. 그리고 모든 사람이 서로를 유죄라고 주장한다.

그러나 만약 참된 죄책감이 하나님의 책망이라면, 환자를 위해 내가 할 수 있는 일은 그가 하나님께 가까이 다가가고 스스로 하나님의 음성을 듣도록 돕는 것이지, 내 입을 통해 신적 판단이 내려지기를 기대하도록 만드는 것은 아니다. 우리는 하나님과 공의라는 대의 명분 그리고 사람들이 하나님을 섬기고 그분께 순종하도록 돕는 일에 더 높은 가치를 둘수록 점점 더 악을 비난하고 선을 찬양하며 사악한 자를 폭로하고 의로운 자에게 경의를 표하게 된다. 한마디로 우리 자신이 선과 악의 판결자가 된다. 주위의 모든 사람은 불법하고 거짓된 사회에 대해 우리에게 정의의 옹호자 역할을 하거나 증인으로 나서기를 요청한다. 여기서 우리는 몇 가지 죄책감 가운데서 선택을 해야 한다. 자기 주장을 하는 것으로부터 오는 죄책감과 침묵하는 것으로부터 오는 죄책감 중에서 말이다. 그러나 예수 그리스도는 "비판하지 말라."(마 7:1)고 말씀하신다. 예수님은 내 이웃의 눈에 티가 있다는 것을 부인하지 않으셨다. 그러나 그분은 먼저 내 눈에 있는 들보에 관심을 가질 것을 요구하신다.

책망과 비난이 세상을 가득 채우고 있기 때문에 모든 사람은 계속 비난받는다고 느끼거나 적어도 판단의 위협을 받는다고 느끼며 또한 그것이 불러일으킬 반향을 두려워한다. 그것에 대해 무관심한 사람은 없다. 모든 사람이 자신의 것과 반대되는 어떤 말이나 표정 혹은 의견으로 인해 상처를 받는다. 만약 모든 사람들이 서로를 두려워한다면 그것은 모든 사람이 비판받는 것을 두려워하기 때문이다.

그리고 이런 두려움은 인류를 분열시키는 사적인 혹은 공적인 모든 갈등에서 결정적인 역할을 한다. 왜냐하면 모든 사람은 자신을 방어하며 그 방법은 바로 공격하는 것이기 때문이다. 두려워하는 사람은 드러내 놓고 공격하지 않는다. 그러나 그는 훨씬 더 폭력적인 방법으로 분노가 폭발할 때까지 그것을 품고 있다. 무심하고 반항적인 표정을 지닌 사람이라고 해서 이같이 판단 받는 두려움으로부터 자유롭다고 생각해서는 안 된다. 오히려 그들의 행위는 두려움의 표현이다. 그들은 전환이라는 술수를 쓰는 것이다.

(3) 누구나 자신을 방어한다

상대방에 대해 쌓인 비난을 서로 주고받는 일은 아무리 격정적이고 고통스러울지라도 필수적이고 유익한 일이다. 그러나 여기서 반박하고 있는 것은 그렇게 해 달라는 요청을 받지 않았음에도 불구하고 다른 사람들의 잘못을 비난함으로써 그들을 도울 수 있다고 생각하는 것이다. 그러나 정반대의 효과가 나타난다. 비난이라는 저지를 당하는 사람은 누구나 자기 정당화라는 방어적 반사 작용을 보이게 된다. 비난에 대한 답변이 즉각 마음에 떠오르는 것이다. 갖가지 자기 주장이 흘러 넘쳐 그의 생각을 온통 채워 버리므로 그 사람은 자신의 잘못을 고백하거나 수치를 느낄 여지가 없다. 이것은 적어도 정상적인 사람의 반응이다. 책망받을 때 즉각 굴복하고 논쟁도 없이 자신에게 내려진 평결을 받아들이는 사람이 오히려 병든 것이다. 그의 끊임없는 '메아 쿨파'(mea culpa, 내 탓으로)는 생기 있는 열매를 맺지 못할 것이다.

진정한 참회는 그토록 빨리 이루어지지 않는다. 치열한 방어를 마치고 긴 투쟁을 거친 후에만 참회를 이를 수 있다. 무엇보다도 죄에 대한 자각이 외부로부터가 아니라 내부에서부터 커질 때 또한 그것이 인간의 비판이 아닌 우리 자신의 존재의 심연에서부터 하나님과의 친밀한 교통으로부터 그리고 성령님의 재촉으로부터 솟아오를 때 비로소 우리는 참회에 도달하게 된다. 모든 비난은 파괴적이다. 다른 사람에 대한 우리의 비난이 낳는 가장 비극적인 결과는 그가 낮아짐과 은혜에 이를 수 있는 길을 막는 것이다. 대화 중에도, 그는 더 이상 우리 목소리에 귀를 기울이지 않고, 우리를 반박하는 자신의 목소리에 귀를 기울인다.

만일 어떤 사람이 자신의 잘못을 인정하게 된다면, 그런 일은 조용히 회상하는 가운데 혹은 자신을 비난하지 않을 누군가와 허심탄회하게 이야기를 나누는 호의적인 분위기에서 일어난다. 어떻게 우리는 이러한 비판의 정신으로부터 자유로울 수 있는가?

내게 충격을 주고 나로 하여금 그를 비난하게 만든 그 친구의 결점에 사로잡혀 있는 한 내가 아무리 여러 번 "나는 그를 비난하고 싶지 않아!"라고 나 자신에게 말할지라도 나는 그를 판단한다. 그러나 그가 자책하고 있는 잘못을 내게 말할 때, 나는 나 자신의 잘못을 의식하고 친구에게 그것에 대해 자유롭게 말하자마자 비판의 정신은 증발해 버리고 만다.

성경에서는 '메타노이아'(metanoia 회개) 즉 마음의 변화를 말하고 있는데, 이는 비난과 자기 방어의 논리적인 태도가 각자 자신의 어려움에 대해 거리낌없이 이야기하고 다른 사람의 어려움을 이해하려 애쓰는 마음의 태도로 바뀌는 것이다.

욥의 친구들은 욥이 하나님의 목소리를 듣고 하나님과 화해하도록 잠잠히 있어야 했다. 이와 유사하게 우리도 목소리를 잠잠케 하고 다른 사람에 대한 우리의 판단을 깨뜨려 버려야 한다. 그럴 때에야 비로소 그는 우리와는 아주 다른 판단을 하시는 하나님의 목소리를 들을 수 있게 된다.

(4) 죄책감의 단일성

하나님이 우리의 마음 깊은 곳에서 우리를 책망하시는 내용은 사람들이 우리를 정죄하는 내용과는 전혀 다르다! 인간은 놀랄 만큼 피상적이고 부당한 방법으로 서로를 판단한다. 우리는 어떤 사람이 끊임없이 어리석은 허영심을 표현하기 때문에 그를 교만한 사람이라고 생각하지만 그의 경우에 주위 사람들을 불쾌하게 하는 그의 거만한 태도는 극적인 내면의 상황을 숨기고 있는 겉모습일 수 있다. 그의 잘난 척하는 인상은 그가 자존감을 회복하기 위한 몸부림이며, 그의 다른 사람들을 경멸하는 듯한 인상은 자신을 대단하게 느낄 수 없는 것을 보상하기 위해 다른 사람들로 하여금 작게 느끼도록 만들려는 헛된 시도일 수 있다. 그는 하나님의 용서를 경험해야만 인간으로서의 자신의 진정한 가치를 의식하게 될 것이다. 그는 사람들의 이런 비난에 대항해서 항상 고집스럽게 자신을 옹호했다. 그 비난이 부당하다고 느꼈기 때문이다. 그리고 그 방어반사는 그로 하여금 자신의 진정한 잘못을 고백하지 못하게 한 것이다.

우리 각자에게는, 한편으로는 우리에 대한 주변 사람들의 비난이 있고, 또 다른 한편으로는 사람들이 아니라 하나님이 우리에게 말씀하시는 부분에 대해서 양심의 가책을 받게 되는데 그것은 모호하거나 우리의 항의 뒤에 가려져 있을 수 있다. 혹은 완전히 무의식적일 수도 있다. 그러나 우리는 바로 그러한 양심의 가책에 대해 격렬하게 결백을 주장한다. 참된 죄책감에 대한 두려움은 항상 다른 사람들의 사랑과 존중을 잃는 것에 대한 두려움 즉 유아적 죄책감에 대한 두려움과 관계가 있다. 반면에 신경증적 죄책감도 가장 참된 인간적 죄책감과 고통과 관계가 있다. 우리는 항상 이러한 죄책감과 고통에 대항해서 우리 자신을 옹호하며, 이것들은 또한 비난에 대한 우리의 두려움을 더욱 심하게 만든다. 사람들은 자아 정체성의 근거를 잃어버릴 때마다 죄책감을 느끼기도 한다.

이탈리아 사람들에게 있어 삶은 고달픈 것이므로 창녀로서의 죄책감보다는 자신과 가족의 삶을 책임지지 못하고 일자리를 잃거나 손님을 받지 못해 다른 누군가에게 짐이 될 때, 그녀는 몹시 죄책감을 느낀다. 남편들은 아픈 아내를 보는 것에 죄책감을 느낀다. 아내를 행복하게 하기 위해 고통이나 병으로부터 그녀를 보호하는 것은 남편 자신의 정체성을 찾는 근거가 되기 때문이다. 부모가 싸울 때 아이는 죄책감을 느낀다. 아이의 울음은 슬퍼서가 아니다. 싸우는 소리와 감정의 폭발, 눈물은 하나의 비난처럼 아이의 마음을 찌른다. 부모가 화목해야 한다는 아이의 욕구가 그토록 절박한 것은 부모가 서로 조화를 이루고 평화로운 것이 자신의 정체성을 찾는 근거가 되기 때문이다. 그는 부모를 화해시키지 못하는 자신의 무력함을 죄라고 느낀다.

(5) 비판은 파괴적이다

예수님은 어떤 정죄의 말도 입 밖에 내기를 거부하신다. 그러나 그분은 즉시 무리에게 그들의 탐심을 일깨워 주신다. 우리는 그리스도의 말씀에서, 다른 사람의 죄에서 우리 자신의 죄로, 객관적인 것에서 주관적인 것으로 돌아오는 이와 동일한 반전을 여러 번 발견한다.

오난의 이야기(창 38:2-26)는 죄책감의 발단이 되는 사회적 위선의 역할을 명백하게 보여 주고 있다. 우리는 여기서 죄책감의 반전과 그것의 상당히 주관적인 성격을 볼 수 있다. 조금 전까지 자신에 의해 임신하게 된 며느리를 불태우려 했던 유다는 증거를 보자 자신이 진짜 범죄자임을 깨닫게 된다.

다윗왕의 딸인 또 다른 다말의 이야기(삼하 13:1-20)는 사회적 경멸과 거짓된 죄책감 사이의 연관을 보여 준다. 암논이 다말을 강제로 범한 후에 그녀를 쫓아낸다. 이에 대해 압살롬은 아버지인 다윗왕과의 치명적인 불화라는 희생을 감수하고라도, 심지어 자신의 왕위를 희생하고서라도 누이 다말의 복수를 위하여 진짜 범죄자인 암논을 죽일 계획이다.

심지어 근거가 없는 것처럼 보일 때조차 죄책감과 수치심은 믿을 수 없을 만치 집요하다는 것이다. 아픈 척하는 암논에게 음식을 갖다 주라고 지시한 사람이 다윗왕 자신이었음에도 불구하고 아마도 다말은 자신을 용서하지 않았을 것이다.

사회적인 암시가 진짜 행위와는 관련이 없는 모든 '내면의 죄' 즉 가장 비참하고 집요한 죄책감을 일깨우며 가장 엄청난 피해를 불러일으키는 영역이 바로 이 성적인 영역이기 때문이다. 그러나 모든 영역, 심지어 문화와 예술 영역에서조차 다른 사람의 비판은 마비 효과를 가져온다. 혹평에 대한 두려움은 자발성을 파괴시킨다. 우리는 비판받는 것에 대한 두려움이 어떻게 인류를 무력하게 만드는지 깨달을 수 있다. 그것은 사람들을 비슷하게 만들고 비인격적인 행동 양식 안에 묶어 두는 순응주의의 원천이다. 비판은 부부 사이에 갈등이 불거지기 오래 전부터 은밀히 알지 못하는 사이에 심화되어 외관상 행복한 결혼의 구조를 비밀스럽게 잠식해 들어간다. 이때 두 사람이 함께 조치를 취하면 이 은밀한 적을 단번에 내몰아서 격파시킬 수 있다. 하나님의 조명하심 아래, 기도와 영적 친교의 분위기에서 그리고 오랜 침묵 가운데서 그들은 일상적인 생각의 평범한 테두리에서 벗어나 더 진실에 가까운 속 생각으로 옮겨 갈 수도 있다.

그때 하나님의 목소리가 들린다. 각 사람은 상대방에게 털어놓을 자신의 잘못을 알아차리게 된다. 그것은 매우 언짢은 일이다. 그러나 그래야만 비판의 마음을 꺾을 수 있다. 비판의 마음이 넘어진 다음에야 그것이 비판이었음이 드러나고 자기도 모르는 사이에 상대방이 얼마나 많이 판단했는지를 깨닫게 된다. 이것은 '메타노이아' 즉 마음의 변화인데, 바로 이 세상으로부터 하나님의 나라로 옮겨가는 것이다. 그러면 새롭고 압도적인 사랑이 부부 사이에 터져 나오게 된다.

(6) 의사는 비판하지 않는다

오늘날 수많은 사람들이 성직자보다는 오히려 의사나 심리 치료사를 찾아가는 것은 비판받는 것을 두려워하기 때문이다. 성직자는 사악함을 근절시키기 위하여 악을 비난하고 선을 고취시켜야 하는 사람으로서 바로 도덕성의 감시인이 아니겠는가? 그러나 나 자신은 자주 비판에 빠지는 것을 본다. 처음에는 편견 없이 듣는 것이 쉽다. 그러나 만약 오래 전부터 알고 지내던 사람, 즉 그 가족과 주변 환경, 그의 문제 모두를 알고 있는 사람을 치료하는 경우 편견 없이 듣는 것은 훨씬 어려워진다.

객관적인 의견 — 그것이 도덕적이건 심리학적이건 — 은 항상 어느 정도 비판의 성격과 힘을 갖는다. 그것은 인간에 대한 인간의 의견이고, 판결권에 대한 주장이며, 다른 사람에 대한 의견을 제시하는 사람이 갖는 우월성에 대한 주장이다. 또한 모든 지적인 논쟁은 다소간 권력을 위한 싸움이나 지배를 위한 투쟁의 의미를 갖는다. 각자는 자신이 옳고 다른 편은 결국 틀렸으며 또한 그에 대해 죄가 있다는 것을 증명함으로써 자신이 더 큰 자인 것처럼 느낀다.

삶의 특성은 상호 교통을 통해서 형성된다. 그 상호 교통이라는 것은 무해하고 감상적인 대화가 아니라 값을 치러야 하는 약속인 것이다. 그것은 다른 사람들과 그들의 비판에 대항하는 것을 의미한다. 산다는 것은 선택하는 것이고 선택하는 것은 실수하는 위험을 무릅쓰는 것이며 또한 실수를 저지를 죄책을 짊어지는 위험을 감수하는 것이다. 인간은 비판의 파괴적인 결과를 당하지 않기를 열망하면서 더 엄청나고 확실한 파괴의 길 — 비겁함과 도피의 길 — 에 들어선다.

3. 반전

(1) 멸시받는 자의 방어

예수님 앞에 끌려 온 간음한 여인은 서기관들과 바리새인들에 싸여있다. 이들의 고소가 사회적 혹은 도덕주의적 편견에 기초를 둔 것이 아니라 신적인 계시에 적절한 기초를 두고 있음에 주의하라. 예수님은 간음한 여인에게 신성한 권위를 가지고 사죄를 선언하신다. 그러나 그 전에 예수님은 여인을 고소하던 사람들에게 억압된 죄책감을 일깨우기 위해 또 다른 말씀을 하신다. "너희 중에 죄 없는 자가 먼저 돌로 치라." 예수님 앞에는 대립되는 두 집단인 죄인과 의인이 있는 것이 아니라 죄인들만 있다. 이를 심리학적 용어로 표현하자면 하나님은 자각된 직책은 없애 버리시지만 억압된 죄책은 일깨우신다.

은혜는 자신의 죄로 떨고 있는 여인을 위한 것이다. 그러나 그녀를 고소한 자들은 스스로 다시금 죄에 대해 몸서리쳐야만 은혜를 발견할 수 있을 것이다. 우리는 이러한 역전을 성경 전체를 통해서 보게 된다. 살인자 모세는 사회적으로 매장되고 바로에게 재판받는 것을 피하기 위해 도망쳐 유랑했다. 기드온은 멸시받던 사람이었다. "나의 집은 므낫세 중에 극히 약하고 나는 내 아비 집에서 제일 작은 자니이다"(삿 6:15).라고 말하는 비천한 사람이었다. 열등감에 사로 잡혀 있는 사람들에게 이 얼마나 놀라운 응답인가! 하나님이 사울의 자리를 대신해서 왕으로 택한 사람은 사울왕에게 조롱당하고 핍박받던 양 치는 목동 다윗이었다.

그러나 우리에게 갑자기 가치관의 전환이 일어난 것은 바로 예수님의 인격 안에서이다. 하나님과 동등하신 예수님은 자신을 낮추어 "사람들과 같이"(빌 2:6-8) 되셨다. 하나님은 그분의 은혜로 수치스러워하는 사람 모두를 받아 주신다. 사회적 명예가 회복되는 것과 죄사함은 모두 하나이다. 은혜는 내면에서 우리를 괴롭히는 후회로부터 그리고 외부에서 우리를 짓누르는 사회적 경멸로부터 동시에 우리를 자유롭게 해준다.

"만일 하나님이 우리를 위하시면 누가 우리를 대적하리요"(롬 8:31). 그분은 깨뜨릴 수 없는 반석이시다(시 62:2). 자기 판단과 사람들의 모든 판단은 그 반석에 부딪혀 깨뜨려진다. 겉으로 볼 때 아무리 하찮고 제한적인 것일지라도 우리는 직접적인 체험을 필요로 하며, 하나님과의 개인적인 만남에서 오는 갑작스로운 충격을 불러일으킬 좌절이나 성취 같은 것도 필요로 한다. 그 순간부터 죄책감은 아주 다른 양상을 취하게 된다. 어떤 의미에서 그것은 더욱 절망적이다.

(2) 금기로부터의 해방

"하늘에 계신 너희 아버지의 온전하심과 같이 너희도 온전하라"(마 5:48). 지키기에 가능한가?

예수 그리스도와 그분의 요구 사항을 접하면 우리는 항상 우리의 의에 무언가 상당히 큰 모자람을 발견한다. 부자 청년의 이야기에서 예수님은 그에게 모세의 율법인 십계명을 상기시키자, 그 청년은 "선생님이여 이것은 내가 어려서부터 다 지키었나이다."라고 말한다. 그러나 예수님은 "가서 네 있는 것을 다 팔아…"라는 말씀으로 이 고결한 청년에게 부족한 것이 무엇인지 즉시 보여 주신다.

성경 전체를 통하여 우리는 의식의 충돌을 볼 수 있다. 하나는 유아적, 형식주의적, 도덕주의적 금기 의식이고 다른 하나는 예언적 의식이다. 전자는 인간이 율법을 엄격하게 준수하면 스스로 구원을 얻을 수 있다고 주장하지만, 실제로는 인간을 치유 불가능한 고통 속으로 던져 넣는다. 후자는 하나님의 계명이 무제한적 특성을 지니고 있으므로, 결과적으로 인간이 도덕적 행위의 완전성을 통해 죄책감을 없애는 것은 불가능하다고 선언한다. 그러면 해답은 인간이 아니라 하나님께 있다. 즉 스스로를 정당화하려는 태도를 버리고 피할 수 없는 자신의 죄책감을 고백하는 자들에게 하나님이 주시는 용서에 해답이 있는 것이다.

산상수훈은 선행에 의해 죄책감에서 벗어날 수 있는 비법을 강론하지 않는다. 그와 정반대로 살인을 저지르지 않은 사람에게 살인죄를, 간음을 행하지 않은 사람에게 간음죄를, 위증하지 않은 사람에게 위증죄를, 자신의 사랑에 대해 떠벌리는 이에게 증오의 죄를, 경건하다고 존경받는 사람에게 위선죄를 선고하는 청천 벽력 같은 말이다. 도덕적 규범과는 정반대의 선포이다.

회개는 은혜에 이르는 문이다. 예수 그리스도는 이 말씀으로 지상 사역의 장을 여신다. 자신이 먼저 된 자라고 생각하는 자, 돈이 많거나 사회적 지위가 높거나 덕행, 심지어 종교적 경험이 많은 자도 나중 된 자가 될 것이다. 그들이 하늘 나라를 얻을 수 있으려면 먼저 자신의 사회적 위치에서 내려와야 하기 때문이다.

정신 분석 치료에서는 무엇이 자유를 주는가? 그것은 유아적 죄책감에서 성인적 죄책감으로의 전환이다. 그것은 환자 본인의 순수한 확신, 고유한 개성, 자기 자신과의 조화와 내적인 소명을 발견할 수 있도록 도덕주의, 금기의 영향력, 인간적 심판에 대한 두려움을 거부하는 것이다. 신경증이 단순히 거짓된 죄책감의 결과는 아니다. 그것은 참과 거짓 사이의 갈등이다. 거짓된 죄책감 즉 금기는 모든 인간이 어느 정도는 직관적으로 인지하고 있는 신적인 소명과 대립하는 인간적 암시이다. 진정한 죄책감은 바로 확신이 결여된 양분된 생활을 의미한다. 예수님을 십자가에 못박은 것은 도덕주의였다. 그러나 이러한 도덕주의가 오늘날 모든 교회에 너무나 광범위하게 만연하기 때문에 혼동이 발생할 수 있다는 점을 우리는 인정해야 한다.

(3) 정신 분석과 죄책감

정신 분석은 죄책감의 강조를 행위라는 형식적 수준에서 '동기'라는 훨씬 깊은 차원으로 전환시킨다. '동기'라는 이 개념은 두 가지 방향에서 도덕주의와 대립한다. 먼저 선행에도 그릇된 동기가 작용할 수 있다는 점이다. 전하는 말보다 더 중요한 것은 생각이다. "사람에게 보이려고 그들 앞에서 너희 의를 행치 않도록 주의하라"(마 6:1). 반대로, 종교적 형식주의의 기준에서는 비난받을 수 있는 행동이 그 행동의 동기로 인해 정당화될 수 있다. 바리새인이 안식일에 병든 여인을 고치신 예수님을 비난하자 그분은 그 행위의 동기가 사랑이라고 설명하심으로써 자신을 정당화하셨다.

예수 그리스도는 율법주의에 대항하여 해방자로 자처하셨다. 하지만 동시에 그분은 인간 본성의 은밀한 심층까지 가차없이 드러내셨다. 그분은 외적인 행동이 아니라 인간의 마음에 죄책을 두셨다. 또한 그분은 죄책감을 금기에 대한 무익한 염려라는 형식적인 차원에서 행위의 동기라는 깊이 있고 생산적인 영역으로 옮겨 놓으셨다. 이것은 바로 정신 분석을 통한 전환이다. 그것은 금기에 대한 불안에서 우리를 자유롭게 해 주지만 동시에 죄책감에서 벗어나 보호 받을 수 있는 행복한 착각도 근절시킨다. 우리는 성경을 통해 무서운 악의 보편성을 알고 있다. "의인은 없나니 하나도 없으며…" 하나님이 심지어 천사들까지 잘못을 찾으시는 모습을 본다. "그 사자라도 미련하다 하시나니"(욥 4:18). 그 누구도 죄책을 피할 수 없다. 모든 인간이 구원과 사죄를 갈망하고 있다.

(4) 양심의 억압

죄책감의 무게는 견딜 수 없을 정도이기 때문에 모든 사람이 이러한 반사적 자기 합리화를 나타낸다. 현대 심리학은 이러한 반응을 '양심의 억압' 즉 죄책감을 의식 영역에서 몰아내 무의식 영역으로 억압하는 것이라고 말한다. 억압된 무의식적 감정이 의식적인 감정보다 훨씬 더 해롭기 때문에 그것은 거짓된 해결책이다. 그러나 이것은 인간 역사만큼 오래된 보편적 반응으로서 특별히 자신의 죄책감을 타인에게 투사하거나 방출하는 행위를 포함한다. 아담은 "내가 너더러 먹지 말라 명한 그 나무 실과를 네가 먹었느냐?"라고 물으시는 하나님에게 그의 아내를 탓하는 반응을 보인다. 그리고 하와는 그것이 뱀의 잘못임을 말한다.

반항심이 드러날 수도 있고 은폐될 수도 있으며 표현될 수도 있고 억제된 상태로 존재할 수도 있다. 심리 상태는 반항심을 은폐하는 상태에서 삶으로 살아 낼 수 있는 건강하고 진정한 반항 상태로 나아가야 한다. 우리는 오로지 영적인 경험을 통해 자기 자신의 책임을 자각할 때만 거짓 복종과 반항심에서 해방될 수 있다.

이 책임은 하나님에게까지 전가되기도 한다. 많은 사람들이 자신의 모든 고통과 과오로 인해 하나님께 원한을 품고 다닌다. 아담은 하나님께 말한다. "하나님이 주셔서 나와 함께하게 하신 여자 그가 그 나무 실과를 내게 주므로 내가 먹었나이다"(창 3:12). 그는 이렇게 말함으로써 궁극적 책임이 자기에게 아내를 주신 하나님께 있다고 교묘하게 암시하고 있다. 인간이 자신의 죄책감을 타인들과 하나님께 투사하는 것은 자연스러운 현상이다. 그러나 그렇게 한다고 해서 그 죄책감이 사라지지는 않는다. 그리고 그 결과 생긴

타인들과 하나님에 대한 반항심은 악에 대한 새로운 충동의 원천
이 되며 따라서 더 많은 죄책감의 원인이 된다.

(5) 죄책감의 각성

하나님이 자기 합리화를 하려는 본능적인 시도의 악순환에서 인
간을 구출하시는 모습을 성경에서 본다. 가인은 하나님이 동생 아
벨의 제사를 자신의 제사보다 더 기쁘게 받으셨다는 사실 때문에
하나님께 크게 화가 나 있다. 하지만 하나님은 우리가 지적한 죄와
분노의 악순환으로 인해 결국은 동생 아벨의 살인으로 연결되리라
는 것을 알고 계신다. 그분은 그를 정죄하시는 것이 아니라 따뜻하
게 질문하신다. "네가 분하여 함은 어찜이며 안색이 변함은 어찜이
뇨?" 분노의 맹목적인 유혹에서 벗어나는 길은 자기 자신의 내면
을 통찰하는 것이기 때문이다.

하나님은 그러한 목적을 위하여 가인에게 그가 처해 있는 위험을
경고해 주신다. "선을 행치 아니하면 죄가 문에 엎드리느니라. 죄
의 소원은 네게 있으나 너는 죄를 다스릴지니라." 가인은 하나님의
질문을 듣고 자신을 되돌아본 것이 아니라 오히려 그 질문 때문에
더욱 격노하여 동생을 살해한다. "네 아우 아벨이 어디 있느냐? 네
가 무엇을 하였느냐?" 이 질문 역시 가인에게 돌이킬 것과 은혜를
발견할 수 있도록 죄를 인정하라고 권면하는 질문이다. 그러나 "내
가 내 아우를 지키는 자니이까?"라며 반발한다.

"내 죄벌이 너무 중하여 견딜 수 없나이다." 그가 받은 벌은 바로 견디기 어려운 죄책감이다. 살인을 저질렀다는 죄책감은 살해당할지도 모른다는 두려움을 낳는다. 하나님은 그에게 보호 장치를 마련해 주심으로써 오늘날 심리학에서 안전 조치 행위(security gesture)라고 부르는 행동을 취하신다.

죄책감의 은폐, 자기 합리화, 타인에 대한 정죄, 하나님에 대한 반항과 적대감의 메커니즘을 작동시킨다면 이 모든 것이 분노라는 형태의 삶으로 표출되고 이어서 분노는 악과 죄로 나아간다. 화, 완고함, 공격성은 무의식적이고 억압된 죄책감의 법칙이다. 반대로 용서와 은혜는 기쁨과 쉼, 안정을 준다. 그리고 죄책감이 의식의 표면으로 떠올라 성숙해져서 그것을 공개적으로 인정하게 되고 그리하여 그것이 우리를 용서와 은혜로 이끌어 줄 수 있는 분위기를 조성한다. 그러나 이 시점에서 죄책감에 눌려 고백을 하지 못할 경우 아주 강력한 새로운 악순환이 시작된다.

(6) 인간의 조건

우울증과 염려와 소외감과 수치심으로 괴로워하는 사람들은 성경에서 바로 그들에게 주시는 놀라운 위로의 말씀을 외면하고 오히려 하나님의 경고와 진노, 저주와 형벌에 대한 본문을 찾는 데 병적인 열심을 보인다. 예수님의 위협적인 말씀의 목적은 선민이라는 이유만으로 구원이 보장되어 있다고 생각하던 당시 유대인들에게 죄에 대한 자각과 개인적인 책임 의식을 일깨워 은혜의 길을 열어 주는 것이었다.

사도 바울은 "그런즉 하나님께서 하고자 하시는 자를 긍휼히 여기시고 하고자 하시는 자를 강퍅케 하시느니라 혹 네가 내게 말하기를 그러면 하나님이 어찌하여 허물하시느뇨?"(롬 9:18-19)라고 말하고 있다. 이 본문은 죄책감의 주관성과 죄책감에 대한 객관적이고 합리적인 논의의 불가능성에 대해 말했던 것과 일맥상통한다. 또한 하나님의 구원 계획이 인간의 순종으로만 이루어지는 것이 아니라 인간의 저항과 불복종을 통해서도 이루어진다는 사실이다. 이 점은 지난 과오로 인해 자신을 용서할 수 없는 모든 이들에게 해답이 된다. 이는 소위 도덕적 실패의 문제가 아니라 잘못된 결과를 낳은 선택이나 삶의 방침이나 결정의 문제이다.

하나님의 계획은 나의 생각을 완전히 초월한다. 나는 나의 목적을 하나님의 목적과 동일시하고, 나의 성공을 그분의 성공이라고 생각하며, 나의 좌절을 그분의 뜻이 좌절된 것으로 생각하는 경향이 있다. 하나님이 이러한 실패에 대해 나의 책임을 깨닫게 하시면 나는 정말로 내 과실을 인정해야 하지만 그로 인해 자학해서는 안 된다. 특히 나의 좌절을 내가 돕고자 하는 사람의 완고함 탓으로 돌림으로써 상대방을 판단해서는 안된다. 상대방이 나의 사역을 방해하고 저항한다 하더라도 믿음 안에서 하나님의 뜻을 분별하여야 한다.

우리의 실수마저 포함하는 하나님의 계획이라는 신비로운 개념은 골고다의 십자가에서 절정을 이룬다. 골고다의 십자가는 인간의 죄악에 대한 극치의 표현인 동시에 하나님이 행하신 지고의 구원 행위다. 죄책에 대한 의식과 용서에 대한 의식을 분리시킬 경우 필연적으로 인간에 대한 오해가 생긴다. 회심하면 죄와 죄책에서 완전히 보호받으리라는 생각은 위험한 착각으로 자신을 기만하는 것이다. 오히려 이전보다 더 비통한 심정으로 근절시킬 수 없는 죄의 고질적 본질을 발견하게 된다. 그래서 하나님의 거룩하심과 그에 반하는 우리의 비참함을 알아 간다. 은혜가 제거하는 대상은 죄책감이 아니라 정죄이다. 우리는 그러한 죄사함의 조건을 통회와 죄책에 대한 확실한 자각임을 살펴보았다.

4. 반응

(1) 신적인 영감

우리는 하나님과의 만남으로 우리의 눈이 뜨여서 더 통찰력 있는 시각을 갖게 된다. 거짓된 도덕주의적 죄책감이 참된 죄책감을 소유한 양심에 의해 사라지게 된다. 우리의 본질적인 문제는 옳은 일을 하는 것이 아니라 하나님이 우리에게 기대하시는 일을 하나님의 때에 하는 것과 하나님이 우리를 인도하시도록 우리를 내맡기는 것이다.

창세기 20장에 그랄 왕 아비멜렉의 이야기가 나온다. 아브라함은 그가 아내 사라를 취하기 위해 자신을 죽일까 두려워서 거짓말을 한다. 우리는 여기서 모든 도덕주의와 반대되는 한 가지 요소를 알 수 있다. 거짓말을 한 아브라함이 또한 하나님이 복을 주시는 도구가 된 것이다. 그의 기도로 아비멜렉의 아내가 불임을 치료받았다. 이 이야기를 통해, 어떻게 죄책의 개념이 바뀌고 금기 사항으로 이루어진 율법주의에서 해방될 수 있는지 알 수 있다. 도덕적 원리의 차원에서는 올바른 행동이라고 인정할 수 있지만 하나님의 뜻과는 무관하고 오히려 해를 미칠 수 있는 행동이 있다. 이러한 성경적인 관점은 선과 악에 대한 인간의 자연적, 이성적 지식에 기초하여 도덕률을 설정할 가능성을 전부 제거한다. 하나님의 말씀은 양심의 자각과 은폐된 죄악을 노출한다. 나의 경우, 가장 자주 나 자신의 무의식적인 죄에 대해 눈을 뜨게 해주는 것은 자신의 잘못을 나에게 털어놓는 친구들의 고백이다. 그들은 나의 잘못을 비판하지 않고 오히려 자신의 잘못을 나에게 고백한다. 그러면 놀라운 빛이 나의 영혼 깊은 곳을 비춘다. 내면의 목소리가 중얼거린다. "이것이 나의 참된 모습이다. 하지만 한 번도 자각하지 못했다."

가끔 사람들은 우리를 가르치고 의도적으로 자기 인식이라는 움직임을 이끌어내려고 자신의 잘못을 우리에게 고백한다. 그러나 그럴 경우 그들의 가장된 겸손 이면에 우리에 대한 정죄 의식이 도사리고 있으며, 사실은 자신이 우리보다 자기 잘못을 인식할 수 있는 능력이 뛰어나다고 자랑하고 있음을 직감하게 된다. 그러면 우리도 우리 자신을 정당화시킴으로써 그들에게 반격한다. 그러나 그들의 고백이 배후의 의도 없이 참으로 겸손하고 자발적이며 생명력이 있다면, 진정한 해결책을 발견하고 하나님의 은혜를 알게 된 사람들의 진정한 고백이라면, 그것은 우리가 그들과 동일한 체험을 하도록 이끌어 준다.

(2) 모든 것에는 대가가 따른다

인간은 자신이 아무 대가도 치르지 않은 상태에서 하나님이 자신의 죄책을 제거해 주신다는 것은 불가능하다고 생각한다. 그들은 이론적, 교리적 차원에서 '죄사함'을 믿고 있지만 그것을 그들의 내면을 끊임없이 괴롭히는 죄와 연결짓지는 못한다. 그들은 속죄하고 '값을 치르려고' 시도한다. 무한한 죄책감의 끔찍한 고통은 그들이 치르는 일종의 속죄 제사라고 할 수 있다.

모세 율법에 백성의 정결을 위하여 속죄 염소를 희생 제물로 드리라는 규정이 있다. 전체적인 의식은 심리학적으로 큰 의미가 있다. 두 마리의 염소를 데려다가 제비를 뽑는다(레 16:8). 이 이중성은 악과 죄의 문제 전체를 특징짓는 양면성을 드러낸다. 악과 죄의 제거에는 두 가지 상호 의존적인 측면이 있다. 악과 죄가 하나님 면전으로부터 제거된다는 것과 그것들이 추방되어서 원래의 자리인 악마에게로 되돌아간다는 것이다. 이것은 이 세상에서는 악의 축출이 영원히 불확실하다는 것을 의미한다. 속죄 염소는 악령들과 벗하며 사막을 떠돌다가 언제든지 지평선에 다시 나타날 수 있다. "더러운 귀신이 사람에게서 나갔을 때에 … 그 집이 비고 소제되고 수리되었거늘 … 악한 귀신 일곱을 데리고 들어가서 거하니 그 사람의 나중 형편이 전보다 더욱 심하게 되느니라"(마 12:43-45). 아무리 치밀하게 의식을 수행한다 하더라도 그것이 양심의 평화를 주기에는 더 이상 충분치 못하다. 더 확실한 형태의 속죄가 필요하다.

(3) 대가를 지불하시는 하나님

"…너희의 무수한 제물이 내게 무엇이 유익하뇨 나는 수양의 번제와 살진 짐승의 기름에 배불렀고…"(사 1:11-17)

선지자들은 모두 계속해서 속죄 의식이 주는 거짓된 안전감에 대해 경고의 메시지를 던지고 있다. 그것은 인간의 죄책감을 완전히 없애시는 분은 바로 하나님 자신이기 때문에, 인간이 어떤 의식을 행함으로써 죄의 대가를 지불하겠다는 생각을 버리고 그 죄를 인정하면 하나님이 바로 죄책감을 해결해 주신다는 것이다. 그렇게 될 때에야 죄책감은 진정으로 해결되고 그 사람은 자신의 과거에서 해방된다고 말하고 있는 것이다.

"… 거룩하다 거룩하다 거룩하다 만군의 여호와여 … 나여 망하게 되었도다 나는 입술이 부정한 사람 … 네 악이 제하여졌고 네 죄가 사하여졌느니라 하더라"(사 6:1-7).

진정한 속죄의 표현이며 하나님이 회개하는 사람에게 값없이 주시는 완벽한 속죄를 보여 준다. 모세는 그 즉시 새 사람이 되었고 선지자의 소명을 감당할 준비가 되었다. 그는 '메타노이아'를 통과했다. 하나님의 불 곧 불타는 떨기나무가 있다. 그 불은 모든 것을 정결하게 하고 죄책감과 열등감 둘 다에서 인간을 해방시킨다. 그곳 불타는 떨기나무에서 속죄는 끝나고 완성되었다. 모세가 하나님의 임재 앞에서 자기의 비참함을 깨닫는 순간 하나님이 직접 그 속죄를 마감하셨다. 값을 치르시는 분은 바로 하나님 자신이시고 하나님이 단번에 모두를 위하여 그 값을 지불하셨다는 것이다. 그것도 지불할 수 있는 가장 비싼 대가를 치르셨다. 그것은 바로 자기 자신의 죽음 즉 예수 그리스도의 십자가상의 죽음이었다. 하나님이 그 값을 지불하셨기 때문에 죄책감을 해결하기 위해 우리가 치를 대가는 아무것도 없다. "그 아들 예수의 피가 우리를 모든 죄에서 깨끗하게 하실 것이요"(요일 1:7).

그분의 임재 안에서는 우리에게 죄책감을 불러일으키는 온갖 끝없는 논쟁과 모든 사소한 도덕주의적 규정과 타인의 비판에 맞선 자기 방어가 모두 물러간다. 그분의 용서하심으로 양심의 가책이 사라진다. 예수 그리스도께 속함으로써 영혼의 평화를 얻어야 한다.

(4) 조건 없는 사랑

인간은 하나님을 자신이 선할 경우에만 자신을 사랑하고, 죄를 범하면 사랑을 거두어 가시는 분으로 그린다. 예수님은 하나님이 우리를 무조건적으로 사랑하시며 우리의 선함이나 선행이 아닌 우리의 비참함과 죄 때문에 우리를 사랑하심을 보여 주셨다.

예수 그리스도께서 말씀하시는 회개는 조건이 아닌 과정의 문제이다. 탕자의 비유와 같이 아버지에게는 아들을 용서하는 마음이 한 번도 사라진 적이 없다.

성전에 올라간 바리새인과 세리에 대한 비유(눅 18:9-14)에서 바리새인은 자신의 선행을 나열한다. 그러나 사람들이 흔히 생각하듯이 거만하게 그런 것은 아니었다. 그는 그 선행을 개인의 자랑거리인 것처럼 말한 것이 아니라 하나님으로부터 온 '은혜'인 것처럼 이야기한다. 반면 세리는 가슴을 치며 자비를 구한다. 이들에 대한 예수님의 결론은 이렇다. "내가 너희에게 이르노니 이 사람이 저보다 의롭다 하심을 받고 집에 내려갔느니라."

주기도문의 "우리가 우리에게 죄지은 자를 사하여 준 것같이"(마 6:12) 말씀은 우리가 다른 사람들을 용서함으로써 얻을 수 있는 용서의 조건, 권리, 요구라는 의미로 해석할 수 있다. 다른 사람에 대한 용서가 하나님의 사랑을 받을 수 있는 조건이라면 우리는 용서한 것처럼 위장할 수밖에 없고 용서하기 위해 온갖 힘을 기울여야 한다. 또한 친절한 말로 공격성을 위장하거나 억눌러야 한다. 그러면 억압된 공격성은 우리의 영혼을 잠식해 가며 거짓된 죄책감과 병적인 불안의 근원이 되어 구원의 길을 막아 버릴 것이다. 우리의 모든 도덕적인 해결책에도 불구하고 다른 사람들을 진정으로 용서하지 못하고 공격적인 사람이 되는 것은 사랑 받지 못하는 것에 대한 유아적 두려움 탓이다. 하나님의 사랑이 무조건적이라는 것을 깨달을 때에야 이 두려움에서 해방될 수 있으며 다른 사람을 용서할 수 있는 힘을 소유하게 된다. 어떤 사람들은 하나님이 우리를 항상 무조건적으로 사랑하시지만 용서의 경우에는 일정한 조건을 요구하시기라도 하는 것처럼 하나님의 사랑과 용서를 구별한다.

조건적으로 용서하시는 하나님은 조건적으로 사랑하시는 하나님으로 인식될 수밖에 없다. 탕자의 형은 잔치 자리를 피해 스스로를 거룩한 기쁨에서 소외시킨다(눅 15:24-32). 방탕한 아들이 괴롭게 해드렸던 아버지와 교제를 누리고 있을 때, 착실하게 아버지께 순종해 왔던 아들이 처음으로 갈등 끝에 화를 폭발시키는 그 순간 비극적인 반전이 일어났다. 빈틈없는 의무의 이행, 모든 즐거움에 대한 억제, 훌륭한 결단, 과오를 극복하려는 매일의 노력, 본능에 대한 수치감, 잘못이 드러나거나 비판받고 오해를 사지 않을까 하는 두려움, 이 모든 것이 하나님에 대한 사랑의 열정을 대체하고 있다. 그리고 사람들은 이 모든 면에서 끊임없이 잘못을 범하며 절망적인 상황에 놓여 있으며 거듭되는 패배 속에 죄책감의 고통은 끊임없이 가중되고 있다.

(5) 고백의 방식

고백은 하나님의 용서의 전제 조건이 아니라 길이다. 나 자신은 하나님과 예수 그리스도를 진심으로 믿었을 뿐 아니라 성령과 성도의 교제와 죄 용서와 거룩한 보편적 교회를 믿었다. 그러나 단순하고 정직하게 자신의 죄를 고백하는 사람들을 만나기 전까지는 그것은 살아 있는 체험이 아니라 일종의 신념에 가까웠다.

나는 전심을 다해 규칙적으로 고백하는 일에 헌신했고, 그 일은 율법주의적 조건을 이행하기 위해서가 아니라 내적 충동에 의해 자발적으로 이루어졌다. 그러자 즉시 내 앞에 영적인 사역의 문이 열렸다. 많은 사람이 내게로 와서 자신의 잘못을 낱낱이 고백하고 진정한 자유를 얻는 것을 목격하였다. 여차여차한 환경에서 생각하고 말하고 행동하였던 것에 대한 상세한 내용이다. 우리가 모호한 표현을 통해 회피하고 싶고 은폐하고 싶은 어떤 말을 엄격할 정도로 정확하게 표현할 때, 고백의 진실성과 그 효과가 드러난다. 그러나 우리는 모두 진정한 겸손에서 나오는 참된 고백을 체험하지 못하도록 하는 가공스러운 내면의 저항을 느낀다. 우리는 진정한 고백을 하기까지 많은 대가를 지불한다.

사소하게 보인다 하더라도, 환자들이 속내를 털어놓을 때 절대로 중단시키지 말아야 한다. 갑자기 대화가 재개되기 전에 흐르는 고통스러운 침묵을 방해해서도 안 된다. 그 순간은 그의 영혼이 격렬한 투쟁을 하는 때이기 때문에 그에게 옆길로 셀 수 있는 기회를 주면 그 결과를 손상시키게 된다. 고백을 권유하는 방법도 있지만, 어느 누구에게도 "고백하라."고 결코 말한 적이 없다. 내가 수많은 고백을 듣고 있다면 그것은 그들에게 그러한 기대를 하지 않았기 때문일 것이고 그들의 절박성을 의심치 않았기 때문이며 내가 이전에는 아무것도 듣지 못한 사람이기라도 한 것처럼, 모든 사람들이 고백을 얼마나 필요로 하는지 모르는 사람이기라도 한 것처럼 그들이 항상 불시에 고백을 하기 때문일 것이다.

내가 발견한 고백의 실제적인 놀라운 효과는 고백은 흔히 죄책감으로부터의 자유 즉 하나님과의 관계 회복이라는 결정적인 종교적 경험일 뿐 아니라 이에 '더하여'(마 6:33) 육체적, 심리적 질병이 갑작스럽게 사라지는 치유의 경험이기도 하다. 그러면 사죄의 선언을 이행할 자격이 누구에게 있겠는가?

"너희에게 평강이 있을지어다 … 성령을 받으라 너희가 뉘 죄든지 사하면 사하여질 것이요 뉘 죄든지 그대로 두면 그대로 있으리라"(요 20:21-23).

그러므로 다른 이들을 향해 하나님의 이름으로 사죄를 선언하는 자격을 부여하는 이는 분명 성령이시다. 예수님의 평강을 누리는 모든 사람이 사람들에게 그것을 전하도록 보내심을 받았다. 하나님은 성령을 받은 이들에게 이러한 제사장직을 부여하셨다. 성령은 성직자들의 전유물이 아니다.

(6) 멜기세덱의 반차

구약에는 구원의 보편성에 대한 시각이 이미 존재하고 있다. 아브라함과 그의 후손들에 대한 하나님의 특별한 언약이 있기 전에

이미 하나님의 복에 대한 일반적인 선언이 있었고 그러한 선언은
이 기묘한 인물인 멜기세덱이 주도하였다. 그의 이름은 '의의 왕'
이라는 뜻이며 '평화'와 '구원'을 의미하는 살렘이라는 왕국의 왕
이었다. 멜기세덱은 평화의 왕이신 그리스도를 예표한다.

우리의 교회들은 구원을 개별화시킨다. 각 교회는 각기 보편적
구원을 성취하기 위한 하나님의 계획에서 고유한 역할을 담당하고
있다. 각 교회가 구성원들에게 다양한 형식으로 제시하는 것은 곧
살아 있고 보편적인 동일한 실재 곧 하나님과 인간 사이의 화해이
기 때문이다. 우리는 전인격성을 추구하는 의사로서 '통합 의학'
을 시도한다. 그것은 우리가 인간을 동물로만 보는 것이 아니라 영
적인 존재로서 통합적이고 총체적으로 이해한다는 의미이기 때문
이다. 그것은 인간 영역의 문제로서 우리가 연구하고 있는 인간적
문제는 죄책감이라는 보편적인 문제, 모든 인간에게 공통되는 용
서에 대한 보편적 필요, 특정 교회가 특정 형식으로 전해 주기 훨
씬 이전에 하나님이 모든 인류에게 주신 보편적 복에 대한 필요이
다.

인생에는 모든 것이 혼재하여 있으며, 성경은 계속해서 삶의 전
체적 모습과 그 복잡성을 묘사하고 있다. 성경은 삶의 가장 구체적
인 사건들 — 식사, 피곤함, 질병 — 을 가장 고결한 영적인 경험과
끊임없이 관련시킨다. 또한 이미지와 상징을 통해 인간의 통일성
을 암시한다. 에덴동산의 이야기, 하나님의 복을 빌어 주는 멜기세
덱이라는 수수께끼 같은 인물 그리고 예수님의 모든 비유가 인간

에 대한 보편적인 진리를 표현하고 있다.

'메타노이아' 곧 하나님 나라에 들어왔다는 표시인 마음의 변화는 보편성을 지닌 인생의 법칙이기도 하다. 즉 인간이 자신의 죄책감을 억압하고 타인의 죄를 비난한다면 끝없는 고통과 악순환만 존재할 것이다. 자신이나 다른 이들과 평화를 누릴 수 있는 유일한 길은 자신의 죄책감을 인정하고 고백하는 것이다.

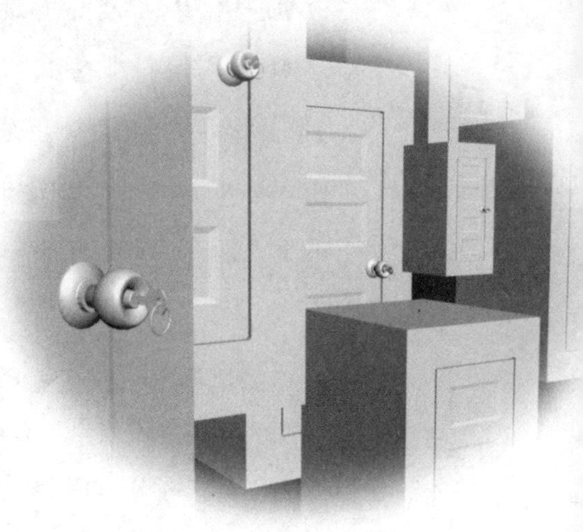

VIII 비밀

The Secrets

"무언가 자신만의 비밀을 가지고 있다는 것은 개인의 한 특성이다."

VIII. 비 밀 : 요약하면, 모든 소중한 것들과 모든 소중한 경험들은 적절하게 올바른 범위 내에서 비밀스럽게 잘 감추어 두었다가, 자라서 열매를 맺을 수 있도록 해야 한다. 대부분의 부모들은 아이들이 그들에게 무엇인가 숨기고 있음을 알아차리게 되면 매우 화를 낸다. 그들은 어린이가 개인이 되기 위해서는 비밀을 가지는 것이 얼마나 필요한가를 이해하지 못한다. 수잔느 박사(Suzanne Miguel)는 "무언가 자신만의 비밀을 가지고 있다는 것은 개인의 한 특성이다". 라고 지적했다. 성장한 자식들에게서 그들만의 개인적 생활을 빼앗아 가는 부모들은, 그들이 개인이 되는 것을 방해하고 있는 것이다. 인간이 더 이상 종족의 구성원으로만 머물지 않고 주체적인 개인이 되는 것을 방해하고 있는 것이다.

모든 인간 존재는 자신의 생각을 정리하기 위해 비밀이 필요하다. 그가 누구든지 간에, 심지어 당신의 자녀라 하더라도 상대방의 비밀을 존중한다는 것은 그의 독립성을 존중하는 것이다. 그의 사적인 삶에 침입해 들어가는 것과 그의 비밀스러움을 침범하는 것은, 그의 독립성을 침범하는 것과 같다. 아이들이 부모로부터 벗어나려면 반드시 부모 밖의 세계에서 친구관계를 형성해야 한다. 이런 일들이 일어날 때, 부모는 아이가 자기들에게서 멀어져 가고 있으며, 그가 이제 한 인격체가 되어가고 있다는 것을 피부로 느끼게 된다.

사람은 친밀한 만남을 통해서 한 인격체가 된다. 어느 누구도 자기 자신의 내부로만 향해서 자신을 분석하는 고립된 상태에서는 자신을 발견할 수 없다. 인간은 자기를 내어줌으로써 자신을 발견한다. 비밀을 말하는 것은 자기 자신을 내어주는 것이다. 어떤 소년소녀들은 청소년기를 특정짓는 격한 감정적 열망으로, 자신의 비밀을 지켜 줄 능력이 없는 친구에게 매우 중요한 비밀을 털어놓는 경우가 있다. 완전히 마음을 열고 정직하게 자신을 내어 주었음에도 불구하고 그런 식으로 한 번이라도 배신을 당해 본 사람이라면 아주 오랫동안, 때로는 평생 동안 사람을 ale지 못한다.

결혼생활에 있어서 육체적 친밀성과 마음속의 비밀을 털어놓는 것 사이에는 필연적으로 평행성과 동시성이 존재한다. 육체와 정신은 개인이 가진 두 레일과 같다. 왜냐하면 기차가 덜컹거리지 않고 가려면 바퀴가 반드시 두 레일 위를 따라서 함께 움직여야 하기 때문이다. 말로는 점점 친밀감을 더해가지만 결코 키스나 포옹을 하지 않는 것이 불행이듯, 서로의 가슴을 상대방을 향해 열지 않은 채 모든 단계를 뛰어넘어 바로 육체적 욕망을 분출시키는 것 또한 불행한 일이다. 서로를 알아가고 자신을 내어 주는 이 두 가지 작업이 조화롭게 진행될 때, 그 상호 교류가 사랑을 영적 실체가 되게 한다. 왜냐하면 모든 영적인 것은 상호 교류적이기 때문이다. 투르니에는 남편과 아내가 서로를 속박하거나 강제하지 않고서 상호 발전을 할 수 있는 왕도(王道)가 있다고 주장한다. 그것은 함께 하나님 앞에서 교제하고, 기도와 묵상 가운데 하나님으로부터 얻는 생각들을 서로 교환하는 것이라 했다.

투르니에는 우리 자신을 알게 되는 가장 좋은 방법은, 하나님이 우리를 살피도록 우리를 그분께 내어 맡기고, 그분이 우리에게 말씀하시는 바를 듣는 것이다

라고 했다. 왜냐하면 하나님은 우리가 스스로를 아는 것보다 훨씬 더 우리를 잘 알고 계시기 때문이다(마 10:30, 시 139:1-12). 하나님은 우리의 모든 비밀들을 알고 계신다. 그럼에도 그분은 우리가 직접 그것들을 말하기 원하신다. 그분은 우리의 모든 필요와 욕구와 두려움과 소원을 알고 계신다. 그러나 그분은 우리가 기도 중에 그것들을 표현하기 원하신다. 하나님과의 만남에서 인생의 비밀을 발견한 듯한 느낌을 갖게 되지만 그것을 말로 표현할 수 없는 경우

가 가끔 있다. 그것은 경건하게 존중해야 할 하나님과 우리 사이의 비밀이다. 사도 바울은 다음과 같이 쓰고 있다. "우리가 이제는 거울로 보는 것같이 희미하나 그 때에는 얼굴과 얼굴을 대하여 볼 것이요"(고전 13:12) 그렇다. 바울은 그 때, '온전한 것이 올 때'(고전 13:10)를 말하고 있다. 주님이 오셔서 죽음의 심판을 하신 후에는 더 이상 어떠한 비밀도 없을 것이다.

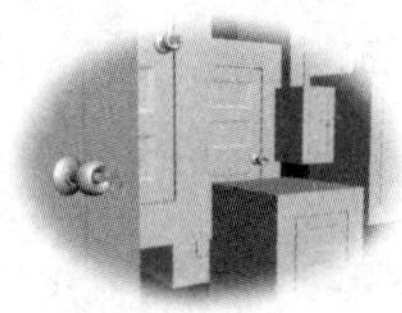

1. 비밀을 가져야 할 이유

The Secrets

태어날 때까지 아이는 엄마의 분신에 지나지 않는다. 시간이 흐르고, 아이가 자란다. 학교에 입학을 하고 마침내는 혼자서 학교에 다닌다. 그는 이제 개인(an individual)이 되기 위해서 부모로부터 서서히 자유로워져야 할 것이다. 그는 부모가 모르는 비밀을 간직하는 만큼만 자아에 대해 의식하게 된다. 즉 자신이 부모와는 구별된 존재이며 자신만의 개성을 가진 한 인격체라는 사실에 대한 깨달음은, 부모에게 비밀을 밝히지 않고 간직할 자유가 확대되는 만큼 커 간다.

우리의 어린 프란시스는 비록 이러한 삶의 법칙을 알지도 못하고 완전히 이해하지도 못했지만 자연적으로 거기에 순종하고 있었다. 그녀는 이제 비밀을 간직할 필요가 생기기 시작했다. 즉 한 개인이 되어야 했다. 이제부터 그녀는 자신에게 드리워진 엄마의 막강한 구속으로부터 탈출하고자 할 것이다. 그러므로 비밀을 갖게 되는 것과 그 비밀을 간직하는 법을 아는 것 그리고 오직 자의에 의해서만 그 비밀을 기꺼이 포기하는 것, 바로 이것이 한 개인의 형성에서 첫 단계를 이루는 행동이다.

그렇다. 아이는 — 물론 어른도 포함해서 — 그 자신과 끊임없이 대화한다. 그는 자신에게 그의 모든 비밀을 말한다. 바로 이 사실이 스스로에 대한 정체성을 느끼게 해주는 것이다. 이제 아이는 자신이 그야말로 새로운 힘을 가졌음을 느낀다. 왜냐하면 바로 자신 안에, 자신만이 마음대로 할 수 있는 무엇인가를 소유했다는 인식을 갖게 되었기 때문이다. 그때까지 그가 소유한 모든 것은 부모로부터 받았거나 적어도 부모의 동의를 통해서 얻은 것이었다. 그런데 이제는 부모가 모르는 무엇을 갖거나 받음으로써, 참된 의미에서 자신만의 개인적 소유물을 획득하게 된 것이다. 모든 아이들은 비밀을 가지고 있는 것을 자랑스러워한다.

아이가 사춘기에 이르면, 소년이든 소녀든 간에 그에게 일어나는 일은 수많은 질문들을 유발시키고 불안감을 증가시킨다.

경험은 아이들마다 다르고 셀 수 없을 만큼 다양하다. 공통적인 점은 그 경험들이 항상 어려움으로 가득 차 있다는 것이다. 어느 누구도 비밀스런 고뇌와 비밀스런 탐색과 비밀스런 회한 없이 성숙에 이를 수 없다. 심지어 부모가 성숙하고 대범해서 자신들이 겪는 불안감을 자녀에게 짐 지우지 않는다 하더라도 말이다. 부모들도 문제를 가지고 있다. 비밀스런 문제들, 성적 문제들 그리고 더 많은 다른 문제들이 있다.

비밀스러움과 정서는 서로 주고받는 결속 관계에 있다. 비밀스러움은 사물에 중요성을 더해 준다. 반면에 모든 중요한 사물들은 남들은 모르는 은밀한 어조로 토론되기 때문에 비밀스런 성격을 띤다. 성경도 그 자체로는 완전히 밝혀지지 않는 비밀이다.

초대 교회에서 주된 역할을 했던 방언이 재현되고 있는 것은, 비밀을 필요로 하는 종교의 속성 때문이 아닌가 싶다. 종교는 비밀이 필요하다. 교회들뿐만 아니라 국가와 모든 조직화된 사회 속에도 비밀이 필요하다.

융(C.G.Jung)은 자신의 훌륭한 비망록의 한 페이지에서 이러한 비밀스러움의 절대적 필요성을 주장했다. 아무리 원시적이라고 하더라도 어떤 사회를 형성하는 과정에는 반드시 '비밀스런 체계' (secret organization)가 포함되며, 그 사회의 공통된 비밀은 그 내적 결합의 구심력을 이룬다고 그는 설명했다.

2. 개인에 대한 존중

모든 소중한 것들과 모든 소중한 경험들은 적절하게 올바른 범위 내에서 비밀스럽게 잘 감추어 두었다가 자라서 열매를 맺을 수 있도록 해야 한다.

대부분의 부모들은 아이들이 무엇인가 그들에게 숨기고 있음을 알아차리게 되면 매우 화를 낸다. 그들은 어린이가 개인이 되기 위해서는 비밀을 가지는 것이 얼마나 필요한가를 이해하지 못한다. 내가 이 책을 쓰는 이유 중에는 이런 부모들이 눈을 뜨기를 바라는 마음도 어느 정도 들어 있다. 그러한 부모들이 매우 잘 이해하고 있는 것은 아이들이 자신들로부터 벗어나려는 시도를 시작했다는 사실뿐이다. 그들이 화를 내는 것은 아이들이 자신들에게서 도망치는 것에 대한 아주 자연스러운 반감이다. 아이들이 비밀을 숨기기 시작하는 현상들이 나타나는데도 그것을 보지 못하는 부모들이 있다.

많은 부모들이 자녀들이 아주 어렸을 때부터 모든 것을 자신들에게 털어놓아야 한다는 것을 부드럽게 이해시켜 왔다.

부모의 이러한 요구와 압력에 부딪쳤을 때 아이들은 두 가지의 반응을 보일 가능성이 있다. 하나는 완강하게 반응하는 것이다. 그는 점점 더 부모로부터 자신을 고립시킨다. 점점 더 많은 것들, 대수롭지 않은 것들조차 부모에게 숨긴다.

한편, 아이는 부모의 요구와 압력에 약하게 반응할 수도 있다. 아이는 부모에게 항상 모든 것을 말해야 하고, 그들이 만나도 좋다고 허락한 친구들만 만나야 하며, 그들이 하라고 한 일만 해야 한다고 생각한다. 이런 아이는 정말로 병적으로 될 위험이 있다.

수잔느 박사(Suzanne Miguel)는 "무언가 자신만의 비밀을 가지고 있다는 것은 개인의 한 특성이다."라고 옳게 지적했다. 성장한 자식들에게서 그들만의 개인적 생활을 빼앗아 가는 부모들은, 그들이 개인이 되는 것을 방해하고 있는 것이다. 인간이 더 이상 종족의 구성원으로만·머물지 않고 주체적인 개인이 되기 위해서는 누구에게나 비밀이 필요하다.

모든 인간 존재는 자신의 생각을 정리하기 위해 비밀이 필요하다. 그가 누구든지 간에, 심지어 당신의 자녀라 하더라도 상대방의 비밀을 존중한다는 것은 그의 독립성을 존중하는 것이다. 그의 사적인 삶에 침입해 들어가는 것과 그의 비밀스러움을 침범하는 것은 그의 독립성을 침범하는 것과 같다.

현재 대부분의 부모들은 아이에게 무엇이든지 묻는 것에 너무도 오랫동안 익숙해 있어서, 자신들이 계속 그렇게 꼬치꼬치 캐물음으로써 자녀의 독립성을 침범하고 있다는 사실을 전혀 느끼지 못한다.

사람은 누구나 비밀의 신성함이 무엇이며, 국가 비밀, 군사 비밀, 산업 비밀, 의학과 재판의 비밀, 전문화된 사업의 비밀, 고해 성사의 비밀 등 비밀을 지킨다는 것이 내포하는 책임이 무엇인지 직감적으로 느끼고 있다. 또한 이기적 욕구나 비겁함 때문에 비밀을 노출시키는 것과 강제나 속임수를 써서 다른 사람의 비밀을 거머쥐려는 시도는 결국 불명예를 초래한다는 사실을 자각하고 있다.

많은 사람들이 신랄하게 세계의 독재자들을 비판한다. 그러나 정작 그들 스스로가 자신들이 소유하고 있는 권위만큼 가족에게 폭압을 자행하고 자신의 수하에 있는 사람들에게 독재를 하고 있다는 것을 전혀 깨닫지 못한다.

많은 사람들이 내게 인정한 바에 따르면, 수술을 할 때 두려운 것이 있다면 수술 자체보다도 마취에 대한 두려움과 자신들이 잠들었을 때 어떤 개인적인 비밀들이 밝혀질 것에 대한 두려움이라고 했다. 환자들의 독립성을 존중한다는 것은 그들의 비밀, 삶의 비밀들을 엄격하게 존중하는 것이고, 너무 꼬치꼬치 질문하는 것을 피하는 것이다.

3. 비밀을 털어놓음

아이들이 부모로부터 벗어나려면 반드시 부모 밖의 세계에서 친구 관계를 형성해야 한다. 이런 일들이 일어날 때, 부모는 아이가 자기들에게서 멀어져 가고 있으며 그가 이제 한 인격체가 되어 가고 있다는 것을 피부로 느끼게 된다. 부모로서 아이의 친구들에 대해 느끼는 질투는 종종 비극적 차원의 양상을 띨 수도 있다.

한 인격체의 발달은 양자 택일과 보충 행동이라는 이중 행동에서 비롯되는 결과이다. 즉 먼저 거절의 행동이 있고 난 다음에 자기 것을 순순히 내어 주는 양도의 행동이 있다. 처음에는 말을 하지 않는 경험을 하고 그 뒤 대화를 하는 경험을 한다.

우리의 어린 프란시스는 이제는 성장해서 어른이 되었다. 성숙한 것이다. 그녀는 비밀스러움과 개방, 침묵과 대화라는 이 미묘하고 중요한 게임을 조금씩 조금씩 배워야 한다. 이 사람에게는 비밀을 어디까지 말해야 하나? 또 저 사람에게는? 그것은 분명히 기술이다. 다른 모든 기술과 같이 이 기술 역시 많은 경험을 통해서 비로소 얻어진다.

각각의 것들은 말해야 할 적당한 때가 있다. 즉시 말해야 할 것이 있고, 재빨리 붙들어야 하는 기회가 있다. 그리고 뒤로 미루어야 할 것이 있다. 표현하기 전에 좀 더 무르익도록 기다려야 하는 것이 있다. 타인에게 자신을 열어 주어야 할 때가 있고 타인의 감정을 상하지 않게 하기 위해 침묵을 존중해야 할 때도 있다. 동물에게는 본능적 반사 동작만 있을 뿐이다. 주위에서 아무리 진지하게 요청한다고 하더라도 동물은 자신의 반응을 늦출 수 없다. 인간만이 가지는 독특한 점 한 가지는 그가 자신의 대답뿐만 아니라 그 대답의 시기를 선택할 능력을 가지고 있다는 것이다.

어떤 비밀을 간직하고 어떤 비밀을 밝히는가에 따라서 한 사람의 성숙도와 개인적 자유를 측정할 수 있을 것이다. 그들은 서로 자신들이 작은 비밀을 털어놓기 위해서, 좀 더 솔직해지는 법을 배워야 하고 좀 더 과묵해지는 법을 배워야 한다.

사람은 친밀한 만남을 통해서 한 인격체가 된다. 어느 누구도 자기 자신의 내부로만 향하고 자신을 분석하는 고립된 상태에서 자신을 발견할 수는 없다. 인간은 자기를 내어 줌으로써 자신을 발견한다. 비밀을 말하는 것은 자기 자신을 내어 주는 것이다.

자신의 마음을 털어놓을 만한 사람을 추측하는 직감과 육감을 갖기 위해서는 참으로 특별한 성숙이 필요하다. 성 프란체스코는 1만 명 중에서 한 명을 고백의 대상으로 선택해야 한다고 말했다.

어떤 소년 소녀들은 청소년기를 특징짓는 격한 감정적 열망으로 자신의 비밀을 지켜 줄 능력이 없는 친구에게 매우 중요한 비밀을 털어놓는 경우가 있다. 완전히 마음을 열고 정직하게 자신을 내어 주었음에도 불구하고 그런 식으로 한 번이라도 배신을 당해 본 사람이라면 아주 오랫동안 때로는 평생 동안 사람을 믿지 못한다.

아무리 마음을 굳게 먹고 결심하고 노력을 해도 자신을 자유롭게 조절할 수 없는 잘못된 행동들도 있다.

사르트르가 말한 것처럼, 당신이 언제든지 서 있는 '무대 위의' 공개적인 삶에서만 당신을 접하는 사람들이 안다면 비웃게 될 당신만의 매우 유치한 취미들이 있다. 그 외에도 우리에게는 자신이 저질러 놓고도 스스로 놀라는, 수천 개의 비겁하고 비열한 크고 작은 행동들이 있다.

4. 정신 치료의 비밀

그리고 어떤 비밀이든 그것을 고백했을 때는 놀랍게도 마음이 편안해진다.

현 세계의 적어도 특정 국가에서는 정신 치료사가 많은 사람들에게 종교 상담가의 자리를 대신하고 있다. 교회는 이러한 현상에 대해 어느 정도 책임을 져야 한다.

프로이트는 자신을 발견하기 위해서는 자신이 지고 있는 짐을 벗는 것이 얼마나 절실하게 필요한가를 가르쳐 주었다. 그는 '주저하지 말고 꾸밈없이 말하라'는 단순한 명제가 대단한 치료 효능을 가지고 있음을 밝혀 주었다. 이제는 건강한 사람도 아픈 사람과 마찬가지로 그러한 치료를 필요로 하고 있다. 즉 당신의 비밀들을 말하는 것 그리고 비밀을 밝힘으로써 우리 모두가 필요로 하는 인간적 친교를 경험하는 것이다.

교회는 처음에는 전신 치료 요법에 맞서 싸우다가, 이제는 성직자들이 편견을 극복하고 정신 치료 요법의 도움을 입고 있다.

우리는 지금까지 이 책에서 제시해 왔던 핵심적 요소들을 정신 치료라는 상황에서 다시 한 번 발견하게 된다. 부모에게 말하지 않았던 비밀들을 의사에게 털어놓고 자신이 지고 있던 짐을 내려놓음으로써, 환자는 부모로부터 자유로워진다.

게다가 정신 치료를 위한 일련의 진찰을 받는 동안, 앞에서 논의했던 물러섬과 내어 줌이라는 양자 택일의 리듬이 작용하고 있음을 알게 된다. 모든 사람이 이러한 정신 치료의 성공 여부가 환자의 완전한 투명성에 달려 있을 것이라는 불안한 예측을 재빨리 하게 된다. 즉 비밀은 죄다 털어놓아야 하며 진찰하는 동안 처음부터 끝까지 솔직해야 한다는 생각을 하게 된다. 그러나 어느 누구도 처음부터 완전히 성공할 수는 없다.

융과 매더는, 숨어 버리고 침묵하는 의사 대신에 환자와 얼굴을 마주 대하는 의사가 되라고 권고한다.

프랭클(Frankl)에 의하면 의사는 대화가 계속 되도록 해야만 한다는 것이다. 그리고 환자가 열중하고 있는 모든 질문들에 동참해야 하고, 결코 어떤 것도 피해서는 안 된다는 것이다. 대신 의사는 철저한 윤리적 중립성을 지키고 그 자신의 개인적 신념이 작용하게 해서는 안된다는 점만을 명심해야 한다.

밸린트(Balint)는, 한 인격체로서의 의사가 치료하는 것은 정신요법뿐만 아니라 모든 의학 분야에서도 그 역할을 수행한다고 했다. 왜냐하면 치료를 하는 주체가 외과 의사든 내과 의사든 혹은 일반 의사든 간에 모든 환자는 마음을 짓누르는 비밀들을 가지고 있기 때문이다. 모든 환자들은 의사와의 인격적 관계를 필요로 한다. 이러한 관계 속에서 환자들은 스스로 짐을 벗고 자유롭게 될 수 있다. 이와 같이 환자가 마음의 무거운 짐을 벗어 버리면, 동시에 의사가 환자를 치료하고 그의 증세를 더 잘 이해하는 데도 도움이 될 수 있다.

밸린트에 따르면, 모든 의사들은 '사도적 기능' 을 수행하고 있다고 한다. 즉 의사는 환자에게 윤리적이고 영적인 영향력을 미친다는 것이다. 의사는 의식적이든 그렇지 않든 또 의도적이든 그것을 깨닫지 못하든 간에, 자신이 갖고 있는 삶에 대한 개념들과 철학과 신념들을 환자들에게 전달한다.

현대인은 자신이 정작 무엇을 숨기고 있는지 그것의 정체를 알지 못한다. 아무리 자신의 인생이 아름답게 보인다 하더라도 그것은 단지 자신의 비밀 벽장 밖의 문 위에 그려 온 그림일 뿐이라는 사실을 그는 진정 잘 알고 있다. 그것은 바로 오래 전에 예수 그리스도께서 '회칠한 무덤'(마 23:27)에 대해 말씀하셨을 때 묘사했던 바로 그 모습이다.

이미지란 꿈의 언어이다. 우리의 꿈은 우리 자신에 관한 것이지만 그 동안 알지 못하던 우리의 비밀을 잠재 의식적 자아가 의식적 자아에게 속삭여 주는 통로이다.

모든 꿈은 말로 표현된 어떤 비밀들보다도 더 풍성하고 더 신비한 비밀을 드러내는 것이다.

5. 결혼 생활과 비밀

무엇보다도 먼저, 절제란 여태껏 우리가 얘기해 온 물러섬과 초연함과 비밀의 문제라는 것에 주목해야 한다. 자신을 내어 주는 것 즉 비밀을 털어놓는 것이 정말 가치 있으려면 반드시 그에 선행되어야 할 것이 절제이다. 자녀들 내부에서 이 절제가 서서히 형성되어 갈 때는 부모까지도 그들의 절제를 민감하게 존중해 주어야 한다.

절제란 모든 사람들이 붙들고 있는 자연스러운 본능으로서, 일생의 동반자로 선택한 상대방에게 좀더 완전히 자기를 선물하기 위해 자신을 소중히 간직하고자 하는 마음이다. 그 반면에 사랑의 관계란, 이러한 친구들과의 우정과는 달리 너무도 완벽한 결속을 형성하기 때문에 결코 여럿이 나누어 가질 수 없는 것임을 사람들은 직감적으로 느끼게 된다. 인간의 마음에는 '전부가 아니면 아무것도 아니다'라는 사랑의 법칙이 새겨져 있다. 자신의 육체를 선물하는 것은 육체뿐 아니라 모든 비밀도 동시에 선물하겠다는 의미에서 자신을 완전히 내어 주겠다는 결정을 상징한다.

육체적 친밀성과 마음 속의 비밀을 털어놓는 것 사이에는 필연적으로 평행성과 동시성이 존재한다. 육체와 정신은 개인이 가진 두 레일과 같다. 왜냐하면 기차가 덜컹거리지 않고 가려면 바퀴가 반드시 두 레일 위를 따라서 함께 움직여야 하기 때문이다. 말로는 점점 친밀감을 더해 가지만 결코 키스나 포옹을 하지 않는 것이 불행이듯, 서로의 가슴을 상대방을 향해 열지 않은 채 모든 단계를 뛰어넘어 바로 육체적 욕망을 분출시키는 것 또한 불행한 일이다. 서로를 알아 가고 자신을 내어 주는 이 두 가지 작업이 조화롭게 진행될 때 그 상호 교류가 사랑을 영적 실체가 되게 한다. 왜냐하면 모든 영적인 것은 상호 교류적이기 때문이다.

투명성이란 결혼 생활의 법칙이다. 남편과 아내는 항상 새롭고 때로는 어려운 고백이라는 대가를 치르면서 이 투명성을 꾸준히 추구해 나가야만 한다. 아내나 남편을 오해하게 되는 가장 중요한 원인은 상대방을 정말로 잘 안다고 생각하기 때문이다. 상대에 대해 잘 알고 있다고 생각한다면 더 이상 그를 이해하려고 노력하지 않을 것이기 때문이다. 생명력 있는 결혼 생활과 개성을 계속 발전시키기 위해 바탕이 되어야 할 조건은 어떤 오해를 두려워하여 마음을 닫거나 체념하지 않고 자신의 행동에 대해 스스로 설명하는 것이다.

시간이나 돈의 사용에 관련된 문제든 결혼 생활에서 엄격하게 순결을 지키는 문제든 혹은 약간은 사소한 듯 하지만 실상은 중요한 문제 — 감정적 반응, 명백히 어리석은 두려움, 다소 사소한 불평들, 어리석은 망설임, 어린애 같은 변덕, 결코 이루어질 수 없을 것 같은 소망들, 부당한 의심, 선의의 작은 거짓말, 평화를 깨뜨리는 낯선 종교 체험, 확실히 아무 근거도 없는 무시무시한 예감, 나태한 자아 도취의 공상, 고뇌에 찬 근심 — 든 서로 모든 것을 다 털어 놓자던 약속을 지키기란 항상 어려운 것이다.

더군다나 남편과 아내라고 할지라도 적절한 시기에 적절한 만큼의 비밀을 밝히는 것이 필요하다. 그러므로 우리는 모든 것을 말한다는 것이 매우 어렵고 미묘한 문제임을 알아야 한다.

당신의 남편이나 아내를 조심스럽게 존중해 주는 것은 바로 당신과 당신의 결혼 생활을 존중하는 것이다.

전혀 의견의 차이를 경험해 본 적이 없고 항상 옆에만 붙어 있어서 상대방의 곁을 떠나지 못하는 정도까지 이른 부부가 있다면, 그들은 자신들이 믿는 것만큼 아직 하나로 결속되어 있지 못하다. 왜냐하면 그들은 자유롭지 못하기 때문이다. 하나가 되려면 먼저 자유로워야 한다.

남편과 아내가 서로를 속박하거나 강제하지 않고서 상호 발견을 할 수 있는 왕도가 있다. 함께 하나님 앞에서 교제하고, 기도와 묵상 가운데 하나님으로부터 얻는 생각들을 서로 교환하는 것이다. 그럴 경우 전적으로 솔직해져야 하는 이유는 상대방이나 그가 던지는 질문들 때문이 아니다. 그것은 하나님에 대한 충성과 우리 자신에 대한 성실성으로부터 요구되는 것이다.

묵상의 본질은, 하나님의 임재 가운데 있음으로 해서 갖게 되는 상호 존경 때문에 이러한 생각들에 정직하게 기꺼운 마음으로 반응하는 것이다. 그리고 당신이 공책에 자신의 생각들을 적어 왔다면 그것을 솔직히 말하는 것은 더 쉬워진다.

하나님 앞에서는 비밀이란 없다. 그렇기 때문에 하나님 앞에서 함께 묵상을 하는 습관을 가지게 된 부부는 서로의 가장 친밀한 생각들과 감정들을 알게 된다고 확신할 수 있다.

6. 하나님의 비밀

우리 자신을 알게 되는 가장 좋은 방법은, 하나님이 우리를 살피시도록 우리를 그분께 내어 맡기고, 그분이 우리에게 말씀하시는 바를 듣는 것이다. 왜냐하면 하나님은 우리가 스스로를 아는 것보다 훨씬 더 우리를 잘 알고 계시기 때문이다(마 10:30; 시 139:1, 7-8, 11-12).

하나님은 우리의 모든 비밀들을 알고 계신다. 그럼에도 그분은 우리가 직접 그것들을 말하기 원하신다. 그분은 우리의 모든 필요와 욕구와 두려움과 소원을 알고 계신다. 그러나 그분은 우리가 기도 중에 그것들을 표현하기 원하신다.

그러므로 우리가 우리의 비밀들을 하나님 앞에 내어 놓는 것은 그분이 모르는 사실을 알리기 위함이 아니다. 그렇다면 왜 하나님께 우리의 비밀을 말씀드려야 하는가?

그것은 하나님이 우리의 인격을 존중하시기 때문이다. 하나님은 마치 남편이 아내에게, 환자가 의사에게, 어린 프란시스가 꼬마 친구들에게 털어놓듯이 우리가 비밀들을 자유롭게 고백하는 것을 기다리신다. 이러한 고백을 통해, 무한한 인내와 신중함을 지니신 그분에 대한 우리의 신뢰와 사랑을 실제로 증명하기를 기다리고 계신다.

하나님이 먼저 사람에게 접근하셔서 그에게 친밀하게 말씀하신다. 그것은 지극히 놀라운 사실이며, 구약과 신약이 전하는 메시지의 본질이다.

계시란 하나님이 스스로 자신의 비밀들을 전달하는 것이다. 만약 하나님이 자신의 비밀을 우리에게 말씀하시지 않았다면, 우리는 그분의 자비로우심과 의도와 사역과 계획 같은 것을 결코 확실히 알 수 없었을 것이다. 그리고 개별적으로 우리에게 말씀하실 뿐만 아니라 우리의 말하는 바를 개별적으로 들으신다. 바로 그것이 우리를 한 인격체로 만드는 과정을 완성하는 것이다. 완전한 의미에서 인격체란 다른 사람들뿐만 아니라 하나님과도 인격적인 관계를 맺고 있는 인간을 말한다.

이것이 개인 형성의 셋째 단계이다. 아직 하나님과 인격적인 만남을 경험하지 못했고 그분과의 어려운 대화를 받아들이지 못했다면 정도의 차이만 있을 뿐 인간은 여전히 본능과 반사 작용에 따라 자동적으로 움직이는 무책임하고 지각없는 한 어린아이에 지나지 않는다.

개인 형성의 1단계는 물러섬이다. 즉 개인적 비밀을 만들어 냄으로써 그는 개인이 된다. 2단계는 자유롭게 선택한 누군가에게 이러한 비밀을 자유롭게 전하는 것이며, 그러한 과정을 통해 타인과 더불어 사랑과 상호 인격적인 관계성을 경험하게 된다. 그리고 3단계는 하나님과의 관계 속에서 이러한 두 가지 경험을 같이 하는 것이다. 즉 하나님과 구별된 존재로서 우리를 느끼고, 자유롭게 그분을 선택한 후, 그분께 우리의 비밀을 말하고, 그럼으로써 그분과의 상호 인격적인 관계를 알아 가며 그 사랑을 체험하는 것이다.

예수님은 다음과 같이 말씀하셨다. "너는 기도할 때에 네 골방에 들어가 문을 닫고 은밀한 중에 계신 네 아버지께 기도하라 …"(마 6:6). 묵상이란 하나님이 우리 마음의 비밀스런 곳에 속삭이실 지도 모르는 비밀을 은밀하고 참을성 있게 기다리는 것이다.

하나님과의 만남에서 인생의 비밀을 발견한 듯한 느낌을 갖게 되지만 그것을 말로 표현할 수 없는 경우가 가끔 있다. 그것은 경건하게 존중해야 할 하나님과 우리 사이의 비밀이다.

　사도 바울은 다음과 같이 쓰고 있다. "우리가 이제는 거울로 보는 것같이 희미하나 그때에는 얼굴과 얼굴을 대하여 볼 것이요"(고전 13:12). 그렇다. 바울은 그 때. '온전한 것이 올 때'(고전 13:10)를 말하고 있다. 주님이 오셔서 죽음의 심판을 하신 후에는 더 이상 어떠한 비밀도 없을 것이다.

Ⅸ 여성, 그대의 사명은

The Gift of feeling

"성경은 모험의 책이며 세계와 인간의 모험일 뿐
만 아니라 하나님이 관련을 맺으시며 부르시며 일을
시키시는 모든 사람의 개인적인 모험이기도 하다."

IX. 여성, 그대의 사명은 : 요약하면, 남성은 사물의 세계를 세우고 여성은 인격의 세계를 잘 형성하는 것이다. 인격적인 접촉을 방해하는 가장 큰 장애물은 감정에 대한 두려움이다. 일반적으로 여성은 남성보다 더 감정적인데, 남성은 자신의 감정을 표현하거나 그 감정이 감지되도록 허용하는 것조차도 매우 두려워한다. 여성의 사명은 여성의 감수성을 잘 승화시켜 좋은 열매를 맺도록 하는 것을 포함한다. 인간 본성 중 가장 인간적인 속성이 박탈된 존재가 바로 남성이다. 남자는 인격의 세계보다 사물의 세계에서 훨씬 더 편안함을 느낀다. 그 이유는 그곳에서는 여성의 예민함과 감정적인 요구를 피할 수 있기 때문이고, 인생의 신비와 고통에 의해 제기되는 근본적이고 비이성적인 의문으로부터 보호되기 때문이다.

베티프라이단에 따르면, 사물의 세계의 법칙, 곧 이윤의 법칙에는 남자들이 배후에서 조종하고 있다는 것이다. 그러나 여성은 사물이 아니라 사람을 위해 일한다. 여성은 인격적으로 일하기 좋아한다. 여성이 결혼하는 것은 사랑 때문에 또 가정을 갖고 싶기 때문만은 아니다. 그것은 결혼이 주는 사회적 지위 때문이다. 여성을 하나의 인격적으로 인정하는 것은 여성 스스로가 선택한 것에 대하여 완전히 책임지도록 허용하는 것이다. 여성이 교육받을 권리와 일할 권리를 주장하는 이유는 일 그 자체에 있는 것이 아니라 그 일이 주는 유익과 인생에 부여하는 의미 때문이다.

남자는 논리적인 지성의 상징인 반면 여자는 마음인 직관의 상징이다. 이 둘은 상호 보완적이며 남녀가 서로 협력할 때 더욱 구체화 될 수 있다. 복음서에서 여자가 남자보다 예수를 더 잘 이해했다는 사실을 간과할 수 없다. 사마리아 여인에게 예수님이 그녀의 사생활에 관해 말하자 그녀는 즉시 깨닫고는 "나는 당신이 선지자임을 압니다." 라고 반응한다. 그리고 나서 즉시 메시야에 관한 영적인 질문을 제기한다. 예수님은 "당신에게 이야기하는 내가 바로 그입니다." 라고 대답한다. 예수님은 남자에게는 자기 정체를 그처럼 분명하게 선언한 적이 없다. 그들의 직관을 일깨우는 질문인 "그러면 너희는 나를 누구라고 하느냐?" 라고 대답한다. 예수님은 모든 편에서 자유로운 분임을 보여 주셨다. 남자에게 대할 때와 똑같은 호의와 신뢰 그리고 요구와 약속을 갖고 여자에게 말씀하셨다.

투르니에는 여성의 사명은 모든 여성적인 가치, 감각, 이해심, 직관, 인격적 관계를 회복하는 것이며, 여성이 공적인 일에서 축출되고 가정에서만 있어서도 안 되고 너무 과격하게 전투적으로 여성해방을 부르짖어도 안 된다고 한다. 여성의 온유함을 잊어서는 안 된다고 주장한다. 왜냐하면 '온유함이란 인격에 대한 관심'이기 때문이다. 여성의 사명은 모든 여성과 관련된 것으로서, 각자 있는 곳에서 수행할 사명이다. 오늘날 사회에는 새로운 종류의 고독, 곧 군중 속의 고독이 생긴다. 여성은 이 현대적인 고독으로 인해 남자보다 더 고통을 받는다. 투르니에는 여성에게 이 고독을 용납하도록 권유하기보다는 우리의 고독을 치료해 달라고 부탁하는 편이 나을 것이라고 말한다. 투르니에는 이것이 여성 해방운동이 지향할 목표이며 사명이라고 말한다. 왜냐하면 여성은 인격적으로 일하기 좋아하며 인격은 하나님과의 관계 속에 있기 때문이다.

1. 객관적 관계와 인격적 관계
The Gift of feeling

나의 아버님은 70세에 나를 낳으셨고 2개월 후 별세하셨다.

내가 여섯 살 되던 해 어머님이 운명하셨고, 나는 큰아버지 댁으로 들어가서 자랐다.

16세가 되었을 때 선생님 중 한 분이 나의 상처를 발견하였다. 그 선생님은 나 자신을 표현할 기회를 만들어 주시면서 내가 스스로를 발견하게끔 이끌어 주셨다. 나는 두 번째 정신 치료사를 만났는데 그는 화란인으로서, 옥스퍼드 그룹이란 종교 운동에 가담하고 있었다. 그 운동은 신조나 신학에 강조점을 두지 않고 매일의 생활에서 하나님의 영감에 구체적으로 순종하는 것을 강조했다.

그는 내가 한 번도 접한 적이 없는 단순하며 용기 있는 태도로 자신의 생활에 대해 이야기했다. 그의 말이 끝나고 나는 처음으로 고아로서 겪은 고통을 입 밖으로 말했고, 그 때 나의 눈에서는 눈물이 흘러내렸다.

사람들과의 관계에는 두 가지 유형이 있다. 하나는 지적이며 객관적인 관계이고, 다른 하나는 감정적이며, 인격적인 관계이다.

먼저 맺은 고전 선생님과의 관계와 후에 맺은 화란인과의 관계가 그것이다. 이 둘은 각각의 유형을 대표하는 전형적인 관계였다. 나는 인격적인 관계를 발견하고 있었다. 자신의 지적인 사변만을 나누는 것이 아니라 마음을 열고 우리의 삶과 감정까지도 나눌 수 있게 되었다.

나는 다른 사람과의 새롭고도 감동적인 접촉을 발견하기 시작했다. 그 처음 대상은 내 아내 넬리였다. 나는 남편이라기보다는 한 사람의 선생으로 아내를 가르치고 지적으로 설명하기 좋아하는 심리학자요 목사 같은 존재였다. 진정한 인격적인 관계에서 나는 전적으로 배워야 할 입장이었음을 미처 깨닫지 못했던 것이다. 그래서 그녀는 곧 나의 세 번째 정신 치료사요 고해성사를 받는 사제 같은 존재가 되었다.

2. 사물의 세계와 인격의 세계

마르틴 부버(Martin Buber)는, 타인 및 세계와의 관계 유형을 '나 – 그것'(I-it), '나 – 당신'(I – thou)이라는 매우 대조적 형식으로 표현한다. 여기서 공통적인 요소인 '나'는 나 자신을 가리킨다. '나 - 당신'의 관계에서 '나'는 인격적으로 관계를 맺는다.

어린아이들에게는 자기가 좋아하는 곰 인형이 그저 하나의 사물이 아니라 하나의 인격이다. 인격적인 관계를 맺을 수 있는 역량은 인간 본성의 한 특성이며, 이것이 인간을 인간답게 만드는 요소이다. 사물을 인격화할 수 있다면 또한 인격을 사물화할 수도 있는 것이다. 여성은 종으로 취급당해 왔고 성적인 대상으로 취급당해 왔다. 남성 가운데도 인격 감각을 지닌 사람이 있고, 여성 중에도 과학 기술과 사물 쪽으로 기울어진 사람이 있다. 그러므로 남성과 여성의 상호 보완성은 남성과 여성간의 외적인 문제일 뿐 아니라, 내적으로 우리 각자 속에 있는 두 성향간의 조화의 문제이기도 하다.

융(C.G Jung)은 지성과 감성을 한 축의 두 기둥으로 보고, 전자는 남성 속에서 후자는 여성 속에서 각각 지배적이라고 생각했다.

3. 르네상스 이후의 서양 문명

뒤르카임은(karlfried Durckheim) "서구 문화는 본질적으로 남성적이다. 남성적인 속성이 획일적으로 개발됨으로 말미암아 여성적인 잠재력은 억압되지는 않았지만 인식되지 못하였다."라고 말한다.

융은 여성의 마음에 있는 남성적인 성향을 '아니무스'(animus)
란 용어로, 남성의 마음에 있는 여성적인 성향을 '아니마'(anima)
란 용어로 설명한다. 중세에는 여성이 훨씬 더 존중받았고, 사회적
으로도 활발한 활동을 했다. 제동이 걸려 남녀간의 관계에 문화적
인 혁명이 일어난 것은 후대의 일이었다. 그것은 르네상스와 근세
초기에 해당하는 프랑스 고전주의 시대에 일어났다.

데카르트의 "나는 생각한다. 고로 존재한다."는 금언이 의미하는
바는, 인간은 자기 자신과만 관계를 가지는 유아독존이라는 것이
다. 즉 인간은 그 어떤 타인과도 아무런 관계없이 '나'와만 관계를
가지는 홀로 서는 존재이다. 변화는 시작되었다.

많은 젊은이들이 오늘날과 같은 비인격적인 사회를 배척하고 있
다. 그리고 여성들은 울타리를 공격하고 그들의 감옥을 부수기 시
작했으며, '안으로부터' 바깥으로 나오기 시작했다.

4. 여성은 인격 감각을 지니고 있다

에블린(Evelyne Sullerot)은 '언어 능력은 소녀가 소년보다 우월
함'을 지적하고 '공간적인 적성은 소년이 더 우월하기 때문에, 학
교 교육이 시작될 때 이미 소년의 기술 선호도가 소녀보다 50퍼센
트 내지 100퍼센트 가량 높음'을 밝히고 있다. 남성이 사물을 좋아

하는 이유는 조작하는 것을 좋아하기 때문이고, 또한 그런 일을 잘 해내기 때문이다. 언어적 적성은 인격간의 의사 소통에 대한 관심이다. 따라서 소녀들은 '사물보다도 인격과 접촉하는 직업들' 을 선택하게 된다고 에블린은 말한다.

남성은 사물의 세계를 세우는 데 적합하고, 여성은 인격의 세계를 잘 형성한다는 것이다. 이 둘은 동등한 동반자로서 서로 긴밀히 협력하여, 각각의 사명을 수행함으로써 더욱 조화로운 세계를 이룩해야 한다고 생각한다.

5. 감정 표현의 두려움

인격적인 접촉을 방해하는 가장 큰 장애물은 감정에 대한 두려움이다. 우리에게 참으로 인격적인 모든 것, 즉 우리를 한 사람의 인격으로 개입시키는 모든 것은 감정의 물결을 불러일으킨다.

일반적으로 여성은 남성보다 더 감정적인데, 남성은 자신의 감정을 표현하는 것이나 그 감정이 감지되도록 허용하는 것조차도 매우 어려워한다. 여성의 사명은 여성의 감수성을 잘 승화시켜 좋은 열매를 맺도록 하는 것을 포함한다.

인간 본성 중 가장 인간적인 속성이 박탈된 존재가 바로 남성이다. 남자는 인격의 세계보다 사물의 세계에서 훨씬 더 편안함을 느낀다. 그 이유는 그곳에서는 여성의 예민함과 감정적인 요구를 피할 수 있기 때문이고, 인생의 신비와 고통에 의해 제기되는 근본적이고도 비이성적인 의문으로부터 보호되기 때문이다.

우리 사회는 기능적인 사회이다. 대규모 민족 국가의 중앙 집권 현상과 경제력의 집중화 현상과 다국적 기업의 성장으로 인해 옳은 것은 곧 규칙에 부합하는 것이었다. 이런 모습이 바로 지난 삼사백 년 동안 여성을 한 쪽 구석으로 몰아넣은 채 남성들이 이룩한 세계의 실상이다.

6. 가정과 직장 사이에서

인간의 특유한 속성은, 다른 어떤 동물보다도 관계상의 문제가 정신 개발에 핵심적인 역할을 담당한다는 사실이다.

우리가 어떤 사람을 직접 만났다고 표현할 때, '한 인격으로'(in person)나 '한 육체로'(in flesh)라고 쓰는데 이 둘은 동일한 것을 의미한다. 즉 엄마가 아기를 품에 안고 포옹하고 뽀뽀하고 감싸 주는 것이 지극히 중요하다는 것이다.

아울러 부부가 맞벌이하는 집안의 아이가 안고 있는 심각한 문제에 대해 정신 의학자들은 줄곧 강조해 왔다. 기본적으로 모든 엄마들은 가정에서의 역할과 직장 생활 사이에 조화를 이루고 싶어한다.

사실 섬유 생산은 수천 년 동안 여성이 독점한 분야였다. 그리고 중요한 사실은 이 모든 생산 활동이 아기를 돌보면서 흥겨운 노랫가락에 맞추어 수행되었다는 점이다. 산업화는 기업을 윤택하게 만든 반면, 여성들이 수세기 동안 즐겨 오던 생산 활동을 박탈했고, 가정과 일터를 분리시키는 불행을 낳았다.

7. 여성의 지위

남성이 이룩한 산업사회는 많은 여성 활동들을 빼앗아 갔다. 산업 사회가 또한 대부분의 여성들에게 종속적이고 단조로운 비인격적인 업무를 안겨다 주었다. 만약 남성이 여성을 더 잘 이해한다면 여성으로부터 더 많은 것을 기대할 것이고, 그들을 더 책임 있는 직책으로 승진시킬 것이다. 근본적인 변화를 이루기 위해서는 모든 차원에서 남녀간의 상호 교환과 대화와 진정한 동역이 필요하다.

안네 닌은 "나는 이런 인격 감각을 원한다. 타인과의 직접적인 접촉감, 다른 여성의 눈에 더 이상 하나의 연약함으로 비춰지기를 원치 않는 이 감각을 갖고 싶다. 나는 여성들이 이 감각을 보존하여 이 감각으로 전혀 다른 세계를 창조하고 그 세계 속에서 지성이 직관 및 인격 감각과 융합되는 모습을 보고 싶다."

남성에 관해서도 감정 표현의 두려움에서 해방되어 '자신의 감수성을 인정하며' 눈물을 흘릴 줄 알고 사업만큼이나 가정에 깊은 관심을 갖는 남성을 그리고 있다고 쓰고 있다.

8. 지루함이란 이름의 열병

미국의 베티 프라이단 여사는 『여성의 신비』라는 책에서 미국에서 여성의 역할에 관한 사상이 어떻게 발전되어 왔는지를 기술하고 있다.

첫 번째, 여성 해방론의 영웅들이 출현하여 여성 투표권을 주장했을 뿐 아니라 고등 교육 및 모든 직업의 기회 균등권을 요구했다. 19세기에 남성이 여성에게 고등 교육의 기회를 주지 않은 이유는 의도적으로 남성 지배하에 두기 위해서였음을 주목해야 한다. 1945년 전쟁이 끝난 다음, 두 번째 시기가 찾아왔다. 이것은 일종의 반동 현상으로 "현대 여성의 정치 참여는 아내 및 엄마의 역할을 통해서 이루어진다."라는 것이다.

세 번째는 자기를 공격해 온 지루함이었다.

여성은 한편으로는, 결혼해서 엄마가 되어 자기의 세계를 만들고 자식을 사랑하고 양육하고 돌보는 것을 좋아하면서, 동시에 그 울타리에서 벗어나 넓은 세계를 향해 문을 열고 그 세계 속에 동참하고 싶은 욕망을 갖고 있다. 하지만 이 두 가지 욕망을 조화시키기는 현실적으로 거의 불가능하기 때문에 어느 한 편을 억제할 수밖에 없다.

9. 여성의 가치 확인

베티 프라이단에 따르면, 사물의 세계의 법칙 곧 이윤의 법칙에는 남자들이 배후에서 조종하고 있다는 것이다. 그러나 여성은 사물이 아니라 사람을 위해 일한다. 여성은 인격적으로 일하기 좋아한다. 그렇기 때문에 공장에서 만든 값싼 스웨터를 사는 것이 훨씬 쉽긴 하지만 굳이 손으로 뜨개질을 하겠다고 고집하는 것이다.

남자들이 집안 일을 하찮게 여기는 사실이 여성들로 하여금 그 일을 지루해 하고 싫증을 느끼게 만드는 주된 원인 중의 하나이다. 집안일의 문제는 이미 변화가 시작되었다. 많은 젊은 부부들이 집안일을 똑같이 부담하고 있으며, 새로운 동반자 관계를 형성하고 있는데 이는 인격적인 접촉을 위해 바람직하다.

여성이 결혼하는 것은 사랑 때문에 또 가정을 갖고 싶기 때문만은 아니다. 그것은 결혼이 주는 사회적 지위 때문이기도 하다. 여성을 하나의 인격으로 인정하는 것은 여성 스스로가 선택한 것에 대하여 완전히 책임지도록 허용하는 것이다.

10. 여성 해방 운동의 진로

평등에는 권리상의 평등이 있어야 하지만, 권리가 전부는 아니다. 환경상의 평등은 결코 완성될 수 없는 것이다. 중요한 것은 여성들이 어떻게 해야 한다는 것을 일방적으로 지시하는 것이 아니라 그들의 자유를 존중하는 것이다.

에블린 슐레롯은 "우리가 원하는 것이 무엇인가? 남자와 같이 되는 것인가? 아니면 여성으로서의 독특성을 표현하자는 것인가?"라고 의아해 한다. 여성 해방론의 승리를 여성이 남성과 같은 기능을 하는 것으로만 규정한다면, 이는 남성을 모델로 삼는 것을 의미하므로 남성의 우월성을 긍정하는 것에 불과하다.

여성이 교육받을 권리와 일할 권리를 주장하는 이유는 일 그 자체에 있는 것이 아니라 그 일이 주는 유익과 인생에 부여하는 의미 때문이다.

11. 여성들이 말하기를 …

남자는 논리적 지성의 상징인 반면 여자는 마음의 직관의 상징이다. 이 둘은 상호 보완적이며 남녀가 서로 깊이 협력할 때 더욱 구체화 될 수 있다. 복음서에서 여자가 남자보다 예수를 더 잘 이해했다는 사실을 간과할 수 없다.

사마리아 여인에게 예수님이 그녀의 사생활에 관해 말하자 그녀는 즉시 깨닫고는 "나는 당신이 선지자임을 압니다."라고 반응한다. 그리고 나서 즉시 메시아에 관한 영적인 질문을 제기한다. 예수님은 "당신에게 이야기하는 내가 바로 그입니다."라고 대답한다.

예수님은 남자에게는 자기 정체를 그처럼 분명하게 선언한 적이 없다. 그들의 직관을 일깨우는 질문인 "그러면 너희는 나를 누구라고 하느냐?"고 물으셨다. 예수님은 모든 편에서 자유로운 분임을 보여 주셨다. 남자에게 대하는 것과 똑같은 호의와 신뢰, 요구와 약속을 갖고 여자에게 말씀하셨다.

12. 남자는 여자 말을 듣지 않는다

가나의 혼인 잔치에서 예수님과 그의 어머니가 대화를 하고 있다. 프랑스와 돌토는 객관적인 대화 저변에 흐르는 감정상의 대화를 새롭게 발견하고 있다. 결정적인 때가 다가오고 있는 예수님의 심정은 고뇌로 가득 차 있으며, 어머니는 그것을 여성적인 직관으로 감지하고 있다.

가나의 포도주를 예수님이 장차 흘릴 피의 상징으로 보았는데, 그 피는 장차 예수님이 '하나님과 인간 사이의 새로운 언약'의 표시로 제자들에게 마시게 할 성만찬의 포도주로 다시 상징될 것이었다. 이것은 공적 사역을 시작하는 예수님의 탄생이며, 마리아는 여자의 직관으로 하나님의 뜻을 분별하여 대화를 시작했고, 자기의 확신을 아들에게 전달했던 것이다. 예수님은 여자들의 메시지 속에서 아버지의 뜻이 계시되고 있음을 깨닫고 그들의 말을 진실한 마음으로 열심히 듣고 있다.

일반적으로 남자는 여자가 남자의 말을 듣는 것만큼 여자의 말을 진지하게 듣지 않는다.

우리는 한 쪽 귀만 열어 놓고 들으면서 우리가 대답할 말에 더 신경 쓸 때가 많다. 참된 대화는 대답하기 위해 듣는 것이 아니라, 상대방의 감정을 공유하기 위해 듣는 것이다.

13. 남자는 여자를 경멸한다

남성의 심리 깊숙한 곳에 여성에 대한 경멸감이 버티고 있다. 우리가 상대방을 무시하면 상대방은 그것을 경멸로 느낀다. 경멸은 가장 심각한 사회 문제이다. 이 경멸을 느끼는 사람은 바로 무시당하는 자들이다.

가난한 사람들은 부자를 무시한다. 남녀간에도 이와 동일한 현상이 나타난다.

그러나 여성이 남성을 두려워하는 것 못지않게 남성이 여성을
두려워하는 것을 쉽게 볼 수 있다. 인간의 본성은 모순 투성이다.
교만과 수치, 욕망과 두려움, 용기와 겁, 자신감과 불신들이 우리
마음 속에 계속해서 공존하고 있고 서로 서로를 역동적으로 지원
하고 있다.

14. 유전학으로 본 남성과 여성

유전자의 본질적인 특성은 연속적인 복제를 수단으로 스스로를
재생산하는 능력에 있다. 그래서 유전자들을 '복제 기계'라고 부른
다. 그들의 유일한 법칙은 가능한 오랫동안 생존하는 것이다. 그러
면 '진화를 위한 안정된 전략'(Evolutionarily Stable Strategy)은
과연 무엇인가?

도킨즈의 설명 가운데 단순한 예를 하나 소개하면, 새들은 종에
따라 한 번에 알을 하나, 둘 또는 셋을 품는 것이 있다. 한번에 품
는 알의 숫자가 많을수록 그 유전자의 생존 확률이 더 높은 것은
아닐까? 도킨즈는 그렇지 않다고 말하면서, 그 이유는 "알을 많이
품으면 그만큼 충분한 보살핌을 받기 어렵기 때문"이라고 한다. 따
라서 새끼들을 잘 키울 수 있기 위해서는 적절한 수를 품어야 한
다. 그러므로 너무 많은 알을 품으려는 '전략'은 결국 실패할 수밖

에 없는 것이다. 따라서 그 종의 생존을 위해 스스로를 희생시키는 '이타적인' 유전자가 있음에 틀림없다는 것이다. 인간 사회의 문화사(史)는 종의 진화를 이어받은 것이고, 따라서 동일한 법칙을 따른다고 주장했다.

르네상스는 하나의 선택을 한 것이다. 그것은 하나의 '전략'에 해당하는 것이다.

남자는 모든 여성적인 가치 즉 느낌, 감각, 이해심, 직관, 인격적 관계, 신비성 등을 억압하고 있다. 동시에 여성은 공적인 영역에서 축출되어 집안 일에만 묶여 살도록 좌천된 것이다.

르네상스의 전략은 여성만이 줄 수 있는 선물을 상실한 채 문명 사회를 이룩했다.

15. 여성의 사명

우리가 사는 21세기에 새로운 변이가 등장하고 있다. 지금까지 갇혀 있었던 여성들이 문을 박차고 나온 여성 해방이 바로 그것이다. 남자로 하여금 자신을 알도록 한 자도 여성이었다. 이제 여성들이 사회에서 제자리를 되찾아 가는 시점에서, 많은 젊은이들이 그것을 요구하는데 말로만이 아니라 과격한 행동으로도 도전하고 있다. 우리 사회에서는 온유함을 역겨운 감상이나 남을 진정시키는 포옹 혹은 삶의 냉혹한 현실에서는 아무 소용없는 부드러움 따위로 전락시킨다. 그러나 온유함은 그런 것이 아니다. 내가 내리는 새로운 정의는 '온유함이란 인격에 대한 관심' 이라는 것이다. 여성의 사명은 모든 여성과 관련된 것으로서 각자 있는 곳에서 수행할 사명이다.

오늘날 사회에는 새로운 종류의 고독, 곧 군중 속의 고독이 생긴다. 여자는 이 현대적인 고독으로 인해 남자보다 더 고통을 받는다. 여성에게 이 고독을 용납하도록 권유하기보다는 우리의 고독을 치료해 달라고 부탁하는 편이 더 나을 것이다.

이것이 내가 여성들에게 제안하는 여성의 사명이며, 여성 해방 운동이 지향할 목표라고 생각한다. 인격은 하나님과의 관계 속에 있는 것이다.

인격은 남녀 모두를 가리키며 불가분의 상호 보완성이다.

"생육하고 번성하여 땅에 충만하라 …"고 말씀하신 하나님의 명령 안에서 남자와 여자는 더불어 세계를 건설하도록 창조되었다.

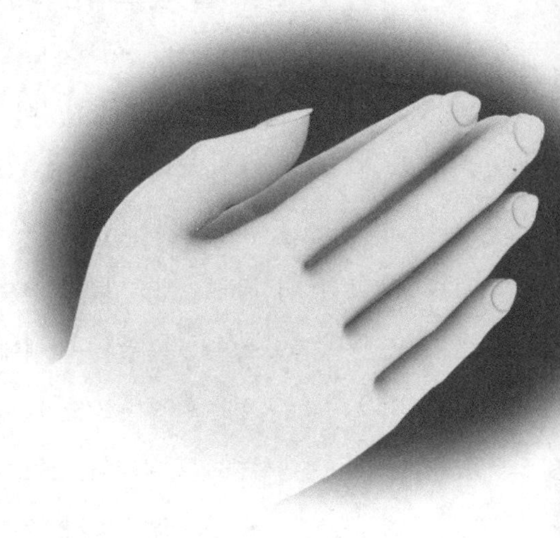

 X 귀를 핥으시는 하나님

A Listening Ear

"내게 있어서 신체적 손실은 모든 정신적 유익이
됐다. 고뇌라는 학교야말로 인생의 학교가 아니겠는
가?"

Ⅹ.귀를 앓으시는 하나님 : 요약을 하면, 투르니에
는 현대인들은 불행하게도 조용한 시간을 갖지 못하고 산
다고 했다. 그런고로 침묵이 결여돼 있으며 자신의 삶을 지
배하지 못한다고 한다. 투르니에는 하나님의 말씀을 듣는
것을, 그 외에는 어떤 것도 중요하다고 생각하지 않았다.
이러한 하나님의 말씀은 침묵 저편으로 들어가야 들을 수
가 있으며, 침묵은 그 자체에 목적이 있는 것이 아니라 들
을 수 있는 환경을 만들어 내는 방편이라고 한다. 의식이나
무의식중에도 우리의 마음은 하나님으로부터 오는 생각을
받을 수 있는 도구가 되어야 한다고 말한다..인간이 자신의
문제를 하나님 앞에 내어 놓고 묵상할 때 그가 얼마나 진실
함으로 깊이 묵상하느냐에 따라 하나님께서 인정하시는 정
도가 정해진다고 한다.

투르니에는 인생에서 가장 중요한 것은 "만남"이라고 한
다. 만남은 사람과 사상과 또한 자연과의 만남이며 그중에
서도 인간의 만남 배후에 있는 하나님과의 만남은 가장 중
요한 만남이다. 그가 16살 되던 해에 영적인 고독의 시기에
그리스어 선생님과의 만남을 통해 그의 인생이 변하기 시
작했다고 고백한다. 그분이 말씀하시기를 "우리 이제는 터
놓고 이야기 하자, 나를 선생이라 생각하지 말고 이야기 해

봐, 우리는 둘 다 남자니까 남자대 남자로 말하는 거야." 나는 비로소 한 사람을 만나게 된 것이며, 처음으로 나에게도 가능성이 있다는 사실을 알게 되었고, 그 후 모든 인간에게는 가능성이 있다는 사실을 알았다. 투르니에는 이 세상에는 수많은 의사가 있지만 많은 의사들이 자신의 내적인 문제에 대해서 호소하고 있다고 말한다. 즉 내적인 갈등, 정서적 불안, 부부간의 불화, 혹은 이혼 문제 등, 이러한 복잡한 문제들에 대해서 의사들은 어떠한 방법으로도 손을 쓸 수 없다고 했다. 그들이 이러한 문제를 외면한다면 환자의 치유는 불가능하다고 했다. 투르니에는 한 인간이 존재하며 살아간다는 것은 "이웃과의 관계" "자연과의 관계" "사회와의 관계" "하나님과의 관계"를 맺으며 살아가는 것이라고 한다. 그는 인간을 영적인 요소로 파악하고 광범위하게 해석하였다. "한 인간을 한 인격체로 보는 것이 하나님의 창조의 목적이다"라고 말했다. 인간이 세상에 태어난 것이 곧 하나님의 부르심이라는 사실을 인간은 누구나 잊어서는 안 되며, 인간은 누구나 자신이 제일 중요하고 자신의 존재가 전부라는 사실을 알아야 한다고 말했다.

투르니에는 여성의 치유에서 여성들이 조각난 세상을 하나로 통합하고, 가정을 공동사회로 일구어 가고, 여성들이

인간과 인간 사이에 인격적인 관계성을 심도 있게 맺어줌
으로써 사회가 하나로 통합되는 길을 열어준다고 했다. 남
자는 물질적인 감각을 가진 반면에 여자는 심적인 감각을
갖고 있다. 오늘날 물질적인 것은 상당한 발전을 이루었으
나 인간 상호간에 희생하고 사랑하는 일에 대해서는 대단
히 빈약한 상태라고 했다. 오늘날 우리의 문명이 병들은 것
은 여성의 가치를 억압해 왔기 때문이라고 투르니에는 주
장했다.

투르니에는 고난의 신비를 논하기를, 성경전체에 흐르고
있는 하나님의 뜻은 인간이 하나님의 간섭 없이 삶을 살아
서는 안 된다. 는 것이다. 자신의 의지로 삶을 영위하려고
한다면 많은 고통을 당한다는 것이다. 예수님의 오심으로
고통의 문제는 전환점을 맞게 되었으며, 예수님은 실패한
인간이 고통당하고 있음을 말씀하셨고 자신이 고통으로부
터 인간을 구원하기 위해서 왔다고 했다. 동시에 인간의 고
난이 스스로의 죄나 어느 집단의 죄 때문은 아니라는 사실
을 분명히 했다. 성경에서는 인간의 실패로 인해 세상에 고
난이 들어왔다는 사실을 인정하면서도 고통을 당하는 사람
이 당하지 않는 사람보다 죄가 많은 것은 아니라는 점을 분
명히 했다. 투르니에는 인간에게는 고난에 대한 해답이 없

다는 사실을 겸손히 받아들여야 한다고 했다. 하나님은 신비에 쌓여 있는 분이므로 우리가 침범할 수 없는 비밀의 영역에 계신분 이기에 인간이 침묵해야 한다고 했다. 현대인들이 고통당하는 이유는 그 고통의 의미를 찾지 못하는 데 있으며 프랭클은 이를 '실존적 공허감' 이라 했다. 기독교인은 고통 속에서야 비로소 예수님을 향해 갈 수 있고, 그와 하나 될 수 있다. 그리스도는 고통 속에서 승리를 거두신 분이다. 인간의 성숙함은 영적인 성숙을 통해서 생기는 부산물이다.

투르니에는 결혼생활의 비법은 가정에서 부부가 하나님의 음성을 듣기 위해 평균 한 시간씩은 묵상의 시간을 가져야 한다고 했다. 투르니에가 깨달은 것은 부부가 완벽주의에 빠져서는 안 되며, 다만 하나님의 말씀을 어떻게 하면 더 잘 들을 수 있을까 하여 하나님께 더욱 가까이 다가가야 한다는 것이다. 부부간에는 인간 존재로 인한 평등이 있어야 하며, 부부가 서로 다르더라도 인간 동등으로서의 평등이 있어야 한다고 말한다. 부부간에 서로의 아픔을 호소하고 상대방의 말에 귀를 기울이고 묵상의 시간에 서로 고해성사를 하듯이 자신의 이야기를 해야 좋은 결혼생활을 영위할 수 있다고 했다. 투르니에는 노년기는 한 인간이 일생

동안 살아온 그의 삶의 결실이기 때문에 인간의 진실이 나타나며, 인생의 충만함으로 가득 차 있어야 한다고 했다. 성공적인 인생을 살았다는 것은 그가 노년기를 잘 준비해서 얻어지는 것이 아니다. 그것은 그가 그의 삶에 어떤 의미를 갖고 살았느냐 하는 데 있다고 했다. 늙는다고 하는 것은 병이 아니라 인생의 한 과정이며, 현상이며, 인생의 가장 명예로운 시기이다.

투르니에의 '인격 의학' 은 인간은 육체적인 면과 정신적인 면, 사회적인 면, 그리고 영적인 면에 있어서도 오직 하나님 앞에서 침묵함으로 그분의 음성을 듣는 일이라고 했다. 의학은 단순한 과학이나 기술의 학문이 아니다. 다만 의학은 과학적인 기술을 사용하여 질병의 요소를 소멸시키는 것뿐이다. 그러므로 의사는 환자와의 전인격적인 관계를 통해 질병의 치유를 이끌어 내야하며, 이 기능을 전적으로 성취하기 위해서는 환자가 자신의 삶을 다른 사람들과 원만하게 이룰 수 있도록 하는 것이 선결의 문제이다. 뿐만 아니라 그와 세상과의 관계 그리고 그와 자연과의 관계, 나아가서는 그와 하나님과의 관계를 폭넓게 이루어 가도록 도와주어야 한다. 환자들에 대한 인격적 접근이 오늘날에 와서 의학의 새로운 영역으로 개척되어야 한다고 그는 주장하고 있다.

1. 나는 왜 글을 쓰는가?

A Listening Ear

- 1980년 독일어로 출판된 한 저서의 머리말 -

나는 왜 글을 써야 하는가에 대한 해답을 파리 태생의 한 미국 작가인 아나이스 닌(Anais Nin)의 『멋진 남성의 매력에 대하여』에 나오는 "사람은 자신이 살 수 있는 세계를 만들어야 하기 때문에 글을 쓴다."는 것을 인용한다. 한 인간이 살 수 있는 세계는 적어도 사람들 사이에 진정한 접촉이 이루어지는 곳이어야 한다고 생각한다. 내가 사는 세상에도 사람들이 서로의 마음을 열고 협력하는 순수한 삶이 이루어지는 곳이어야 한다고 생각한다. 지나온 삶의 경험을 통해서 보면 일부러 이를 기대하거나 추구하지 않았음에도 이러한 삶이 가능했다. 그러므로 내가 이 글을 쓰는 것은 이러한 나의 일들을 독자들과 함께 나누고 싶기 때문이다.

나는 환자들이 찾아오면 곧 그들과 친숙해지도록 노력한다. 스스로 자신들의 인생에 대해 모든 사실을 숨김없이 말할 수 있도록 하는 것이다. 인간에게 있어서 억압된 감정은 미처 겉으로 표출되지 않고 마음 속에 남아 있어서 그들의 삶에 자연적인 흐름을 가로막고 있다. 우리가 자신의 부끄러운 사실들을 용감하게 받아들일 때 숨겨진 마음의 비밀들이 겉으로 드러나게 되고 문제는 해결된다.

사람들은 자신이 사람들에게 이해되지 못할까 두렵기 때문에 다른 사람에게는 자신의 말을 하지 못한다. 말하자면 과거에 인식되어진 자신의 이미지를 지키려는 것이다. 자신이 남에게 이해되어진다는 사실이 그에게 있어서는 살아갈 수 있는 유일한 힘이 되기 때문이다. 이것은 우리가 어떤 문제에 부딪치더라도 그리고 어떤 어려움이 생기더라도 이겨 나갈 수 있는 능력을 부여해 준다. 자신이 다른 사람에게 받아들여지고 이해되어진다면 그는 위장하여 자신을 감추려 하지 않을 것이다. 이것이 진실의 순간이며 확신의 순간이다. 그것은 그 사람 자신에게도 깊은 감명을 불러일으키고 듣는 상대방에게도 동일한 느낌을 준다. 나는 다만 머리로가 아니라 가슴으로 이해하려 한다. 우리가 경험하는 이러한 신비한 반향(反響)들은 개별적인 접촉에서 일어난다.

나는 현대인들의 고독에 대해서 생각해 왔다. 이것은 인간들 사이에 진정한 대화가 아주 드물기 때문이었다. 우리들은 대화할 때 주로 자기 주장을 내세우고 자기 방식대로만 말을 한다. 서로의 생각이 만나는 접촉점 없이 평행선을 달린다. 철학가인 게오르그 구스도르프(Georges Gusdorf)는 그의 유명한 책『자신을 발견하기』

에서 "지금 이 순간이 곧 만남의 순간이 된다."고 말했다. 순수한 대화, 순수한 영화, 순수한 쇼, 그리고 순수한 설교, 감동적인 음악회 혹은 자연의 관조, 순수한 책 등 이 모든 것들이 만남인 것이다. 우리는 책에서 항상 작가가 표현하려는 생각의 배후에 숨겨진 작가 자신의 의도를 추구하게 된다. 그 작가의 생각이 재미있을 수도 있고 쟁점이 될 수도 있으며 또는 우리의 마음을 움직여 감동을 주기도 한다. 이것이 바로 만남이며 인간의 활력소이다. 전혀 알지도 못하는 먼 나라의 어떤 독자가 나의 글을 읽고 특별한 감명을 받았다고 편지하는 일이 가끔 있다. 이 글이 당시에는 별 의미 없이 쓴 것임을 생각할 때 참 이상하다고 느껴진다. 그러나 이것이 그와 나 사이를 이어주는 접착제가 된 것이다. 책은 이러한 역할을 해주는 매개체이다. 인간은 남녀를 불문하고 누구나 모든 사안에서 개별적 접촉이 이루어지기를 바라고 마음의 만남을 추구한다.

2. 들으며 묵상하며

― 월간 잡지 『변화』에 실린 인터뷰, 1984년 2월호 ―

Q. 오늘날 의사들은 매우 바쁘게 지냅니다. 박사님은 그런 와중
   에서도 조용한 묵상의 시간을 갖는다고 하셨습니다. 박사님
   께서는 지난 50년간 계속적인 묵상과 나눔을 통해 환자들을

치유하셨는데 그에 대해 말씀해 주십시오.

A. 현대인들은 불행하게도 조용한 시간을 갖지 못하고 삽니다. 침묵이 결여돼 있습니다. 그래서 그들은 이미 자신의 삶을 지배하지 못합니다. 그들에게 일어나는 사건에 의하여 이리저리 끌려 다니게 됩니다. 우리에게 필요한 것은 계획의 일부를 취소하여 생활을 가능한 한 단순하게 만드는 일입니다.

Q. 다른 일들은 어떻게 처리하십니까?

A. 내게 있어서 가장 중요하게 생각되는 것은 하나님의 말씀을 듣는 것이고, 그 외에는 어떤 것도 중요하다고 생각하지 않습니다. 이러한 하나님의 말씀은 침묵 저편으로 들어가야 들을 수가 있습니다. 침묵은 그 자체에 목적이 있는 것이 아니라 들을 수 있는 환경을 만들어 내는 방편일 뿐입니다. 의식이나 무의식중에도 우리의 마음은 하나님으로부터 오는 생각을 받을 수 있는 도구가 되어야 합니다.

Q. 묵상의 가치에 대해 주장한 정신분석학자가 있습니까?

A. 프로이트입니다. 묵상은 우리의 내적인 심연을 더 깊게 해주는 힘이 있습니다. 이것은 예수님의 생애를 통해 그 예가 잘 나타나 있습니다.

Q. 비기독교인의 인생에 있어서도 중요한 요소가 될 수 있습니까?

A. 가식이 없는 진실은 드러나게 되어 있습니다. 참으로 단순한 일입니다. 그러나 현대인들은 바로 이 부분을 망각하고 살아갑

니다.

Q. 박사님은 최근에 하신 강연에서 묵상을 통해 자신이 겪고 있
던 많은 문제들을 해결했다고 하셨는데 그 방법은 무엇입니
까?

A. 인간이 자신의 문제를 하나님 앞에 내어 놓고 묵상할 때 그가
얼마나 진실함으로 깊이 있게 묵상하느냐에 따라 하나님께서
인정하시는 정도가 정해지게 됩니다.

3. 지난날의 회상

— 젊은이들과의 만남에서, 1981년 —

내가 인생에 있어서 가장 중요하게 생각하는 것은 '만남'
(Encounter)이다. 사람과 만나고, 사상과 만나고 또한 자연과 만난
다. 그중에서도 인간의 만남 배후에 있는 하나님과의 만남은 가장
중요한 만남이다. 내게 있어서도 '만남'이 생애의 새로운 출발점
이 되었다. 나의 아버지는 목사이며 시인이었다. 내가 태어날 때
아버지는 70세의 고령이었고 두 달만에 돌아가셨다. 어머니와 누
님이 남았는데 어머니마저 6세 되던 해에 돌아가시고 말았다. 나
는 어려서부터 사람들과 격리된 삶을 살아야 했고 스스로의 삶을
개척해야 했다. 나는 참으로 비정상적인 아이였다. 얼굴에는 늘 그

늘이 드리워져 있었고 사람을 두려워하며 다른 아이들과도 잘 어울리지를 못했다. 나의 어린 시절은 영적인 고독의 시기였다.

16세 되던 해에 우리 학교의 한 선생님께서는 이 어려운 소년을 향하여 친절한 손길을 내밀었다. 어느 날 그분이 나를 자신의 집에 초청한 것이다. 이것이 나의 첫 번째 만남이었다. 그분이 말씀하셨다. "우리 이제는 터놓고 이야기하자. 나를 선생이라 생각하지 말고 이야기해 봐. 우리는 둘 다 남자니까 남자 대 남자로 말하는 거야." 나는 비로소 한 사람을 만나게 된 것이다. 처음으로 나에게도 가능성이 있다는 사실을 깨달았다. 그 후 모든 인간에게는 가능성이 있다는 사실을 알게 되었고 그분이 나에게 중요한 계기를 만들어 주었다고 생각했다. 그를 통하여 내가 존재한 것이다. 나는 선생님 앞에 서 있는 학생이 아니었다. 한 인간 앞에 서 있는 한 인간이었다.

정상적인 인간관계를 맺으며 살아가는 우리의 삶 속에는 각자에게 자신이 맡은 바 일정한 역할이 있게 마련이다. 내가 여기서 말하는 인간관계란 우리가 맡은 역할이 어떤 것이든지 문제가 되지 않는다는 것이다. 우리의 역할이 환자이든 의사이든 혹은 학생이든 선생이든 그것은 중요한 것이 아니고 독립된 한 인간으로서의 역할이 중요하다는 말이다.

이 선생님과의 만남을 통해 나도 이제는 사회에서 나 자신의 생각을 표현할 줄 아는 사람이 되었다. 대학에 들어갔을 때에는 총학생회장이 되었고 조핑겐(Zofingen)의 학생노조 중앙의장까지 되었다. 인생의 새로운 출발점이 되었던 이 전환점은 내게 새로운 계기로의 길을 열어 주었다. 이와 같은 제1의 만남 뒤에 나에게는 제2의 만남이 찾아 왔다. 1932년 봄, 세계 도덕재무장회의(Moral Re-Armament Movement)가 제네바에서 열렸다. 그 당시 나는 개혁교회의 제네바 교구 협회 총무였기 때문에 MRA 창시자인 프랭크 북맨(Frank Buchman)으로부터 성 베드로 성당에서 모임을 갖도록 허락해 달라는 요청을 받게 되었다. 이 생면부지의 사람들에게 성당의 사용을 허가토록 하였다. 그러나 나는 그들의 예배에는 참석하지 않았다. 당시에는 그들이 벌이는 운동에 나 자신이 깊이 관여하게 되리라고는 결코 상상도 못했다.

여름 휴가 동안에 헨리 멘다 박사와 나는 교환 의사로서 환자를 진료하게 되었다. 그녀의 남편은 세계국제연맹(League of Nations)에 출입이 보장된 독일 국적의 언론인이었다. 그녀는 까다롭기로 이름난 남작 부인이었다. 극도의 자기 중심적 인물이었다. 어느 가을날 친구 의사인 멘다가 그녀가 하녀를 데리고 자기를 찾아와서 자신의 잘못된 과거를 뉘우치는 고백을 했다는 것이었다. 우리는 그녀에게 자신에게 일어난 변화에 대한 간증을 요청했다. 우리는 유명한 은행가의 후손인 메이트르 헨리 넥커(Dr. Henri Necker)의 집으로 일행을 초청했다. 우리는 그들의 방법이 무엇이며 어떻게 그런 결과를 성취할 수 있었는지에 대해서 물었다. 그러나 그들의 대답은 실망스러운 것뿐이었다. 그들은 단순히 일상생활에서 일어날 수 있는 잡스러운 일들에 대해서만 이야기할 뿐 어떤 방법도 말해 주지 않았다.

　어떤 사람이 일어나서 묵상에 대해 이야기를 했고 나는 그에게 다가가서 얼마나 오랜 시간 묵상을 하느냐고 물었다. 나는 제네바에 있는 한 국제 서클에 소개된 적이 있다. 그들은 아주 단순한 생각을 가지고 있었다. 곧 "이 세상의 문제는 사실 개인적인 문제에서 온다."는 것이었다. 나는 스스로에게 닥쳐진 큰 문제에 대한 해답을 얻으려고 갈급해 하였다. 국제 연합에서 온 친구도 동일한 마음을 고백하여 나의 지나온 생활을 돌아보게 했다. 그는 나를 자신의 집으로 데리고 가서 인간적인 입장에서 자세하게 이야기해 주었다. 확신을 가지고 신앙생활하는 이들에 의해서 자신이 어떻게 신앙의 확신을 갖게 되었는가를 이야기했다. 하나님의 부르심에 대한 반응으로 자신의 인생에 있어서 잘못되었던 과거를 구체적으로 청소해 냈다는 것이다. 나는 어떻게 해야 할 것인가? 나 자신도 스스로에 대해 말할 필요가 있었다. 나는 난생 처음으로 서른두 살에 어릴 적부터 마음 속 깊숙이 감추어 두었던 고아로서의 아픈 상처를 모두 다 털어놓았다. 그때 성령의 바람이 제네바 전체에 흘러넘쳐서 많은 사람들이 감동을 받았고, 이 바람은 교회에까지 번져나갔다. 이는 사람들의 말로 전해진 것이 아니라 한 사람의 침묵의 나눔을 통해서 교회에 작용한 것이다.

　1937년은 내 인생에 있어서 또 다른 새 출발의 계기가 되었던 해였다. 옥스퍼드(Oxford) 모임에서 프랭크 북맨을 만난 것이다. 그는 사람들 앞에서 우리의 개인적인 헌신의 결단이 공적인 업무나 사회생활에 적용되어야 한다고 말했다. 나는 먼저 환자들이 영적으로 건전해지고 도덕적으로 바르게 되도록 하는데 일생을 바치기로 결심하였고 이를 나의 동료들과 의논하였다. 한 친구와 대화를 나누었다. 그는 자신에게 큰 영향을 끼친 프랑스 의사 카톤(Paul Carton)의 이야기를 해주었다. 자신은 아주 좁은 마음의 소유자였는데 그가 자신을 변화시켜 모든 사람을 수용할 수 있는 넓은 마음의 소유자로 만들어 주었다고 했다. 그가 의과대학 학생이었을 때에 의사들의 환자들에 대한 경멸과 무시하는 태도를 보고 의학을 포기하려 했다는 것이다. 만일 그때 스승(Carton)의 열린 마음을 접하지 않았다면 그의 의학도로서의 인생은 거기에서 포기되었을 것이라고 했다.

또 나는 25회 이상의 강연을 위해 일본으로부터 초청을 받았다. 일본에서 강연을 하게 되면 자연히 지난 2차 세계대전에 대해서 말해야 할 것 같은 생각이 들었다. 그러자면 일본이 미국의 진주만을 공격한 사실과 원자탄을 맞고 나서야 전쟁을 끝낸 사실에 대해서 비판을 해야 했다. 나는 그들에게 반감을 불러일으키게 될 것을 우려하여 전쟁에 대해서는 언급을 회피했다. 그러나 마땅히 해야 할 말을 하지 않고 있는 자신에 대해 심한 자책감에 빠져 있었다. 그날 밤 하나님께서는 나를 깨워 "네게 부여된 메시지를 거역하고 있다."라고 말씀하셨다. 다음 날 나의 통역관은 불교신자로 결정되었는데 나는 그녀에게 조용히 이야기할 시간을 갖자고 제안했다. 그리고 나의 마음 속에 있는 문제에 대해서 솔직히 말했다. "진주만 공격, 일본의 패전 등과 같은 미묘한 주제에 관해서 말해도 괜찮을까요?" 10여 분 동안 침묵으로 묵상하고 나서 이 젊은 여인의 생각을 물었다. 그녀는 "전쟁과 패전, 원자탄 등, 사람들은 이런 문제에 대해 생각하지만 아무도 말을 하지 않습니다. 만일 이 문제에 대해서 사랑하는 마음을 가지고 솔직하게 말한다면 그들은 받아들일 것입니다."라고 말했다. 마침내 나는 진주만에 대해서 말을 꺼냈으며 일본의 패전에 대해서도 말했다. 또한 히로히토 황제(Emperor Hirohite)의 패전 항복문 낭독에 관해서도 말했다. 그리고 "우리는 수용하기 어려운 것을 수용할 줄 알아야 하고 올라가지 못할 곳에 올라가기도 해야 합니다." 하고 말을 맺었다. 바늘 떨어지는 소리라도 들릴 정도로 강연장은 조용했다. 우리의 접촉은 이루어진 것이다. 일본은 나를 이해했고 자신들의 잘못된 사실을 알게 되었다.

세상에는 이와 같이 사람을 움직여서 변화시키는 만남이 많이 일어난다. 사람들은 만남을 통해서 진실을 말한다. 이것은 이론에 관한 이야기가 아니라 그들의 마음과 인격에서 나온 진실이다.

4. 인격적 치유

— 1982년 코(Caux, 스위스의 세계 MRA 본부)에서의 나눔 —

　이 세상에는 수많은 의사가 있지만 그들은 대부분 과학적이고 학문적인 분야에만 관심을 두고 있다. 물론 과학 분야가 중요하지 않다는 말은 아니다. 오히려 그 반대이다. 많은 의사들이 자신의 내적인 문제에 대해서 호소하고 있다. 즉 내적인 갈등, 정서적 불안, 부부간의 불화 혹은 이혼 문제 등 이러한 복잡한 문제들에 대해서 의사들은 어떻게도 손을 쓸 수 없다는 것이다. 그들이 이러한 문제를 외면한다면 환자의 치유는 불가능하다. 그러나 아무도 그들에게 이러한 문제에 대한 해결책을 가르쳐 주지 않았다. 진정으로 이들에게 도움이 되는 것은 바로 내게도 도움이 되는 것이어야 한다. 그것은 '만남'이다. 사람이 자신의 문제와 아픔, 그리고 두려움을 정직하게 말하는 것이다. 이때 인간은 서로 진정한 만남을 갖게 되며 문제는 해결된다.

　개인적인 문제가 얼마나 중요한가를 의학 전문인들에게 인식시키는데 도움을 준 헝가리의 정신과 의사가 있었다. 제2차 세계대전 당시 히틀러를 피해 영국으로 건너갔던 마이클 밸린트(Michael Balint)였다. 내가 그의 저서를 읽었을 때 '바로 이것이 내가 30년에 걸쳐서 찾았던 일'이라고 생각했다. 밸린트는 환자의 말을 묵묵히 들어주어야 한다고 했다. 나는 그가 세상을 떠나기 바로 전에 쓴 책을 읽어보았다. 그의 미망인이 『환자에게 6분을』이라는 제목으로 책을 출판했다. 이것은 영국적인 사고 방식으로 환자에게 적어도 6분씩은 할애해야 한다고 규정한 것이다. 그의 초점은 환자에게 어떻게 더 깊숙이 도달할 수 있는가 하는 것이다. 그는

'flash' 즉 '번쩍임' 이라는 말을 썼다. 갑자기 어떤 빛이 '번쩍' 하고 일어났다면 그것은 환자와 의사 사이에 만남이 이루어졌다는 것을 의미한다. '만남의 빛' 이란 이성적으로나 과학적으로 일어난 일이 아니다. 그것은 하나의 '인상(impression)' 이며 하나의 '느낌(feeling)' 이다. 나는 이를 '교제(communion)' 라 부르고 싶다. 때때로 우리는 진정으로 말이 필요 없는 어떤 순간에 도달하게 된다. 서로간의 느낌의 만남이라 할까 느낌의 부딪힘이라 할까 이것이 만남의 번쩍임이다. 밸린트 부부는 이것을 결코 잊을 수 없는 경험이라고 말했다. 만남의 빛이 일어나는 현상은 정신병의학 분야에서는 미처 생각지 못한 부분이다. 비과학적인 요소이기 때문이다. 그러나 이런 만남의 빛은 사람들이 자신의 문제들을 해결하는 하나의 전기가 되는 것이다. 밸린트는 이러한 만남이 두 사람 사이에서 이루어지든지, 세 사람 사이에서 이루어지든지 그 가운데는 보이지 않는 하나님이 함께 임재하신다고 말했다. 만남의 빛 안에는 이미 신성한 요소가 들어 있다. 그 자체가 신성한 것이다.

밸린트는 이를 정신병리학적 경험으로 정의하고 있지만 나는 영적인 경험이라고 믿는다. 이때 하나님께서는 말씀하시고 인간은 비로소 자유를 얻게 된다. 현대 과학의 창시자라 할 수 있는 데오도르 풀로우노이(Theodore Flournoy) 박사는 "과학이 발전하기 위해서는 초월적인 것이 모두 배제되어야 한다."고 말했다. 과학적인 입장에서는 맞는 말이다. 그러나 의학을 실천하는데 있어서는 초월적인 요소가 무시될 수 없다.

만남의 빛은 인간 존재의 정신 병리학에만 적용되는 말이 아니라 종교적인 실천에 있어서도 해당되는 말이다. 나는 항상 "이 환자는 하나님께서 나에게 보내주셨다. 그는 문제가 있어서 나를 찾아왔다. 그리고 그를 치유하는 것은 내가 아니라 하나님이시다."라고 스스로에게 다짐하곤 한다. 그를 환영하는 것이다. 그리고 인간 대 인간으로 만날 준비를 하지 않으면 안된다. 그것은 바로 의사가 과학적인 자리에서 내려와 한 인간이 되는 것이다. 만남의 빛은 의사들이 환자들보다 더 많이 안다고 주장하는 데서 자유로워지는 데 있다.

밸린트 교수의 말에 의하면 의사가 변하기 위해서는 그들의 마음이 열려야 한다고 한다. 그것이 사람들의 개인적인 문제를 알게 한다. 이때 환자의 문제를 풀 수 있는 극적인 계기가 마련될 것이며 비로소 환자와의 신뢰 관계가 성립되어진다. 의사가 자신의 마음을 열기 전까지 그런 인간 관계는 이루어 질 수 없다. 우리가 이것을 얻으려면 우선 자신의 삶의 이야기부터 시작해야 한다. 자신의 이야기를 솔직히 말하는 것이다. 신뢰를 갖고 단순한 자신의 삶을 나눈다는 것은 문제 해결의 가장 큰 무기이다. 인간에게는 자신들의 회의와 위기 등에 대해 모든 것을 이야기할 수 있는 상대가 필요하다. 그러므로 이제 우리가 해야 할 일은 사람들과의 인격적인 관계 형성을 위해 우리의 과학적인 자세를 버려야 하는 것이다.

최근에 나는 미국에서 여러 해 동안 알코올중독자구제회에서 일하고 있는 독일의 친구 레힐러(Dr. Lechler) 박사를 방문한 적이 있다. 그는 "단지 술만 먹어서 알코올 중독자가 된 사람은 없다."고 말했다. 그들 중에는 건강이 나쁜 것이 자신 때문이라고 생각하여 스스로 고질병자가 된 사람들도 있다. 그런데 20년 동안이나 수면제 없이는 잠을 자지 못했던 환자들도 여기 와서는 전혀 약이 필요 없게 되었다고 한다. 병원에 온지 며칠도 되지 않아서 그들 스스로가 잠을 잘 수 있게 되었기 때문이다. 무슨 비법이라도 있는 것일까? 그것은 사람들이 이곳에 와서 '사랑'에 대해 경험할 수 있었기 때문이다. 나는 이 방법에 대단히 큰 인상을 받았다. 환자들은 자신의 느낌을 표현할 수 있는 기회를 갖게 되고 자신들에 대해 이야기를 하게 된다. 사람들은 대개 자신이 다른 사람들에게 받아들여지지 않을 것이라는 두려움으로 인해 자신의 마음 속에 남극과 북극의 깊은 얼음덩이와도 같은 차가운 빙벽을 형성해 놓고 있다. 그러므로 인간에게 진정으로 필요한 것은 따뜻한 인간의 숨결이다. 문제가 일어나는 것은 우리 자신들 속에서 시작된다. 어려운 일이기는 하지만 조용한 시간을 가지고 하나님의 음성을 듣게 되면 다른 사람들과 우리의 관계를 단절시키는 문제들이 무엇인지를 깨닫게 될 것이다. 인간을 치유하는 전인격적인 약은 병원에서 나오는 약이 아니라 바로 의사의 인격에서 나오는 약이다.

5. 3차원의 의학

- WCC(세계교회협의회)에서의 강연, 1978 -

의학은 계속해서 전문화되어 왔다. 인간은 모든 분야를 전문화하여 분야별로 다양하게 연구하였다. 그러나 이것은 실제로 현실적이지 못하다. 심장병 전문, 류머티즘 전문, 심리학 전문 등과 같이 수많은 전문 분야를 나누어 놓았다. 우리 인간을 전체적인 인간으로 보려 하지 않았다. 바로 이것이 오늘날 의학이 실패의 길을 걷게 된 동기이다. 의학을 분석학적 방법으로, 기술적 방법으로 다루어 온 대가를 오늘날 톡톡히 치르고 있는 것이다. 그들이 실제로 이루어 놓은 결과 또한 인간을 전체적으로 다루는 전인격적 관계에 있어야 한다. 이것이 인간의 제3차원이다. 이는 어디까지나 '관계성' 속에서 찾아져야 한다. 한 인간이 존재하며 살아간다는 것은 '이웃과의 관계', '자연과의 관계', '사회와의 관계' 그리고 '하나님과의 관계'를 맺으며 살아가는 것이다. 인간을 영적인 요소로 파악하고 광범위하게 해석하는 것이다. 하이델베르크의 지이베크(Siebeck) 교수는 "한 인간을 한 인격체로 보는 것이 하나님의 창조의 목적이다."라고 말했다. 인간이 세상에 태어난 것이 곧 하나님의 부르심이라는 사실을 누구나 잊어서는 안된다. 인간은 누구나 자신이 제일 중요하고 자신의 존재가 전부라는 사실을 알아야 한다. 사람들을 만나서 나를 소개할 때에는 소중한 나 자신을 소개하는 것이지 약을 지어 주는 한 직업인으로 소개하는 것이 아니다.

인간 문제의 해결은 자기 개인의 삶의 문제를 다룰 때에만 가능하다. 개인적인 삶에 대해서 말할 때에만 문제가 해결된다. 서로의 문제들이 다른 사람에게는 하나의 또 다른 경험으로 와 닿기 때문이다. 유대 철학자 마틴 부버(Martin Buber)는 인간에게 두 가지 성질의 관계성이 가능하다고 말했다. 그 하나는 대상적 관계를 말하는 것으로 상대를 바라보며 관찰하는 제3자적 관찰자로서의 관계를 의미한다. 과학적 의학의 위치가 바로 이러한 관계성 가운데서 존립하는 것이다. 인간을 목적물로 놓고 연구하며 사람을 물질로 취급한다. 환자를 인격적으로 대하기를 거부한다. 그것이 치료에 방해가 된다는 것이다.

부버가 말하는 또 다른 관계성은 '나 – 너'의 관계성이다. 여기에서는 인간을 관찰자와 대상자로 구별하지 않는다. 인간의 문제를 다른 사람과의 인격적인 관계에서 보는 자세이다. '나와 너'의 관계를 위하여 의사는 자신의 과학적인 방법을 포기해야 한다. WCC의 가정분과 위원장인 마삼바 마 므폴로 목사(Rev. Masamba ma Mpolo)는 자신이 쓴 책에서 "서양의학은 물건을 고치고 아프리카 의학은 사람을 고친다."고 했다. 그는 내가 말하려는 것을 정확히 대변하고 있었다. 서양의 의학도들은 인간관계를 물질적인 것으로 보고, 인간들 사이에 일어나는 관계성에 대해서도 신비한 것으로 취급하고 있다. 서양의사들은 환자들을 가족으로부터 분리시켜 병원에 홀로 있게 한다. 반면에 개발 도상국의 의사들은 환자를 가족 가운데 그대로 머물도록 한다. 하나는 기계적 위치이고 다른 하나는 인격적 위치이다. 인격적 위치는 보이지 않는 영적인 비전인 것이다. 물질적 위치에서 정신적 위치로, 대상적 위치에서 주체적 위치에로의 전이가 필요하다.

세계 의학계에서는 이러한 문제를 해결하기 위하여 모임을 갖고 있다. 나는 30여 년 동안 이 일에 관여해 오고 있다. 이들을 보세그룹(Bossey Group)이라 부르는데 여기에서는 의학이 어떻게 한 인간을 전인격적으로 치유할 수 있는가에 대해서 많은 연구를 해 왔다. 과거에 사람들은 인간에 대해 설명하려 노력했다. 인간의 두뇌를 분석하고 인간의 심리를 분석했다. 그러나 이제까지 그들의 논쟁을 통해선 아무것도 얻어진 것이 없다. 중요한 것은 인간의 변화이다. 그들이 인간관계에 있어서 진정한 변화를 원한다면 그것은 그 사람 자신에게서 찾아야 한다. 사람을 분석하고 논쟁을 벌인다고 해서 해결되는 것이 아니다. 보세그룹에 오는 사람들은 자신의 생활에 대해서 말하도록 요청을 받는다. 많은 의사들은 자신의 진실이 밝혀지는 것을 두려워하여 이 모임에 나오기를 꺼려한다. 여기서는 자신의 생활이 얼마나 이중적인가가 실제로 드러나기 때문이다. 또한 모임을 갖는 과정에서 자신들이 훌륭한 의료 행위를 베풀고 있는 이면에 숨겨져 있는 개인적이고도 심각한 문제들이 드러나게 된다.

우리의 교육은 어떨까? 어린이 교육부터가 물질적인 교육이다. 따라서 우리가 주체적이며 인간적인 한 인간이 되기 위해서는 많은 어려움을 겪어야 한다. 우리는 인간이기를 두려워하기까지 한다. 나 자신을 비롯해서 우리 모두가 자신을 드러내는데 얼마나 부끄러워하는가? 그러나 제3단계의 차원에서는 우리 스스로의 삶을 다른 사람들에게 드러내 보일 수 있어야 한다.

지난번에는 오스트리아에서 모임을 가졌다. 우리는 아무런 학문적 토론도 가진 바 없다. 서로간에 친밀한 교제를 나누는 것으로 회의를 대신했다. 낮에도 자유롭게 개인적인 대화를 할 수 있도록 시간 배정을 하였다. 무모한 시도였는지는 모르지만 그로 인해 엄청난 변화가 일어났다. 사람들은 과거에 결코 경험해 보지 못한 모임이었다고 고백했다. 강의도 토론도 아무것도 없었다. 다만 성경 시간과 나눔의 시간, 서로 마음의 문을 여는 귀한 시간만이 있었을 뿐이다.

보세그룹에서는 의사와 환자와 인간적인 관계에 대해 관심을 기울여 왔다. 이웃과의 관계, 자연과의 관계, 그리고 하나님과의 관계성에 대해서도 관심을 두었다. 이것이 우리로 하여금 세상 사물의 의미가 무엇인지를 알게 하는 동기가 되었다.

빅토르 프랭클(Viktor Frankl)은 현대인들이 '실존적인 공허함' 속에 살고 있다고 말했다. 인간이 왜 살아 있으며, 자신들이 이 세상에서 기울이는 그 모든 노력들이 과연 어떤 성취를 이룰 수 있는지의 여부에 대해서 전혀 아는 바가 없다는 것이다. 특히 서양 사람들은 자신들이 왜 살고 있는지에 대한 의미를 잘 모르고 살아간다고 했다. 그것이 바로 병든 인간이다.

제3단계 차원의 의학은 우리의 환자들로 하여금 참된 인간이 되도록 도와 주며 그들의 책임이 무엇인지를 깨우쳐 준다. 재래의 기술적인 의학의 치료는 환자의 생명에 대한 책임을 의사의 손에 맡겨 버리지만 제3단계 차원의 의학은 자신들의 생명에 대한 책임을 스스로가 짊어져야 한다는 것이다. 하나님께서 이 질병을 통해 우리에게 하시고자 하는 말씀이 무엇인지를 스스로 알려고 노력할 때에 비로소 이 세상의 모든 것이 의미가 있어지는 것이다.

Q. 박사님께서 말씀하신 바에 의하면 아프리카에서는 환자를 치료할 때 전인격적인 인간으로 대하며 하나의 치료 대상으로만 여기지 않는다는 것입니다. 그리고 아프리카에는 우리가 갖지 못한 강한 공동체 의식이 있다고 하셨는데 박사님께서는 우리가 어떻게 이러한 3단계 차원의 의학을 산업화된 서양 세계에 적용할 수 있다고 보십니까?

A. 서양의 생활 모형은 일방적인 문명의 결과로 만들어진 형태입니다. 완전히 물질적이며 기술적입니다. 이러한 문명의 단점이라고 할 수 있는 것은 인간적인 관계성의 결핍입니다. 우리의 생활이 인간적인 관계성으로 이루어지지 않는 한 우리 사회에 새로운 인간관계를 회복하기란 쉽지 않을 것입니다. 우리 사회에서 가장 중요하게 요구되어지는 것이 바로 이러한 공동체 의식입니다. 교회의 공동체나 작은 그룹들에는 인간 개개인의 인격적 관계성이 가장 중요한 요소로 등장합니다. 구성원들은 자신에게 필요한 것이 무엇인지를 함께 나누

며 추구해야 합니다. 특히 젊은이들은 산업화된 기술사회에
서 부족한 공동체 의식을 살려 새로운 형태의 공동 사회를 다
시 형성해 나가려고 노력해야 합니다.

Q. 교회가 지역마다 그 주민들에 대한 책임을 지는 것처럼 이와
같은 인격적인 치유의 정신과 의사도 각기 맡는 지역이 따로
있었으면 좋겠습니다. 이에 대한 의견은?

A. 목사와 회중사이가 친밀한 관계로 강력하게 접착되어 있다면
그 교회는 진정으로 '산 교회'라 할 수 있을 것입니다. 성서에
서도 보면 예수님께서 화를 내셨다는 말씀이 나옵니다. 이것
은 점잖은 것을 가장하여 더 많은 불만을 마음에 두는 것보다
낫습니다. 인간관계, 특히 교회 공동체 내에서의 솔직성과 대
담성이 요청됩니다. 그래야만 진정한 인간관계가 이루어 질
수 있습니다.

6. 여성의 치유

기계에 대하여 관심을 두는 것은 남자들이다. 여자들은 인간의
성품과 질적인 면에 관심을 갖는 사람들이다. 우리의 문명은 남성
이라는 정점을 향해서만 지향하는 바람에 고통을 당해 왔다. 모든

가치는 남성 중심으로, 남성 위주로 짜여져 있다. 그들은 가치관을
소유욕, 권력, 그리고 파괴력 등과 같은 과학적 물질주의에 두고
있다. 그렇기 때문에 타인과의 관계 속에서, 인간의 주관적 심성에
관심을 두는 정신적 가치관은 상대적으로 약화 되어 버린다. 비이
성적인 가치관이나, 종교적인 신앙관, 모든 인간들의 신비적인 요
소 등은 이러한 기계적이고 과학적인 가치들이 만들어 놓은 메마
른 사막 한가운데서 실종되어 버렸다. 이러한 현상들은 이미 여러
분들이 실제로 목격하고 있다. 오늘날 우리 아이들에게는 인형이
안겨 있지 않다. 대신 모형차가 주어지고 그것을 받은 아이들은 어
떻게 움직이는 지를 알기 위해 뜯어서 떼어 놓고 조각 내어 버린
다. 그러므로 우리 인간은 기계가 어떻게 작동하는 가를 잘 알아야
하며 분리, 해체, 재조립, 재작동 등의 기술을 습득해야 한다. 남자
들은 이와 같이 계속적인 분리 작업을 통해 모든 것이 개별적으로
나뉘어져 전세계의 통합이 불가능하게 됐다는 사실을 전혀 깨닫지
못하고 있다. 오히려 여성들이 조각난 세상을 하나로 통합하고 가
정을 공동 사회로 일구어 가고 있다. 인간과 인간 사이에 인격적인
관계성을 심도 있게 맺어줌으로써 사회가 하나로 통합되는 길을
열어간다. 남자는 물질적인 감각을 가진 반면에 여자는 심적인 감
각을 갖고 있다. 이 세상은 남자들의 생각으로 세워진 것이다. 그
러므로 물질적인 것은 상당한 발전을 이루었다. 그러나 인간 상호
간에 희생하고 사랑하는 일에 대해서는 대단히 빈약한 상태이다.

  인간적인 감정의 소유자는 과연 누구일까? 그것은 여자이다. 오

늘날 우리의 문명이 병든 것은 여성의 가치를 억압해 왔기 때문이다. 남성들은 아직도 깨닫지 못하고 있지만 여성의 가치를 제한하고 무시한 것으로 인해 남성 자신이 고통을 받고 있는 것이다. 그러므로 나는 이 자리에서 여성분들에게 말한다. 여러분은 여성이돼라. 남자처럼 되려고 하지 말고 여자가 돼라, 남자가 이 세상에 제공하지 못하는 것들을 여러분들이 하라.

7. 고난의 신비

- 몬트리올 강연에서 -

인간이 선과 악을 구별하는 지식을 가졌을 때는 이미 인간의 생애를 인도하시는 하나님의 존재를 생각하지 않는다. 창세기를 비롯해서 성경 전체에 흐르고 있는 하나님의 뜻은 인간이 하나님의 간섭 없이 삶을 살아서는 안된다는 것이다. 자신의 의지로 삶을 영위하려고 한다면 많은 고통을 당한다. 욥기는 우리에게 영원한 인류의 문제 즉 인간의 고난은 죄에 대한 벌로 내려지느냐 하는 것을 다루고 있다. 예수님의 오심으로 고통의 문제는 전환점을 맞게 되었다. 예수님은 실패한 상태의 인간이 고통 당하고 있음을 말씀하셨고 자신이 고통으로부터 인간을 구원하기 위해서 왔다고 했다. 동시에 인간의 고난이 스스로의 죄나 어느 집단의 죄 때문은 아니라는 사실을 분명히 했다. 성경에서는 인간의 실패로 인해 이세상에 고난이 들어왔다는 사실을 인정하면서도 고통을 당하는 사람이 당하지 않는 사람보다 죄가 많은 것은 아니라는 점을 분명히 했다. 예수님은 다른 사람의 고통 때문에 고통 당하시기도 하지만 또한 자신 때문에도 고통을 당하셨다. 예수님은 지지 않아도 될 십자가를 스스로 지셨다. 이는 인간의 죄와 고난이 연계되어 있지 않다는 사실을 알려 주기 위함이었다.

'고난의 문제에 대한 기독교인들의 자세' 라는 첫 번째 주제의 결론은 무엇보다도 기독교인들이 '겸손' 해야 한다는 것이다. 인간에게는 고난에 대한 해답이 없다는 사실을 겸손히 받아들여야 한다. 하나님은 신비에 쌓여 있는 분이다. 하나님은 우리가 침범할 수 없는 비밀의 영역에 계신 분이다. 우리는 침묵해야 한다. 나는 고난의 문제에 관한 한 우리에게는 그 어떤 해결책도 있지 않다는 사실밖에 말할 것이 없다. 이는 하나님의 신비에 속한 사실들이기 때문에 우리는 결단코 그의 영역에 침범해서는 안되는 것이다. 오직 우리는 그분의 신비한 사실들 앞에서 머리를 숙일 뿐이다.

'다른 사람의 고통에 대한 기독교인의 자세' 라는 두 번째 주제의 결론은 '동정심' 이다. 다른 사람의 고통에 함께 참여하는 기독교인들은 하나님에 의해 부르심을 받은 소명자들이다.

고통이라는 것은 막대한 힘을 갖고 다가오지만 우리는 그것이 어디로부터 오는지를 전혀 알지 못한다. 그러나 하나님은 이에 대해 결코 무관심하시지 않다. 더 나아가 그의 사자를 보내어 우리를 고통에서 구하려 하신다. 고통의 모습으로 오셔서 우리가 당하는 고통을 함께 하시며 가장 극심한 고통을 변화시켜 가장 큰 열매를 거두게 하신다. 성경은 우리에게 이 세상에는 언제나 가난한 자들과 고통 당하는 자들이 존재한다고 말씀하고 있다. 그러나 또한 십자가의 도를 통하여 자신의 실패와 고통을 받아들이게 한다. 우리는 다른 사람의 고통이 얼마나 큰가에 대하여 알 수 없다. 다만 추측할 뿐이다. 우리는 어떤 사람을 위로하기 위해 수많은 말을 늘어놓는다. 그러나 어느 누구도 위로할 수가 없다. 오직 인간을 완전히 이해할 수 있는 예수 그리스도만이 하실 수 있다. 그리스도는 완전히 동정, 즉 사람들과 함께 느낄 수 있는 분이기 때문이다.

마지막 주제인 '자기 자신의 고통에 대해서'를 다루기로 하겠다.

기독교인이 자신의 고통에 대해서 어떤 자세를 취해야 하는가이다. 결국은 고통에 대해 수용적인 자세를 취해야 한다는 것인데, 자신의 고통을 능동적으로 받아들이는 것은 쉽지 않은 일이다. 그렇다고 해서 수동적인 자세를 갖는다거나 자포자기하는 행위는 아무런 가치도 의미도 없다. 인생의 목적은 고통 없는 삶이 아니다. 오히려 그 고통으로 열매를 맺어야 하는 것이다. 인간의 고난이 하나님을 아는 신앙으로 승화되어 마침내 승리하는 인생이 되는 것이다. 인간고(人間苦)의 의미는 철학적인 안목에서 논할 것이 아니라 그 고통을 보내 준 분이 하나님이라는 사실을 깨닫는 데서 찾아야 한다. 결국 '인간이란 무엇인가?'라는 질문에 대해 고난을 통하여 하나님을 발견하는 존재라고 하면 될까? 욥기를 보아도 그렇다. 고난이 사람으로 하여금 하나님을 만나게 한다. 하나님과 인간을 만나게 하는 매개체인 것이다.

고난의 의미에 대한 마지막 주제에 도달했다. 그것은 고난의 의미가 무엇이냐 하는 것이다. 사람이 자기 인생의 의미를 깨닫지 못했을 때는 닥치는 고통에 대해 느끼는 아픔이 크다. 고통 자체를 고통스럽게 생각하기 때문이다. 현대 심리분석학계의 거장인 빅토르 프랭클은 인간에게 요구되는 필요성이 삶의 의미를 창조한다고 말했다. 프랭클은 "인간에 있어서 가장 필요한 것은 세상의 사물에서 각기 그 의미를 찾아내는 것이다. 그리고 인간의 삶에 있어서도 그 의미가 무엇인지를 찾아내는 것이다."라고 말했다. 현대인들이 고통 당하는 이유는 그 고통의 의미를 찾지 못하는 데 있다. 프랭클은 이를 '실존적 공허감'이라 불렀다. 현대를 살아가는 사람들은 아무런 의미 없이 대량 생산과 막대한 소비 문명 사이에서 돌고 도는 삶을 살다가 이것들의 부작용으로 불어닥치는 폭풍 속에서 사라져 버리고 만다. 복음의 교리는 바로 인간에 있는 것이다. 고통 당하는 인간 자체에 있는 것이다. 기독교인은 고통 속에서야 비로소 예수님을 향해 갈 수 있고 그와 하나가 될 수 있다. 그리스도는 고통 속에서 승리를 거두었다. 인간의 성숙함은 하늘에서 떨어지는 것이 아니다. 영적인 성숙을 통해서 생기는 부산물이다. 이는 인간 고난과 함께 피어나 자라나는 식물이다. 적어도 다른 사람의 고통에 함께 참여함으로 맛보는 고난의 생명체이다.

Q. 사람들은 오늘날 이 사회가 인간을 고난 속에서 구해야 할 책임이 있다고 말합니다. 그러나 아직도 고난의 극치인 죽음에 대해서 이렇다 할 대안을 제시하지 못하고 있습니다.

A. 죽음이란 우리 인간이 불가불 통과해야 하는 또 다른 관문입니다. 세상에 태어나는 과정과 똑같은 경우인 것입니다. 어머니의 태 속에 있는 아기는 자신이 어디로 가는 것인지를 전혀 모릅니다. 그것은 스스로 경험을 해야 비로소 알게 되는 것입니다. 죽음 저편에 있는 세계에 대해서도 역시 경험을 통해서 알게 될 것입니다.

Q. 환자들이 박사님 방으로 찾아갈 때 성서적인 입장에서 말해 주는 경우가 많다고 들었습니다. 환자들 중에 이에 반발하는 사람은 없었습니까?

A. 환자 편에서 제기된 문제라면 그것이 죽음에 대한 문제이건 종교에 대한 문제이건 끝까지 진지하게 들어 주어야 합니다. 보통 의사로서의 고압적인 자세와는 판이하게 다른 태도로 말입니다. 가르치는 일은 나의 일이 아닙니다. 교회가 감당해야 할 일입니다. 나는 가르치려 하지 않습니다. 다만 환자들과 함께 동행하는 것뿐입니다.

8. 결혼 생활의 비법

우리가 하나님께 묵상의 시간을 드리기 시작한 것은 1932년부터였다. 50년 전 11월 어느 저녁 나는 한 친구의 집에 갔다가 당시에 소위 옥스퍼드 그룹이라 불리웠던 운동 단체의 사람들을 만나게 되었다. 나는 그 운동의 원리가 무엇이며, 어떤 실천 방법을 갖고 있는가에 대해 알고 싶었는데 그들은 내 기대와는 다르게 어떤 사람의 작은 경험에 대해서만 말했다. 그곳에 참석한 어느 관리가 앞에 나서서 말하기를 자신은 지난 몇 개월 동안 아침마다 긴 시간을 조용히 하나님께 바쳤다는 것이다. 하나님의 음성을 듣기 위해 평균 한 시간씩은 묵상 시간을 갖는다는 것이다. 이 말은 나에게 충격으로 다가왔다. 나는 교회에서 중요한 하나님의 사역을 감당하고 있음에도 실제로 개인의 영적인 생활에 대해서는 거의 아무것도 하지 않고 있었기 때문이다. 나는 이 생각이 바로 하늘로부터 온 하나님의 음성일지도 모른다는 생각이 들었다. 성경에서 말하고 있는 하나님은 "말씀하시는 하나님"이시다. 내가 깨달은 것은 하나님의 말씀에 반응하는 것이 우리의 과제라는 사실이다. 그러나 내가 확신하게 된 것은 우리가 결코 완벽주의에 빠져서는 안된다는 것이다. 다만 하나님의 말씀을 어떻게 하면 더 잘 들을 수 있을까 하여 하나님께 더욱 가까이 다가가야 하는 것이다.

2주 후에 아내와 나는 리용(Lyon)으로 갔다. 이때부터 우리는 아침마다 조용한 시간을 주기적으로 갖게 되었다. 묵상을 시작한 다음 날 아내는 묵상노트에 적어 놓았다. "여보 당신은 아시나요? 당신은 나에게 있어서 나를 가르치는 스승이며, 의사이며, 그리고 심리학자입니다. 더구나 목사님이시죠. 그러나 나의 남편은 아니에요." 아내가 말하는 것은 부부간의 성관계에 대한 이야기가 아니었다. 그런 점이라면 나는 완벽한 남편이다. 그녀는 '평등'을 이야기하고 있는 것이다. 평등함이 없이는 진정한 공동체가 이루어질 수 없다. 많이 알고 큰 일을 행하는 데 있어서의 평등이 아니라 인간 존재로 인한 평등이 있어야 한다. 우리가 아무리 서로 다르더라도 인간 동등으로서의 평등이 있어야 한다.

나는 지금까지 부부로 살아오면서 나는 지식이 있고 아내는 그렇지 못하다고 생각했다. 나는 싸우고 따졌으며 모든 생각을 파괴시키는 파괴자였다. 나는 고아로서 고독을 감추기 위하여 자연스런 감정을 억압해 왔고 이에 대한 약점을 보충하기 위해서 열심히 지식을 쌓았다. 그로 말미암아 사회에 진출하여 비인격적인 사상에 승부를 걸고 있었던 것이다. 열심히 토론하고 업적을 쌓아갔다. 왜냐하면 전적으로 나의 진정한 감정을 표현할 수 없었기 때문이다. 하나님에 대하여, 예수님에 대하여 또는 인간과 구원에 대하여 나는 분명한 신학관을 갖고 있었다. 교회에 관해서도 그 누구에게도 뒤지지 않는 지식을 갖고 있었다. 그러나 이 모든 것이 실질적인 나의 삶에는 아무런 도움이 되지 못했다. 아내에게 설교를 했고 교육을 했다. 심리학적으로 철학적으로 논리를 구성하여 모든 일

들을 가르치려 들었다. 개인적인 일, 심지어 가정의 내밀한 모든
일에 이르기까지 교리가 적용되었고 학설이 적용되었다. 그러나
나의 감정 나의 근심에 대해서는 아내와 한마디도 나누지 않았다.
몰아닥치는 절망감에 대해서도 아내에게 말할 수가 없었다. 그러
므로 오랫동안 부부로 살았지만 침묵만이 있을 뿐이었다. 말하고
싶고 표현하고 싶은 것들이 시원스럽게 해소되지 않았다.

　어느 날 아내와 조용히 묵상하는 시간을 갖게 되었다. 그때는 아
내의 말을 들은 후였다. 이제는 아내를 가르치고 설교하는 대상이
아니라 진정한 파트너로 서로의 문제를 나누어야 한다고 생각했
다. 나는 나의 아픔을 그녀에게 호소했고 우리는 진정한 부부관계
를 회복했다. 나도 아내의 말에 귀를 기울이게 되었고, 우리는 묵
상시간에 서로 고해성사를 하듯이 자신의 이야기를 하게 되었다.
그리고 세상에서 가장 친밀한 사이가 되었다. 묵상의 종국적인 목
적은 하나님의 임재하심 가운데 그의 음성을 듣는 것이다. 그 가운
데서 사람들은 모든 것을 다 말할 수 있다. 우리는 이렇게 묵상의
시간을 계속적으로 가졌다. 40년 동안 적어도 일주일에 한 번 정
도는 세 사람이 랑데뷰(rendezvous)하는 시간을 가졌다. 그것은 하
나님, 나, 아내 이렇게 세 사람이었다. 부부가 함께 묵상의 시간은
개인적인 묵상의 시간을 많이 보충해준다. 이에 못지않게 개인적
인 묵상시간도 필요한데 이는 부부간에 갖는 시간을 보충해 준다.
묵상을 통해서 다른 사람의 비밀을 알게 되는 것이 아니라 나 자신
의 비밀에 대해서 숨겨진 것이 무엇인지 알게 되었다.

9. 어떻게 늙어야 하나

Q. 노년기는 은퇴후의 시기를 말하는 것입니까?

A. 인간은 늙느라고 인생을 소모하고 있습니다. 우리의 인생 전체는 우리 자신이 투자한 자본입니다. 우리는 일생 동안 이 자본을 먹어서 잠식해 들어갑니다. 그러므로 사람들은 돌아오는 새 시대를 맞이하기 전에 그 시대에 대한 준비를 해야 하고 일하는 시기에는 은퇴 후의 시기를 준비해야 합니다. 그러므로 은퇴할 때를 위한 준비가 있어야 합니다. 이것이 어느 면에서는 삶의 의미입니다. 인간이 산다고 하는 것은 늙는 준비를 하는 것입니다. 인간의 노년기는 그의 인생에 있어서 가장 광활해지는 시기입니다. 가장 이상적인 시기이며 가장 신성한 시기입니다. 두르크 하임 박사(Dr. Durkheim)에 의하면 이 시기는 인간의 삶이 신격화되는 시기이지 위축되거나 소멸되는 시기가 아니라고 했습니다.

Q. 어떤 사람들은 이에 대한 준비를 하는데 청년기에서부터 일찍 시작해야 한다고 말합니다.

A. 인간은 일생을 사는 것이 곧 노년을 위한 준비를 하는 것입니다. 노년기는 한 인간이 일생 동안을 살아온 그의 삶의 한 결실이기 때문입니다. 노년기는 인간의 진실이 나타나는 시기입니다. 우리의 일생이 충만함으로 가득 차 있느냐 아니면 빈

껍데기로 전락했느냐 하는 것을 가늠해 보는 시기입니다. 우리는 그때 가서야 진정으로 어떤 목적과 동기로 일생을 살아왔나를 알 수가 있습니다. 그가 나이가 먹어서 갑자기 일에서 떠나게 될 때, 그래도 그에게 아직도 계속해야 할 일이 남아 있는가 하는 것입니다.

Q. 내가 당신을 정확히 이해한다면 당신은 노년기를 위한 준비를 철저히 그리고 성공적으로 하는 사람이라고 봅니다. 그것은 곧 자신의 삶에 의미를 주는 일이라고 생각합니다.

A. 성공적인 인생을 살았다는 것은 그가 노년기를 잘 준비해서 얻어지는 것이 아닙니다. 그것은 그가 그의 삶에 어떤 의미를 갖고 살았느냐 하는데 있는 것입니다. 우리가 사는 사회가 황폐하여 아무 의미가 없다고 말한다거나 우리가 사는 사회에 모든 의미를 빼앗겼다고 말하기 전에 우리는 나를 포함해서 우리 자신의 삶에 의미를 가져야 할 것입니다. 우리의 인생에서 가장 훌륭한 인생이라 한다면 그것은 생의 의미를 일부러 만들어 놓지 않는 것입니다.

Q. 늙는다고 하는 것은 하나의 단계이지 병이 아닙니다.

A. 늙는다고 하는 것은 병이 아니라 인생의 삶의 한 과정이며 현상입니다. 인생의 가장 명예로운 시기입니다. 우리는 이 시기를 재충전의 중요한 시기로 보아야 합니다.

10. 내 인생에 기본 요소

- 독일에서 개최된 심포지엄에서의 강연을 1983년에 출판한 것 -

내 인생에 있어서 가장 큰 사건은 어머니께서 돌아가신 사건이었다. 아버지는 돌아가시고 이미 이세상에 계시지 않으셨다. 내가 세상에 태어났을 때 그분의 나이 70세였고 나를 본지 2개월만에 세상을 떠나셨다. 6세이었던 나에게 말할 수 없이 큰 충격이었다. 내 마음은 완전히 깨어져 있었다. 내 영은 영원한 고독 속에 감추어졌다. 다른 아이들과 전혀 교제를 나눌 수 없었다. 고아 심리학자인 피에르 렌치니크(Dr. Pierre Rentchnick) 박사는 "고아는 자신을 이 세상에 그 누구를 위해서도 존재할 가치가 없는 사람으로 생각한다."라고 했다. 인간이 존재할 의미가 없다는 것은 어떤 권리도 가질 수 없다는 것을 의미한다. 그러므로 나는 모든 것에 대해 빚을 지고 있는 사람이다. 지금도 사람들로부터 선물을 받으면 정말로 어떻게 해야 할지 몰라 당황하곤 한다. 그래서 남의 호의를 받아들이기가 어렵다. 이세상에서 나를 위해서 존재하는 것은 아무것도 없다고 생각했기 때문이다. 많은 책을 썼지만 이것들이 나의 지식에 전혀 도움을 주지 못했다. 모두 나의 생애를 극복하려는 노동의 결과였다.

어렸을 때 죽음과 접해 본 경험이 내 인생의 삶을 심각하게 만들었다. 내게 있어서의 죽음은 항상 현존하는 사실이다. 내가 그에 대한 생각을 하지 않는다 하더라도 무의식적으로 나를 떠나지 않았다. 8년 전에도 이를 경험했다. 아내가 죽은 것이다. 내 인생은 두 가지로 가득 찼다. 하나는 죽음과 직면한 한없는 슬픔이었고, 다른 하나는 기다림이었다. 아내의 죽음 역시 나로 하여금 저 세상과의 연관된 줄을 하나 더 만들어 놓게 했다. 이와 같이 죽음과 접하며 어린 시절을 보낸 것이 나 자신의 인생을 이끌어 가는데 중대한 역할을 했다.

나이 12세쯤 되었을 때 두 가지 큰 사건이 일어났다. 그 첫 번째는 나 자신을 주 예수님께 바친 일이었다. 물론 당시에는 그것이 얼마나 중요한 결정이란 사실을 제대로 알지 못했다. 그러나 예수님께서는 부족한 나를 인도하셔서 그러한 결정이 무엇을 의미하는지를 알게 하셨다. 두 번째 결정은 사명감에 대한 것이었다. "다른 사람을 위해 봉사하는 일로 나의 사명을 삼아야겠다. 그러기 위해서는 의사가 되어야지!"라고 생각했다. 그때 나는 의사가 되겠다는 결심이 내 부모님의 죽음과 밀접히 연관돼 있다는 사실을 알게 되었다. 의사가 잘했다면 그분들이 돌아가시지 않았으리라고 생각했던 것이다. 내 삶을 상실케 하고 나 자신을 등지게 한 대상이 바로 '죽음' 이라는 것이었다. 그 당시에 나는 의사라는 사람을 바로 죽음의 해결자로 보았던 것이다. 그리고 30년이 지난 지금도, 내가 처음 가졌던 소신에는 변함이 없다. 이러한 두 방향의 인생 행로가 나로 하여금 특별한 의미를 지니게 했다. 인간의 육체적인 병과 정신적인 병까지 고치는 의학을 하게 된 것이다. 정신적인 병은 믿음으로, 육체적인 병은 대학에서 배운 기술로 해결했다. 나의 삶에는 자유가 필요했다. 내 생애 두 번의 전환기를 통해서 이 문제가 극복되었다. 그 첫 번째는 16세 때였다.

중학생이었던 당시 고전과목 선생님께서는 나를 주시하기 시작했다. 그것은 내게 있어서 다른 사람과의 인간관계가 전혀 없다는 사실을 발견했기 때문이다. 그는 나를 자신의 집으로 초대하였다. 나를 가르치기 위해서가 아니라 인간 대 인간으로서의 대화를 나누기 위해서였다. 나는 그분에 의해 삶의 의미를 발견하게 되었다. 그는 그리스어를 가르치는 교사로서가 아니라 한 인간으로서 내 앞에 나타났던 것이다. 그것은 내게 참으로 큰 전환점을 가져다 준 경험이었다. 다른 사람들과 정상적으로 사귀고 대화함으로써 새로운 지적인 세계에 도달할 수 있었다. 그러나 내가 다른 사람들과 대화의 문을 연 것은 단지 지적인 면에만 국한된 것이었다. 감정과 열정, 그리고 마음의 문제들은 여전히 굳게 닫혀 있어서 다른 사람들과 자연스러운 교제를 나눌 수가 없었다. 개인적인 경건생활과 교회에서의 활동은 판이하게 달랐다. 신앙과 삶에서 언행일치가 되지 않았던 것이다. 아내를 사랑하고 그녀와 잘 지내고 있었지만 신앙안에서는 어떤 모습으로 살아야 되는지를 잘 몰랐다. 내가 그녀에게 하는 일이란 그녀를 가르치는 일뿐이었다. 가르치고 설교하려 했다. 그러나 그녀에게 감정을 말한다거나 느낌을 표현한다거나 하는 일은 없었다. 언젠가 아내와 함께 조용한 시간을 가진 적이 있는데 아내는 나에게 "당신은 나의 선생님이고 의사이며, 또한 목사님이죠. 그렇지만 나의 남편은 아니에요."라고 말하는 것이었다. 나의 가슴은 멍했다. 아내는 나의 문제가 무엇인가를 분명하게 지적한 것이다. 인간의 생각이란 한 사람에게서 다른 사람에게로 옮겨지는 물건과도 같은 것이다. 인간의 사상은 비인간적일 수도 있다. 그러나 감정은 다르다. 인간의 감정이나 느낌은 참으로 인간적인 그 자체이다.

조용한 시간, 나눔의 시간을 계속 가짐으로써 나는 아내와의 관계를 변화시켜 나갔다. 아내뿐만 아니라 다른 사람들과의 관계도 개선되어 갔다. 다행한 일은 환자들과의 관계가 새로워졌다는 것이다. 환자를 환자로 보지 않고 한 인간으로 대해 주게 된 것이다.

나는 옥스퍼드그룹이라 불리는 한 종교 단체를 알게 되었다. 이 운동은 사회생활 속에서 서로간에 마음의 문을 열어 주는 운동이었다. 자신의 걱정스러운 일이나 각자 지니고 있었던 비밀들을 꺼내어 공개했다. 이 운동에 중요한 일원으로 15년간을 일해 왔다. 내가 의사이기 때문에 환자들은 자기들의 속마음을 쉽게 털어놓았다. 사람들이 얼마나 무거운 인생의 비밀들을 지니고 살아가는지에 대해 알게 되었다. 인간은 완전히 고독한 외로움 속에서 평생을 살아가고 있는 것이다. 이것이 그들의 건강에 영향을 주고 있다. 정신적이든 육체적이든 말이다.

우리가 하나님 앞에서 조용히 묵상하고 있을 때 하나님의 음성을 듣고자 조용히 침묵의 시간을 가질 때 사람들은 자신의 문제가 무엇인지를 발견하게 된다. 우리가 조용한 시간을 계속 갖는다면 침묵 가운데 우리 마음 속에 떠오르는 생각이 하나님의 음성이라는 것을 알게 된다. 그것은 자신이 스스로에게 더 정직해지는 결과이기도 하다. 1937년 어느 날 나는 이러한 분야의 연구에 일생을 바치기로 결심한 바 있다. 지금까지도 이 결정이 잘못되었다고 생각하지 않는다. 그리고 이 생각은 하나님으로부터 온 것이며 하나님은 이를 위해 나를 부르셨다고 생각한다. 오랫동안 사귀었던 친구들의 물질적이고 조직적인 생각은 나의 소명과는 거리가 먼 것이었다. 사람들로 하여금 자신들의 내면의 소리를 듣게 하고, 자유롭게 반응하도록 하는 것이 나의 목적이었다. 세계 곳곳에서 많은 의사나 전문가들이 나의 생각에 적극적으로 호응해 왔다. 그들은 1940년 출판된 『인격의학』을 읽은 사람들이었다. 이것은 육체적인 면, 정신적인 면, 사회적인 면, 그리고 영적인 면에 있어서도 오직 하나의 해답밖에는 제시하지 않는다. 그것은 조용한 시간을 갖고 하나님 앞에서 침묵함으로 그분의 음성을 듣는 일이다.

의학은 단순한 과학이나 기술의 학문이 아니다. 다만 의학은 과학적인 기술을 사용하여 질병의 요소를 소멸시키려는 것이다. 그러므로 의사는 환자와의 전인격적인 관계를 통해 질병의 치유를 이끌어 내야 한다. 이 기능을 전적으로 성취하기 위해서는 환자가 자신의 삶을 다른 사람들과 원만하게 이룰 수 있도록 하는 것이 선결 문제이다. 뿐만 아니라 그와 세상과의 관계 그리고 그와 자연과의 관계, 나아가서는 그와 하나님과의 관계를 폭넓게 이루어 가도록 도와 주어야 한다. 환자들에 대한 인격적 접근이 오늘날에 와서 의학의 새로운 영역으로 개척하게 한 것이다.

　세상을 살다 보면 자신을 제대로 컨트롤하지 못하는 경우가 많다. 중요한 것은 우리에게 닥치는 어떤 일에 대해서 어떻게 반응하느냐는 것이다. 이때 생각해야 하는 것은 이런 문제에 반응할 때 우리는 혼자가 아니라는 사실이다. 우리의 반응 양식은 다른 사람들의 도움에 많이 좌우된다. 다른 사람의 도움은 바로 진실한 만남에서 이루어지는 것이다. 사실 이러한 만남은 그렇게 쉽게 다가오는 것이 아니다. 이것은 하나님의 은혜인 것이다. 한 인간을 참 만남으로 인도하시는 분은 하나님이시다. 그분은 우리 인간들이 무한한 슬픔이나 실패의 늪에 빠져 방황할 때 도움을 요청하면 우리를 진정한 만남으로 인도해 주신다. 우리가 성공할 때나 그래서 기뻐할 때도 마찬가지이다. 인간의 기쁨이 넘치는 순간에도 우리에게는 도움이 필요하고 또한 하나님께서는 만남을 통해서 우리를 인도해 주신다.

참고문헌

1. Tournier, Paul .The meaning of person, Harper & Row Publishers, 1973

2. Tournier, Paul . 삶의 계절(The Season of life) 한준석역, 도서출판 쉼, 2000

3. Tournier, Paul, The whole person in a broken world, Harper & Row Publishers, 1964

4. Tournier, Paul , The person reborn, Harper & Row Puplishers, 1966

5. Tournier, Paul , Guilt and Grace, Harper & Row Publishers, 1962

6. Tournier, Paul , Fatigue in morden person, John Knox Press, 1965

7. Tournier, Paul , Creative Suffering, SCM Press Ltd, 1982

8. Tournier, Paul , 강자와 약자의 심리학, 보이스사, 1983

9. Tournier, Paul , 고독(Escape from loneliness) ,윤경남역, IVP, 1998

10. Tournier, Paul, Creative Suffering, Scm press Ltd, 1982

11. Tournier, Paul, 모험으로 사는 인생, 정동섭.박영민역, IVP, 1994

12. Tournier, Paul, 선물의 의미, 김상화역, 컨콜디아사, 1978

13. Tournier, Paul, 인간장소의 심리학, 보이스사, 1983

14. Tournier, Paul, 귀를 핥으시는 하나님, 임성기역, 도서출판불꽃, 1998

15. Collins, Gray R, 기독교 심리학, 정동섭역, IVP, 1998

16. Tournier, Paul, 성서와 의학, 마경일 역, 전망사, 1978

17. Tournier, Paul, 비밀, 소승연역, IVP,1995